国家社科基金重大项目"中国式现代化新道路与人类文明新形态研究"(项目批准号:21&ZD001)阶段性成果

教育部人文社会科学研究规划基金项目"中国共产党育新人百年探索的内在逻辑研究"(项目批准号:21YJA710057)阶段性成果

河南科技学院科技攀登计划(编号2018CG11)资助

# 新时代
## 大国治理论

张希中 焦石文 ◎ 著

中国社会科学出版社

## 图书在版编目（CIP）数据

新时代大国治理论/张希中，焦石文著.—北京：中国社会科学出版社，2022.6
ISBN 978-7-5203-7024-0

Ⅰ.①新⋯　Ⅱ.①张⋯②焦⋯　Ⅲ.①国家—行政管理—研究—中国　Ⅳ.①D630.1

中国版本图书馆 CIP 数据核字(2022)第 002180 号

| 出 版 人 | 赵剑英 |
| --- | --- |
| 责任编辑 | 喻　苗 |
| 责任校对 | 李　莉 |
| 责任印制 | 王　超 |

| 出　　版 | 中国社会科学出版社 |
| --- | --- |
| 社　　址 | 北京鼓楼西大街甲 158 号 |
| 邮　　编 | 100720 |
| 网　　址 | http://www.csspw.cn |
| 发 行 部 | 010-84083685 |
| 门 市 部 | 010-84029450 |
| 经　　销 | 新华书店及其他书店 |
| 印　　刷 | 北京明恒达印务有限公司 |
| 装　　订 | 廊坊市广阳区广增装订厂 |
| 版　　次 | 2022 年 6 月第 1 版 |
| 印　　次 | 2022 年 6 月第 1 次印刷 |
| 开　　本 | 710×1000　1/16 |
| 印　　张 | 15.5 |
| 插　　页 | 2 |
| 字　　数 | 251 千字 |
| 定　　价 | 68.00 元 |

凡购买中国社会科学出版社图书,如有质量问题请与本社营销中心联系调换
电话：010-84083683
**版权所有　侵权必究**

# 序

国家治理既是一个宏大的理论命题，也是一个具有鲜明实践性的现实课题。毫无疑问，无论是人口规模、国土面积、还是经济总量、国际地位，中国始终都是一个大国。当今的中国，不是一般意义上的大国，而是一个具有悠久历史和灿烂文化的东方文明古国，是一个发展中的社会主义大国，是一个日益接近民族复兴目标和走进世界舞台中心的大国。

当今中国正处于近代以来最好的时代，也面临前所未有的挑战和无比复杂的国际国内环境，世界百年未有之大变局和中华民族伟大复兴战略全局相互交织，坚持和完善中国特色社会主义制度、推进国家治理体系和治理能力现代化，为国家长治久安、人民幸福安康、社会和谐安定提供制度保障，成为摆在新时代中国共产党人面前的一项重大历史任务。

新时代中国的国家治理本质特征是大国治理。大国治理不同于小国治理。治大国若烹小鲜，治理中国这样一个大国，尤为需要保持战略定力，同时也要具备高超的治理能力。中国特色社会主义进入新时代，标注了党和国家所处的历史新方位。新时代是中国由大国成为强国的时代，是中华民族实现伟大复兴的时代。新时代的中国共产党人带领中国人民牢牢把握世界百年未有之大变局和中华民族伟大复兴的战略全局，建设伟大工程、进行伟大斗争、推进伟大事业、实现伟大梦想，以历史主动精神和历史创造精神创造历史伟业。新时代的中国已经发生并将继续发生历史性变革。"这是一个需要理论而且一定能够产生理论的时代，这是一个需要思想而且一定能够产生思想的时代。"时代是思想之母，实践是理论之源。党的十八届三中全会首次提出"推进国家治理体系和治理能力现代化"这个重大命题，彰显了新时代中国共产党人治国新理念。党的十九届四中全会第一次以中央全会形式将坚持和完善中国特色社会主义制度、推进国家治理体系和治理能力现代化作为主题进行研究，通过了《中共中央关于坚持和完善中国特色社会主义制度、推进国家治理体系和治理能力现代化若干重大问题的决定》，第一次系统总结我国国家制度和国家治理体系的显著优势，即十三个方面的显著优势，深入回答了在我国国家制度和国家治理体系上"坚持和巩固什么、完善和发展什么"这个重大政治问题，从制度建设和国家治理体系建设方面为新时代大国治理作出重大理论贡献。正是在新时代党中央治国理念指引下，中国才得以呈现出"中国之治"的"善治"景象，不断创造大国治理奇迹。

由此，新时代中国大国治理的实践，提出了三大时代课题，即新时代坚持和发展什么样的中国特色社会主义、怎样坚持和发展中国特色社会主义，建设什么样的社会主义现代化强国、怎样建设社会主义现代化强国，建设什么样的长期执政的马克思主义政党、怎样建设长期执政的马克思主义政党。这些重大课题都是关涉大国治理全局的"国之大者"，为我国当代哲学社会科学工作者提出了研究大国治理理论的要求。它要求我们必须站在新时代新的历史方位上，全面准确地揭示新时代以习近平为主要代表的中国共产党人大国治理理论形成的内在逻辑，提炼概括其核心要义，揭示其鲜明理论特质及重大意义，从而为强国时代创造大国治理新奇迹、展现"中国之治"新气象提供思想引领。这既是深入学习贯彻习近平新时代中国特色社会主义思想的需要，也是推动新时代改革发展实践的需要。

作者以国家治理作为自己学术研究的方向，彰显了为学的敏锐，表现出鲜明的问题意识。该书将新时代大国治理论的核心要义概括为大国治理方位论、大国治理价值论、大国治理目标论、大国治理主体论、大国治理基础论、大国治理布局论、大国治理结构论、大国治理保障论、大国治理方法论、大国治理核心论十个方面，并对每一个方面进行了系统阐述，且揭示了十个方面的内在逻辑，这是本书的最大特色。该书体现了政治性与学理性的有机统一，是用学术讲政治的尝试，具有一定的学术价值，为学界深化对习近平新时代中国特色社会主义思想的研究，提供了思想资源，拓宽了思路。

大国治理是一个极具开放性的课题，应从多个视角深入进行研究，如从历史维度、中外比较的维度等深化和拓展研究。作者已经作出了探索尝试，也希望他能够继续围绕这个方向持续进行研究，形成更多有价值的学术成果，为我国新时代哲学社会科学发展作出贡献。

2022 年 2 月 16 日

# 前　　言

　　人类社会自产生以来,就面临着如何治理的问题;国家产生以后,这一问题直接体现为国家治理问题。可以说,国家治理是一个古老的话题,但是如何治理社会主义社会则是一个崭新的命题。马克思、恩格斯虽然提出和形成了丰富的国家理论,包括社会管理思想,也提出了一系列以无产阶级专政为核心的社会主义社会治理思想,但他们没有经历全面治理社会主义国家的实践,很多关于未来社会的治理思想都是预测性的。列宁在俄国十月革命后不久就过世了,还没来得及深入探索这个问题。[①] 苏联虽取得了一些社会主义治理的实践经验,但后来由于严重错误,治理失效,最终走向失败。

　　中国共产党执政后,也遇到了如何治理社会主义国家的问题。在没有现成经验的情况下,我们一度照搬苏联模式,但很快发现它并不适合我国国情,于是,较快地作出调整,进行积极探索,并取得了重要成果。以毛泽东同志为核心的党的第一代中央领导集体,在战争与革命的时代条件下,坚持走中国特色革命道路,领导人民取得了伟大胜利,建立了新中国。他们治国的重心在于"立国",领导国家建立社会主义制度,在一穷二白的基础上构建了比较完整的工业体系和国民经济体系,奠定了当代中国发展进步的政治前提

---

[①] 《中共中央关于全面深化改革若干重大问题的决定》,《人民日报》2013年11月16日第1版。

和制度基础。毛泽东同志发表的两部光辉著作《论十大关系》和《关于正确处理人民内部矛盾的问题》，集中体现了我们党这一时期的探索成果。但是总体来看，改革开放前，我们党在国家治理体系上还没有找到一种完全符合我国实际的治理模式。

进入改革开放新时期，我们党开始以全新视角思考国家治理问题。以邓小平同志为核心的党的第二代中央领导集体、以江泽民同志为核心的第三代中央领导集体和以胡锦涛同志为总书记的党中央，面临和平与发展的时代主题，将治国的重心放在"富国"上，坚持以经济建设为中心，紧紧扭住发展这一执政兴国的第一要务，通过实行改革开放和发展社会主义市场经济，中国大踏步赶上时代，中国人民逐步富了起来，使中国的经济规模大起来，实现由穷国到富国的飞跃。2002年党的十六大形成了"党领导人民治理国家"的认识，正式确立了治理的理念。2007年党的十七大报告指出，"保证党领导人民有效治理国家"。

经过40多年改革开放和社会主义现代化建设实践，我们党在国家治理方面积累了丰富的经验，呈现出良好的治理气象，取得了明显的治理绩效，国家治理体系不断构建，国家治理能力逐步提升，社会主义中国经济持续发展、政治大局稳定、社会安定团结。从完善和发展中国特色社会主义制度、推进国家治理体系和治理能力现代化的发展历程来看，我们已经走过建立社会主义基本制度（立国）并在这个基础上进行改革，使国家逐步富裕（富国）的历程。如何完善和发展中国特色社会主义制度，为全面建成小康社会和实现中华民族伟大复兴中国梦提供更完备、更稳定、更管用的制度体系，如何治党治国治军，实现国家治理体系和治理能力现代化，使中国逐步走向富裕强大（强国），这个任务历史性地落到当代中国共产党人的肩上。2012年，党的十八大指出，"要更加注重改进党的领导方式和执政方式，保证党领导人民有效治理国家"。党的十八届三中全会通过的《中共中央关于全面深化改革若干重大问题的决定》24次提到治理，主要有国家治理、政府治理、社会治理、小区治理、治理体系、治理能力、治理体制、治理结构、治理方式、系统治理、依法治理、综合治理、源头治理、第三方治理等。

大国治理是当今中国国家治理的现实基础。当今中国之治，最显著的特征是大国之治。可以说，大国治理是中国转型改革的历史大考。在全球化时代，中国的大国治理问题既体现了历史的延续性，也带有鲜明的时代特征，面临国际与国内问题的双重压力，实现由大国到强国跨越是国家治理的目标指向。当今的中国正处在现代化社会转型的重要时期。资源配置方式正在经历从计划经济向市场经济、从市场起基础性资源配置作用到决定性作用的深刻转变；社会正在经历从封闭向越来越深度开放的重大转变；发展阶段正在发生从脱贫到温饱、从小康到全面小康、从全面建设小康到全面建成小康社会再到全面建设社会主义现代化强国的深刻转变；城乡关系正在发生从城乡二元向城乡一体化的新空间结构的深刻转变；社会类型正在经历从同质性社会向差异性社会的深刻转变；民主政治实现方式正在探索党的领导、依法治国、人民当家作主"三位一体"的中国特色社会主义民主政治道路；正在从环境污染型向环境友好型、生态文明型社会转变；正在经历面对从革命到执政、封闭到开放、计划到市场环境变化下加强和改善党的领导和推进政党现代化的转变。这呼唤中国治理必须从单一、局部、碎片化的模式，转变为系统全面、整体协调、良性有序的国家治理体系，尤为需要科学的思想理论引领大国治理走向现代化。

党的十八大以来，以习近平同志为核心的党中央，将治国理政提到党和国家事业发展全局的高度予以强调。习近平总书记发表的系列重要讲话，多次提及大国治理的问题。如2013年3月19日在接受金砖国家媒体联合采访时，他指出："这样一个大国，这样多的人民，这么复杂的国情，领导者要深入了解国情，了解人民所思所盼，要有'如履薄冰，如临深渊'的自觉，要有'治大国若烹小鲜'的态度。"① 2014年2月7日在俄罗斯索契接受俄罗斯电视台专访时，他指出："中国有960万平方公里国土，56个民族，13亿多人口，经济社会发展水平还不高，人民生活水平也还不高，治理这样一个国家很不容易，必须登高望远，同时必须脚踏实地。我曾在中国不同地方长期工作，深知中国从东部到西部，从地方到中央，各地各层级方方面面的差异太大了。因此，在中国当领导人，必须在把情况搞清楚的基础上，统筹兼顾、综合平衡，突出重点、带动全局，有的时候要抓大放小、以大兼小，有的时候又要以小带大、小中见大，形象地说，就是要十个指头弹钢琴。"② 再如，在中共中央政治局于2018年12月25—26日召开的民主生活会上，习近平总书记在谈到民主集中制时强调，要把我们这样一个大党大国治理好，就要掌握方方面面的情况，这就要靠发扬党内民主，靠各级党组织和广大党员、干部广泛听取民声，汇聚民意……这些重要论述充分彰显了大国治理在新时代党中央治国理政全局中的重要地位。

着眼强国目标，聚焦大国之治，以习近平同志为核心的党中央，将马克思主义国家观、中国古代治国理政经验和中国共产党治国理政思想与新时代中国治理实际相结合，在实践创新与理论创新的良性互动中，形成新时代大国治理论，创造性地回答了新时代治理一个什么样的大国、如何治理大国的基本问题。三卷本的《习近平谈治国理政》集中呈现了新时代大国治理论。新时代大国治理论，是新时代大国治理的标志性理论成果，是习近平新时代中国特色社会主义思想的重要组成部分，是习近平新时代中国特色社会主义思想的具体运用，是这一理论中最具操作性的内容，在一定意义上堪称最精粹、最管用的内容。学习、研究、运用新时代大国治理论，固然离不开习近平新时代中国特色社会主义思想，但却不是一

---

① 《习近平谈治国理政》，外文出版社2014年版，第409—410页。
② 《习近平接受俄罗斯电视台专访》，《人民日报》2014年2月9日第1版。

般地在基本理论的内容上讲一些重复的话。研究习近平新时代中国特色社会主义思想与实践及其蕴含的方法论，是广大理论工作者关注的一大课题，也是本书着重探讨的内容。

# 目 录

**导 论** ………………………………………………………（1）
 第一节　治理、国家治理、大国治理………………………（1）
  一　治理……………………………………………………（1）
  二　国家治理………………………………………………（5）
  三　大国治理………………………………………………（8）
 第二节　新时代大国治理论的提出…………………………（16）
  一　新时代大国治理论的理论渊源………………………（17）
  二　新时代大国治理论的实践基础………………………（28）

**第一章　新时代大国治理方位论** ……………………………（38）
 第一节　中国特色社会主义进入新时代……………………（38）
  一　新时代的内涵、特征及意义…………………………（38）
  二　新时代判断的主要依据………………………………（43）
  三　新时代我们党大国治理面临的机遇与挑战…………（45）
 第二节　新时代提出治国理政新课题………………………（47）
  一　总课题：坚持和发展中国特色社会主义……………（47）
  二　最重大子课题：完善和发展中国特色社会主义制度、
    推进国家治理体系和治理能力现代化……………（50）

**第二章　新时代大国治理价值论** ……………………………（54）
 第一节　坚持以人民为中心…………………………………（55）

一　坚持人民主体地位 ……………………………………（57）
　　二　努力创造人民美好生活 ……………………………（60）
　　三　支持和保证人民当家作主 …………………………（60）
　　四　在发展中保障和改善民生 …………………………（61）
第二节　促进社会公平正义 …………………………………（62）
　　一　顶层设计贯彻公平正义理念 ………………………（65）
　　二　制度建设保障公平正义 ……………………………（65）
　　三　社会治理实践彰显公平正义 ………………………（67）
　　四　大国外交倡导公平正义 ……………………………（67）
第三节　积极倡导普惠价值 …………………………………（68）
　　一　国内治理贯彻普惠价值 ……………………………（69）
　　二　全球治理倡导普惠价值 ……………………………（70）

## 第三章　新时代大国治理目标论 ………………………………（74）

第一节　纵向维度的三大目标 ………………………………（75）
　　一　近期目标：全面建成小康社会 ……………………（75）
　　二　远期目标：实现社会主义现代化和中华民族伟大
　　　　复兴的中国梦 ……………………………………（78）
　　三　终极目标：实现共产主义 …………………………（81）
第二节　横向维度的两大目标 ………………………………（84）
　　一　根本目标：实现人民幸福安康、社会和谐稳定、
　　　　国家长治久安 ……………………………………（84）
　　二　直接目标：推进国家治理体系和治理能力现代化 …（86）

## 第四章　新时代大国治理主体论 ………………………………（91）

第一节　多元治理主体 ………………………………………（91）
　　一　大国治理主体的主要构成：党政主体、市场主体、
　　　　人民主体 …………………………………………（92）
　　二　发挥党政主体、市场主体、人民主体的合力作用 …（93）

## 第二节　提高各类主体的治理能力 ……………………… (99)
　　一　提升党的治理能力 …………………………………… (101)
　　二　提升政府治理能力 …………………………………… (102)
　　三　提高其他国家机构的履职能力 ……………………… (103)
　　四　提高人民自治和参与国家治理的能力 ……………… (103)

## 第五章　新时代大国治理基础论 ……………………………… (105)
### 第一节　夯实新时代大国治理的物质基础 ……………… (106)
　　一　发展是党执政兴国的第一要务 ……………………… (106)
　　二　坚持科学发展 ………………………………………… (107)
　　三　做强做优做大国有企业 ……………………………… (109)
### 第二节　新发展理念引领科学发展 ……………………… (110)
　　一　新常态定位发展大逻辑 ……………………………… (110)
　　二　新理念引领发展新方向 ……………………………… (111)
　　三　新部署促进发展新跨越 ……………………………… (115)
　　四　新状态展现发展新作为 ……………………………… (118)

## 第六章　新时代大国治理布局论 ……………………………… (120)
### 第一节　"五位一体"总体布局 …………………………… (121)
　　一　"五位一体"总体布局的基本内涵 ………………… (121)
　　二　"五位一体"总体布局形成的历史考察 …………… (124)
　　三　"五位一体"总体布局与社会主义现代化建设奋斗
　　　　目标相关联 …………………………………………… (126)
### 第二节　"四个全面"战略布局 …………………………… (127)
　　一　"四个全面"战略布局是新时代大国治理的施政纲领和
　　　　总体方略 ……………………………………………… (128)
　　二　"四个全面"战略布局抓住新时代大国治理的
　　　　"牛鼻子" ……………………………………………… (130)
　　三　"四个全面"战略布局引领民族复兴 ……………… (132)

## 第七章 新时代大国治理结构论 (135)

### 第一节 政党治理 (136)
- 一 明确的治党目标 (136)
- 二 清晰的治党路径 (137)
- 三 鲜明的治党要求 (137)
- 四 崭新的治党模式 (138)
- 五 系统的治党布局 (138)
- 六 显著的治党效果 (139)

### 第二节 国家治理 (140)
- 一 经济治理：以新发展理念引领经济高质量发展 (140)
- 二 政治治理：坚持中国特色社会主义民主政治发展道路 (141)
- 三 文化治理：以文化振兴支撑民族复兴 (141)
- 四 社会治理：打造共建共治共享的社会治理格局 (142)
- 五 生态治理：实现人与自然和谐共生 (143)
- 六 军队治理：以强军梦支撑强国梦 (144)

### 第三节 全球治理 (145)
- 一 参与全球治理的目的 (146)
- 二 全球治理的方向 (146)
- 三 全球治理的核心理念：共商共建共享 (146)
- 四 新时代全球治理观的主要内容 (147)
- 五 全球治理方案："一带一路"倡议 (148)
- 六 全球治理布局 (148)

## 第八章 新时代大国治理保障论 (151)

### 第一节 法治保障 (151)
- 一 依法治国是我国古代宝贵治国经验 (152)
- 二 运用法治思维和法治方式推进国家治理现代化 (152)

三　为推进改革发展稳定营造良好法治环境……………（156）

第二节　安全保障……………………………………………（159）
　　一　新时代我国面临的安全形势……………………（159）
　　二　全面贯彻总体国家安全观………………………（162）
　　三　建设巩固国防和强大军队………………………（164）

第三节　外部环境保障………………………………………（166）
　　一　新时代我们面临更加复杂的外部环境…………（166）
　　二　新时代党中央积极营造良好外部环境…………（168）

## 第九章　新时代大国治理方法论……………………………（171）

第一节　运用哲学思维治国理政……………………………（172）
　　一　历史思维与鉴古知今……………………………（172）
　　二　辩证思维与善抓矛盾……………………………（174）
　　三　系统思维与统筹兼顾……………………………（177）
　　四　战略思维与统揽全局……………………………（179）
　　五　创新思维与突破陈规……………………………（181）
　　六　底线思维与防范风险……………………………（183）

第二节　治国理政之思想方法和工作方法…………………（185）
　　一　实事求是的方法…………………………………（186）
　　二　群众路线的方法…………………………………（187）
　　三　调查研究的方法…………………………………（189）
　　四　抓落实的方法……………………………………（190）
　　五　抓关键少数的方法………………………………（191）
　　六　坚持注重顶层设计与摸着石头过河相结合
　　　　的方法……………………………………………（193）
　　七　坚持稳中求进的方法……………………………（195）

## 第十章　新时代大国治理核心论……………………………（197）

第一节　中国共产党是新时代大国治理的领导核心………（197）

一　中国共产党领导核心地位确立的逻辑……………………（198）
　　二　中国共产党具备优秀特质和独特领导优势…………（200）
第二节　充分发挥党总揽全局协调各方的领导核心作用……（202）
　　一　坚持和加强党的全面领导………………………………（203）
　　二　提高党把方向、谋大局、定政策、促改革的
　　　　能力和定力………………………………………………（204）
　　三　不断完善和发展党的领导核心作用有效发挥的
　　　　体制机制…………………………………………………（206）
第三节　建设世界上最强大政党………………………………（208）
　　一　总体目标：把党建设成为世界上最强大政党………（209）
　　二　总体思路："打铁必须自身硬"………………………（209）
　　三　根本路径：坚持思想建党与制度治党相结合………（210）
　　四　关键任务：锻造坚强领导核心和建立高素质的
　　　　干部队伍…………………………………………………（211）

**结　语** ……………………………………………………………（217）

**参考文献** ………………………………………………………（221）

**后　记** ……………………………………………………………（228）

# 导　　论

## 第一节　治理、国家治理、大国治理

### 一　治理

**（一）治理的缘起**

从起源上讲，"治理"是一个历史范畴，古今中外都讲治理。我国不少古典文献中早就使用过"治理"一词。如《孔子家语·贤君》："吾欲使官府治理，为之奈何？"《汉书·赵广汉传》："壹切治理，威名远闻。"在西方，"治理"在词源上来源于古希腊文（kybenan）与拉丁文（kybernets），其原意分别是指掌舵和引导或操纵。① 治理在近现代社会科学领域基本是一个被遗忘的词汇，只是偶尔作为"统治"（government）的替代词出现。②

现代意义上的"治理"概念兴起于 20 世纪七八十年代，它起源于欧美国家的思想界。那一时期，西方国家推崇的市场经济和福利国家政策相继失灵，为此，西方社会开始探寻新的社会管理模式。西方理论界纷纷尝试用"治理"概念来区别传统的政府行为。治理的兴起无疑正是在市场与国家的这种不完善的结合之外的一种新选择。③ 1989 年，世界银行的世界发展报告最早使用"治理"一

---

① 翁士洪、顾丽梅：《治理理论：一种调适的新制度主义理论》，《南京社会科学》2013 年第 7 期。
② 王诗宗：《治理理论及其中国适用性》，浙江大学出版社 2009 年版，第 1 页。
③ 郁建兴：《治理与国家建构的张力》，《马克思主义与现实》2008 年第 1 期。

词。世界银行用"治理危机"（governance crisis）来描述非洲一些国家的发展状况。90年代，治理被广泛运用于政府管理研究领域，并且被赋予新的含义，在此基础上形成现代西方治理理论，来回应新公共管理理论的困境。

20世纪90年代以来，中国学者开始关注治理理论。当时的研究主要聚焦翻译和引进西方的治理理论，俞可平等成为主要代表人物。进入21世纪，随着我们在政治话语中逐步使用"治理国家""国家治理现代化"等概念，学界对"治理"的关注迅速升温，相关研究如雨后春笋般涌现。目前，"治理"已经成为中国政治学、社会学、公共管理学乃至其他领域一个炙手可热的词汇。"在当今中国的政治学和公共管理研究领域，几乎没有哪一种理论能像治理那样，有如此大的包容性和影响力，在短短十几年间，它迅速占领了学术话语的霸权地位，成为政治学和公共管理研究的主流范式之一。"[1]

（二）治理的内涵及特征

我国古代典籍中的"治理"，意指管理与统治，是处理国家政务的活动，或者说治国理政。[2] 我国古代语境中使用的治理与今天管理语境下的治理有很大区别，前者在治理主体上强调唯一性，在治理权威上强调强制性，在治理向度上强调单向性。

现代意义上的"治理"概念内涵非常丰富。《现代汉语词典（修订版）》给出了"治理"的两个意思："①统治；管理：治理国家。②处理；整修：治理淮河。"[3] 世界银行认为，治理是"利用

---

[1] 陈潭、肖建华：《地方治理研究：西方经验与本土路径》，《中南大学学报》（社会科学版）2010年第1期。

[2] 杜飞进：《中国现代化的一个全新维度——论国家治理体系和治理能力现代化》，《社会科学研究》2014年第5期。

[3] 中国社会科学院语言研究所词典编辑室：《现代汉语词典（修订本）》，商务印书馆2000年版，第1623页。

机构资源和政治权威管理社会问题与事务的实践"[1]。全球治理委员会给治理下的定义是："各种公共的或私人的个人和机构管理其共同事务的诸多方式的总和。"[2]"治理"理论的主要创始人之一罗西瑙（Rosena）认为，治理是"这样一种规则体系：它依赖于主体间重要性的程度不亚于对正式颁布的宪法和宪章的依赖。更明确地说，治理是只有被多数人接受才会生效的规则体系"[3]。罗伯特·罗茨将治理分为五种类型，即最小政府的治理、公司治理、新公共治理、善治、自组织网络。格里·斯托克在梳理治理相关理论的基础上，得出结论：第一，政府、社会团体、民间机构和个人都可以是治理的主体；第二，对权责的具体范围不做严格区分；第三，不同治理结构中的不同参与主体，掌握着不同权力，发挥着不同作用，承担着不同责任；第四，参与者会形成网络体系；第五，治理不依靠政府权威也能发挥作用。[4]

当今中国学术界所使用的"'治理'一词如同'发展'一样，运用范围很广，但却很难给出一个明确的含义来对其加以解读，其原因是人们运用这些词语的时候已经有了很多默认和想象的含义"[5]。俞可平对比统治与治理的区别，来考察治理的内涵及特征：（1）权力的主体不同。统治的主体是政府或其他公共权力机构；治理的主体则是多元的，不限于政府。（2）权力的性质不同。前者是强制性的，后者更多的是协商合作。（3）权力的来源不同。统治的权力来源于法律；治理除了来源于法律外，还来源于各种非强制性的契约。（4）权力的运行向度不同。前者运作逻辑是自上而下，后

---

[1] Word Bank, "Managing Development", *The Goverment Dimension*, Washington D. C., 1994, p. 5.

[2] 俞可平：《治理与善治》，社会科学文献出版社2000年版，第4页。

[3] ［美］詹姆斯·罗西瑙：《没有政府的治理》，张胜军译，江西人民出版社2001年版，第5页。

[4] 格里·斯托克：《作为理论的治理：五个论点》，《国际社会科学杂志》（中文版）1999年第1期。

[5] 包国宪、朗玫：《治理、政府治理概念的演变与发展》，《兰州大学学报》（社会科学版）2009年第2期。

者是自上而下与自下而上相结合。(5)权力运行的范围不同。统治以政府权力所及范围为边界,治理以公共领域为界,范围要宽广得多。①

综上,从古今中外对"治理"一词的运用来看,虽然在不同的社会,治理都有治国理政之意,但在不同形态的社会,治理行为不同,对治理必然有不同的理解。比如古代社会所说的治理,显然与现代社会的治理不同。② 我国古代的治理是按照统治者的意志治理朝政、国事,它具有强烈的人治、专制特征。③ 西方的治理理论带有明显的"社会中心主义"取向,它是西方管理者在处理政府与市场之间关系的一种折中办法,也可以说是无奈之举。其致力于解决西方国家公共治理难题,效果还有待进一步检验,并不具有普遍性,不能解决处于转型期的发展中国家的问题。我国国家治理体系和治理能力现代化语境下的"治理",是以中国特色社会主义理论为指导,在借鉴西方治理理论中的合理思想和吸收我国优秀传统文化中的治理智慧的基础上,根据中国特色社会主义国情和实际提出来的,是中国特色社会主义框架内的"治理"。④

对"治理"的全面理解,还应当从哲学的角度来解释。治理活动不但是一种具体的社会活动,还应当是人们思想观念层面的深刻变化。作为哲学层面的"治理",是主体作用于客体而渐趋于"善"的实践过程。第一,主体对客体的作用是双向的,不但体现在治理主客体之间的运动上,还体现在二者的相互影响上。一方面,治理主体积极地作用于治理客体,治理客体则会呈现积极的配合效应;另一方面,治理主体作用于客体的态度、方式如是客体不

---

① 俞可平:《国家治理体系的内涵本质》,《理论导报》2014年第4期。
② 杜飞进:《中国现代化的一个全新维度——论国家治理体系和治理能力现代化》,《社会科学研究》2014年第5期。
③ 许耀桐:《以现代化为旨向识解国家治理》,《中国社会科学报》2014年2月7日第7版。
④ 杜飞进:《中国现代化的一个全新维度——论国家治理体系和治理能力现代化》,《社会科学研究》2014年第5期。

能普遍接受的，其效果就会相反。治理客体对治理主体具有反作用，从一定意义上讲，治理既是对治理客体的治理，也是对治理者自身的治理。第二，主体是通过实践作用于客体。治理是通过治理主体的具体操作活动作用于客体而得以实现的。通过实践活动，主体的理念、价值、制度逐渐被客体所接受。第三，主体作用于客体的目的是渐趋于"善"。主体作用于客体，是想在主客体之间达到一种平衡，也就是和谐的状态，其最高境界就是"善"。第四，治理是过程的集合体，是主体与客体相互作用的过程集合体。其实，治理对客体的作用是一个复杂的过程，有对抗、冲突，也有妥协、合作。治理主体是多元的，治理客体也是多元的，治理主客体之间发生关系的媒介是实践，所要达到的目的是接近于"善"。这是一个过程集合体。

## 二 国家治理

大国治理首先是国家治理，考察大国治理的前提是考察国家治理。这就需要在熟知国家概念及其起源的基础上，梳理国家治理的含义。

（一）国家的起源

国家问题是一个最复杂、最难弄清楚的问题。[1] 分析国家的形成，必须了解"国家"的概念本身。一般来说，国家是指由土地、人民、主权三个根本要素构成的统一体。《现代汉语词典》从两个方面对国家进行解释，即国家是阶级统治的工具，同时兼有社会管理的职能，是阶级矛盾不可调和的产物和表现；国家的另一个意思是指一个国家的整个区域。[2]

有关国家兴起的历史文献记载，"国家"一词是由意大利思想家马基雅维利创造的。他在著作中较早使用了"statos"一词，这

---

[1] 列宁：《论国家》，人民出版社1995年版，第59页。
[2] 中国社会科学院语言研究所词典编辑室：《现代汉语词典》（第5版），商务印书馆2005年版，第520页。

个词是从拉丁文"status"演化而来的,其本意就是"国家"。恩格斯在《家庭、私有制和国家的起源》一书中深刻指出:"国家就是表示,这个社会陷入了不可调和的自我矛盾,分裂为不可调和的对立面而又无力摆脱这些对立面,而为了使这些对立面、这些经济利益相互冲突的阶级,不至于在无谓的斗争中把自己和社会消灭,就需要一种表面上凌驾于社会之上的力量,这种力量能够控制冲突,把冲突保持在'秩序'范围内;这种从社会中产生但又自居于社会之上并且日益与社会脱离的力量,就是国家。"① 这段话形象而又深刻地揭示了国家产生的原因。

可以看到,国家是为了解决社会矛盾而产生的,国家的出现本身就与治理活动紧密相连。国家产生的目的就是对社会进行治理,以达到理想状态。国家是社会结构的矛盾产物,也是群体性冲突的结果。不可调和的冲突是国家产生的根本动因。② 国家是一个历史范畴,不是从来就有的,也不会永远地存在下去。

(二) 国家治理的含义

有国家就有治理,治理对国家发展非常重要。治理有方,小国也能成为强国;治理失效,大国也会沦为弱国。一般意义上的国家治理,是指"国家政权的所有者、管理者和利益相关者等多元行动者在一个国家范围内对社会公共事务的合作管理,其目的是增进公共利益和维护公共秩序"③。国家治理也可以说是一个活动和过程,即"在理性政府建设和现代国家建构的基础上,通过政府、市场、社会之间的分工协作,实现公共事务有效治理、公共利益全面增进的活动与过程"④。国家治理与国家统治、国家管理既有联系,又有本质区别。"国家统治是国家政权依靠国家暴力运用强制、压制、

---

① 《马克思恩格斯选集》第 2 卷,人民出版社 1995 年版,第 166 页。
② 谢剑南:《国家的概念与国家的生成》,《国际关系学院学报》2011 年第 1 期。
③ 何增科:《理解国家治理及其现代化》,《马克思主义与现实》2014 年第 1 期。
④ 薛澜、张帆、武沐瑶:《国家治理体系与治理能力研究——回顾与前瞻》,《公共管理学报》2015 年第 3 期。

控制等专政方式来维护公共秩序，体现的是国家的阶级性。国家管理是国家政权在处理社会公共事务过程中，对各种投入要素进行优化组合和高效利用以实现国家利益和国民利益等社会公共利益的最大化，强调的是国家政权的公共性。国家治理则是国家政权的所有者、管理者和利益相关者等多元行动者在一个国家的范围内对社会公共事务的合作管理，其目的是增进公共利益，维护公共秩序。"[1] 国家治理是国家存续的基础，也是社会存在和发展的基础，国家治理的底线目标就是维护社会稳定，不发生动乱。在此基础上，国家治理的更高目标是促进国家繁荣，推动社会发展，实现人民安康。国家治理的根本目的是实现国家的长治久安。国家治理的本质是维护统治阶级利益的手段，以实现统治阶级利益最大化为价值取向。现代国家治理包括五个方面，即对被统治者的治理；对统治者自身的治理；对国家内部环境包括国土和自然生态等的治理；对国家的外部环境即国际关系的治理；还有对四个方面相互关系的整体性治理。[2] 学者们认为，国家治理的内涵表现为综合性、参与性、多元性、开放性、公平公正性、平等性六个方面。[3]

由于国家性质、国情、社会发展道路不同，我国的国家治理与西方的国家治理无疑有着本质的区别。与西方治理理论以社会为中心探讨国家治理问题不同，中国的国家治理则是以国家为主导，统筹政党、政府、市场、社会等力量来进行。中国国家治理具有政治性、历史性、阶段性、系统性等特点。[4] 在许耀桐看来，应当从五个角度全面把握国家治理，即从历史角度看，国家治理是人类社会发展的一个阶段，是一个历史过程；从现代化角度来看，国家治理离不开现代化，现代化是国家治理的应有之义；从体系角度看，国

---

[1] 何增科：《理解国家治理及其现代化》，《马克思主义与现实》2014年第1期。
[2] 刘智峰：《国家治理论——国家治理转型的十大趋势与中国国家治理问题》，中国社会科学出版社2014年版，第6页。
[3] 姜士伟：《"治理"的多语境梳理与"国家治理"内涵的再解读》，《广东行政学院学报》2015年第5期。
[4] 杨文明：《研究国家治理要关注的几个问题》，《国家治理》2014年第9期。

家治理体现为宏大的治理体系；从能力角度看，国家治理重在提升党、国家各级组织和干部的治理能力；从国情角度看，必须从中国国情出发，走中国特色的治理之路。①刘志昌在梳理习近平同志关于国家治理系列讲话的基础上，给出了当今中国政治语境下国家治理的含义："国家治理是指在中国共产党的领导下，坚持人民主体地位，改革、完善和发展中国特色社会主义制度，健全国家治理机制，提升国家治理能力，从而实现国家治理现代化，建设富强、民主、文明、和谐的社会主义现代化国家。"②本书语境下的国家治理，是指中国共产党领导人民，通过一定的手段和方式，管理国家事务，管理经济和文化事业，管理社会事务，简言之就是党领导人民治理国家。国家治理主体包括党政主体、市场主体和人民主体，其中，党政主体发挥领导和主导作用，市场主体在资源配置中发挥决定作用，人民主体在国家治理中发挥根本作用。国家治理客体包括经济、社会各个领域的各种事务，也包括治理主体本身。国家治理方式是德治、法治、共治、自治相结合。国家治理目标是实现国家长治久安、社会安定有序、人民安居乐业。国家治理的领导核心是中国共产党。国家治理体系是中国特色社会主义制度体系。国家治理的价值取向是为人民服务。国家治理的布局是"五位一体"总体布局和"四个全面"战略布局。国家治理的结构由政党治理、国家治理与全球治理构成。

### 三 大国治理

本书研究国家治理问题，不是泛泛而谈一般的国家治理，而是特指中国的治理问题。中国最典型的特征之一是大国，故而需要清楚界定何谓"大国"？大国有哪些特征？大国与小国有哪些不同？大国治理是一种什么样的治理？

---

① 许耀桐：《从五个角度理解"国家治理"》，《国家治理》2014年第9期。
② 刘志昌：《习近平国家治理现代化思想研究》，《社会主义研究》2016年第5期。

(一) 何谓大国

"大国"概念是一个历史范畴，很难给其下一个被学界普遍认同和接受而又科学严谨的定义。"大国"在我国古代指的是大的诸侯国。严格而具有现代意义的"大国"观念始于拿破仑战争结束后1815年的维也纳会议。和会之前，英国外交大臣卡斯勒里子爵首次在文书中使用"大国"（great powers）一词。此用法是出于大国权力平衡机制，防止欧洲大陆出现拿破仑独霸政权挑起战争。此即现代大国观念与大国均势的起源。① 目前，人们对"大国"概念没有统一的界定标准。一般来讲，"大国"指的是那些在国际体系中居于重要地位，对所处地区乃至全球有巨大文化影响力、综合国力处于主导地位的国家。

对"大国"概念的界定，中西方存在重大差别。西方更多地使用"great power"一词来定义大国，而中国则是更多地使用"major power"来指代大国。西方的大国概念与权力有关，权力成为大国概念的基本内核。中国的大国概念更多地突出自然属性，包括土地、人口、经济等。西方学者关于"大国"概念有三种代表性的定义。第一种是现实主义观点，强调军事力量是衡量大国的最重要标准。如米尔斯海默指出："大国主要由其相对军事实力来衡量。一国要具备大国资格，它必须拥有在一场全面的常规战争中同世界上最强大的国家进行正规战斗的军事实力。"② 第二种观点是大国地位要获得国际认可。代表人物布尔提出了衡量大国的三个标准，仍把军事力量作为重要标准，在此基础上，强调国际社会的认可度，或者本国自身的认可度。第三种观点突出强调资源要素在衡量大国标准中的比重，则把军事力量降为次要因素。③

---

① 黄杰：《比较历史视野下的大国治理问题研究：以耦合治理结构与治理绩效的关系为线索》，博士学位论文，复旦大学，2012年，第42页。
② ［美］约翰·米尔斯海默：《大国政治的悲剧》，王义桅、唐小松译，上海人民出版社2008年版，第10页。
③ 钟飞腾：《超越地位之争：中美新型大国关系与国际秩序》，《外交评论》（外交学院学报）2015年第6期。

目前，我国学界对大国概念的界定主要从经济学和政治学两个视角展开。

一是从经济学维度界定"大国"含义。郑捷从经济总量、政治外交影响力、科技实力、产品或行业优势四个方面，考察了"大国"概念的四种不同解释。她给出了"大国"经济学意义上的定义，即一个国家能够成为某种"国际市场"中的"价格"制定者（price maker），而不是"价格"的被动接受者（price taker），这个国家即可被称为"大国"或某个方面的"大国"。[①] 她认为该定义具有通用性，能够涵盖和解释现有的各种"大国"的定义。这种界定虽然基于一定的经济学原理，具有一定的理论基础，但也有其局限性，它只能划出某个方面的大国，却难以揭示综合性大国不同于小国的基本特征。欧阳峣、罗会华从经济学视角，依据综合性原则，将"大国"的含义界定为："世界范围内具有幅员辽阔、人口众多、国内市场巨大、资源总量丰富等条件，或具有其中比较突出的条件以至于能够成为国际市场上某些产品价格制定者的享有主权利益的国家。"[②] 他们在综合考虑一国的人口数量、国土面积、国民生产总值的基础上，确定了世界上可以列入"大国"范畴的国家，包括中国、印度、美国、巴西、俄罗斯等24个国家。他们的界定突出了国家幅员、人口规模、经济总量三个易于量化和排序的指标，既体现了大国的共同之处，又与其他非大国的国家相区别，具有比较强的操作性。顾海兵在大国与小国相比较的基础上，综合运用人口、国土、收入三种标准对"大国"进行独特的量化界定，认为"全世界可列入大国范围的国家有42个，大体上占全世界国家（或地区）总数的1/4至1/5"[③]。"大国经济"课题组从人口基础、自然基础、经济基础三个方面，尝试建立大国综合评价指标体系，为科学界定和评价"大国"提供了参照。

---

[①] 参见郑捷《如何定义"大国"?》，《统计研究》2007年第10期。
[②] 欧阳峣、罗会华：《大国的概念：涵义、层次及类型》，《经济学动态》2010年第8期。
[③] 顾海兵：《大国与大国经济发展战略》，《太平洋学报》2005年第1期。

二是从政治学维度界定"大国"含义。徐显明从五个方面（三个刚性、两个软性）来界定大国的标准。（1）经济标准：大国要在全球经济格局中占有重要地位。（2）政治标准：大国是对世界局势有影响力的国家，要为全球稳定与发展承担重大责任；大国是在国际事务中居于领袖地位的国家，能够为全球制定游戏规则。（3）军事标准：大国要有打赢立体化、信息化战争的能力；大国在先进武器上要有撒手锏，有战略威慑力，不战则已，战则必胜。（4）文化标准：大国要有被人向往的文化。（5）制度标准：大国要以创新性制度作为根本保障，其制度有"可信赖"的特征，以稳定性、连续性、可预测性、恢复性及公正性为标志。① 在任剑涛看来，大国之所以成为大国，应当具有国内基础与国际影响的双重根据："就是一个国家必须能够兼得国内均衡发展和国际综合影响的优势。"② 谭晓立在梳理大国标准相关理论的基础上，提出了大国力量化公式和大国判断标准量化公式，进而得出大国与普通国家的区别在于能否影响国际社会的规则。③ 赵英提出了全球性大国应当具备的条件，即综合国力居于全球的主导地位；处于国际体系中举足轻重的地位；在所处文明体系中居于核心国家地位；拥有足够的疆域、人口、自然资源和相对有利的地缘政治地位。④

　　综上，学者们关于"大国"内涵及特征的观点各有侧重，从经济学维度的界定主要关注经济因素在界定"大国"概念中的作用，符合"经济基础决定上层建筑"的原则，有一定说服力；从政治学、国际关系维度的界定，把硬实力和软实力综合起来考察，比较全面，具有可参考性。同时也看到，"大国"是一个相对的概念，不同研究者站在不同角度、出于不同研究目的，就会对它有不同的

---

① 徐显明：《走向大国的中国法治》，《法制日报》2012年3月7日第9版。
② 任剑涛：《重塑国家精神：从小国心态到大国理性》，《开放时代》2009年第9期。
③ 谭晓立：《大国标准的量化研究》，硕士学位论文，外交学院，2013年。
④ 赵英：《大国天命——大国利益与大国战略》，经济管理出版社2001年版，第142—144页。

认识和评判标准。"大国"又是一个不断演化的动态概念,其内涵和外延随着时代而发生改变。这归因于大国衡量标准的与时俱进。起初,人们把权力(军事力量)作为衡量大国的首要标准,"二战"以后,出现了超级大国的概念。20世纪70年代以后,大国标准出现分化,人们开始从经济、政治、军事等多维角度界定大国,将拥有某种资源优势的国家也称为大国,如石油大国、农业大国等。到了20世纪末,人们开始用综合国力的标准来衡量大国。[①]可以说,实力是大国最重要的标签。根据综合国力、发展阶段和国际影响力,"大国"区分为超级大国和次大国、发展中大国和发达的大国、世界大国和地区性大国等。在当代世界,美国、中国、俄罗斯、印度、巴西是被公认的大国。无论以什么样的标准或尺度来界定大国的含义和特征,中国都是一个毋庸置疑的大国。得出这一判断的依据是:中国是世界第一人口大国(14多亿人)、世界国土面积第三的国家、经济大国(经济总量居世界第二)、政治大国(联合国安理会常任理事国)、军事大国(拥有核武器)、文化大国(中华文化源远流长,文化软实力不断提升)。

(二) 大国治理的本质特征

诸多研究者探讨了大国治理的问题,但是对该概念的含义明确界定的却很少。大国治理从属于国家治理,其概念界定可以从关于国家治理的概念中获得启发。有研究者专门对"大国治理"的含义进行了界定。比如,黄杰结合国家与社会(民众)关系、中央与地方关系,对"大国治理"的基本含义做如下界定:"为了保障一个疆域辽阔、人口众多、社会相对分化和多样化的大型政治共同体的有效运转和存续,而在国家与社会(民众)、中央与地方之间所形成的正式和非正式的纵横交错的权力、权利和利益的关系结构,以

---

[①] 谭在文:《大国作用的侵蚀——对国际关系中大国逻辑的一种思考》,《国际观察》2004年第4期。

及它们之间互动博弈过程的总和。"① 唐皇凤认为，大国治理集中体现了中国国家治理过程中有限的社会资源总量与超大规模社会对国家治理资源大规模需求之间的矛盾。在他看来，中国的大国治理是对一个巨型社会的治理，是对一个非均质社会的治理。②

"大国治理"是国家治理，但又不同于一般意义上的国家治理，它具有典型性、独特性。全面准确把握大国治理的概念，需要采取比较法，将大国治理与小国治理、大国治理与强国治理、中国大国治理与其他大国治理进行对照考察。

1. 大国治理与小国治理

大国治理与小国治理的重大区别主要在于四点。

一是规模上的区别。大国体量大，具有疆域辽阔或人口众多等特征；小国体量小。大国由于疆域辽阔，必然带来政治组织结构的科层化，也就是说，大国需要协调好中央政府与地方政府的关系。小国在治理方面则更具灵活性，船小好掉头；公共事务具有单一性，内部的同质性高、复杂性低，使得中央的政策具有普适性；组织层级少，基层信息易于上达。这些都是小国相比大国易于治理的因素。

二是宪制构成不同。小国不大会有地方割据或分裂的危险，也很难说存在中央和地方的关系③，中央即地方、地方即中央。

三是治理结构与治理方式的区别。与小国相比，大国具有的社会结构分化、多元化和复杂性等特征，导致大国治理结构更为复杂。这就需要国家和社会协同治理，国家与社会双重治理体系相协调，政府主导与社会自治相结合，形成治理合力。

四是担当的治理责任不同。小国的目标是国民自由、富足、幸

---

① 黄杰：《比较历史视野下的大国治理问题研究：以耦合治理结构与治理绩效的关系为线索》，博士学位论文，复旦大学，2012年，第52页。
② 唐皇凤：《大国治理：中国国家治理的现实基础与主要困境》，《中共浙江省委党校学报》2015年第12期。
③ 苏力：《大国及其疆域的政制构成》，《法学家》2016年第1期。

福地生活,而大国则注定要创造伟大和永恒,同时承担责任与痛苦。与小国治理所承担的"独善其身"的责任不同,大国治理需要"兼济天下",统筹国内治理与全球治理,在全球治理变革中发挥大国作用,体现大国担当。

2. 大国治理与强国治理

大国和强国都是相对的概念,大国不一定是强国,强国也未必是大国。强国概念主要指向国际竞争力。从大国到强国需要一个过程。大国治理与强国治理既有相同或相似的地方,但更多的是区别。首先,追求的目标不同。大国治理的目标是成为强国,大国成为强国的过程就是大国崛起的过程;强国治理的目标则是保持强国地位,进而实现更强的目标。大国治理突出创业;强国治理重在守成。其次,所处的历史方位不同。大国处于发展中,要经历转型升级;强国已经到了发达的阶段。再次,具备的物质基础不同。大国虽大,但存在虚胖现象,科技实力等无法与强国相提并论;强国实力雄厚,拥有技术优势。最后,面临的问题不同,大国治理面临成长的困扰;强国治理则需要适应大国的崛起。

3. 中国的大国治理与其他大国治理

中国是社会主义发展中大国,是一个单一制的大国,是一个具有悠久历史的大国。这些独特的国情决定了中国的大国治理不仅有别于西方,也有别于其他大国。中国的大国治理与西方大国治理有本质区别。中西制度不同,历史传承和文化传统各异,决定了国家治理的根本区别。其重大区别主要表现在:一是国家治理的基本制度不同。我国实行的是中国特色社会主义制度,国家治理体系坚持党的领导、依法治国、人民当家作主有机统一为基本遵循,这与西方国家的制度设计存在本质差异。二是国家治理的领导力量不同。我国国家治理体系的核心领导力量是中国共产党;西方国家治理结构与治理体系的主导力量是垄断资本。三是国家治理的思想道德基础不同。我们坚持"国家至上、集体至上"的社会主义核心价值观;西方则信奉个人主义的核心价值观。此外,当今的中国是世界上最大的发展中国家，属于后发国家，正处于转型期和和平崛起过程中。从外部看，社会主义国家治理的成功经验不足；从内部看，中国依然面临发展不平衡、治理体系不够成熟定型等特点。这都决定了中国的国家治理异于西方大国的治理。中国作为单一制国家，其国家治理有别于联邦制大国的治理。当今世界，除中国外，其他大国在国家结构形式上无一例外地采用联邦制。在世界200余个国家和地区主体中，虽然采用联邦制的国家只有20多个，但它们却占有世界1/2的土地和1/3的人口。领土面积排名前7的国家（俄罗斯、加拿大、中国、美国、巴西、澳大利亚、印度）中，除中国外，采用的都是联邦制；人口排名前7的国家（中国、印度、美国、印度尼西亚、巴西、巴基斯坦、尼日利亚）中，除中国、印度尼西亚外，其他5个国家都是采用联邦制。非洲面积最大的国家苏丹和人口最多的国家尼日利亚、欧洲人口最多的国家德国，都是联邦制国家。单一制大国与联邦制大国在宪法法律体系、政权机构及权力体系、中央政府与地方政府之间的关系等方面具有诸多差异，相应地决定了它在国家治理方面的特殊性。

中国的大国治理必然带有鲜明的中国特色，具有典型的本土性，必须从中国历史传承、现实国情出发探索有效治理之道。由于自身的国情和发展阶段特点，中国既具有治理优势，也面临一系列重大矛盾和挑战。中国的治理优势在于：悠久的国家治理历史、中国共产党领导的组织优势和制度优势以及规模优势、后发效应等。中国大国治理同样面临现实难题，它表明了中国国家治理的基础性条件，突出了中国超大规模社会转型的复杂性和艰巨性。所以，通过寻求有效的资源积累结构，达到有效的国家治理，成为中国国家发展战略的核心与关键。[①]

中国是一个文明史延续几千年的国家，历史文化传统深深影响

---

① 唐皇凤：《大国治理与政治建设——当代中国国家治理的战略选择》，《天津社会科学》2005年第3期。

了即将跨入现代性门槛的中国人民。同时，当下的中国又是一个人口众多、地域辽阔、发展极不平衡的发展中大国，是世界上自然地理、人口资源、经济社会发展差距最大的国家之一。在全球化时代，中国的大国治理问题既体现了历史的延续性，也带有鲜明的时代特征，面临国际与国内问题的双重压力。[1] 大国治理是中国国家治理的现实基础，集中体现了中国国家治理过程中有限的社会资源总量与超大规模社会对国家治理资源大规模需求的矛盾。

本书语境下，治理特指中国共产党的治国理政活动，大国治理特指当今中国的国家治理，特指以习近平同志为核心的党中央在新的时代背景下，为实现国家长治久安、社会和谐稳定、人民幸福安康的目标，而进行的治国理政活动的总和。大国治理是当今中国国家治理的现实基础和基本特征，也是以习近平同志为核心的党中央理论创新的立足点、生长点。由大国成为强国，是这种治理活动的出发点和落脚点。

## 第二节　新时代大国治理论的提出

2016 年，习近平总书记在哲学社会科学工作座谈会上指出："当代中国正经历着我国历史上最为广泛而深刻的社会变革，也正在进行着人类历史上最为宏大而独特的实践创新。这种前无古人的伟大实践，必将给理论创造、学术繁荣提供强大动力和广阔空间。"[2] 党的十八大以来，以习近平同志为核心的党中央，围绕治国理政这个主题，深刻思考新时代治理一个什么样的大国、如何治理大国的重大课题，提出一系列新理念、新思想、新战略。新时代大国治理论是标志性理论成果，是在坚持和发展马克思主义国家治理

---

[1] 唐皇凤：《大国治理：中国国家治理的现实基础与主要困境》，《中共浙江省委党校学报》2005 年第 6 期。

[2] 习近平：《在哲学社会科学工作座谈会上的讲话》，《人民日报》2016 年 5 月 19 日第 2 版。

理论的基础上提出和形成的，是在新时代大国治理实践的基础上提出和形成的，具有深厚的理论渊源和实践基础。

## 一 新时代大国治理论的理论渊源

任何科学的思想理论，都有其思想基础和理论来源。作为先进文化的结晶和"时代精神的精华"，新时代大国治理论是在借鉴中国古代国家治理思想、吸收马克思主义国家治理观和中国共产党治国理政思想的基础上产生的，具有深厚的理论渊源。中国古代国家治理思想为新时代大国治理论提供了思想资源；马克思主义国家治理观为新时代大国治理论奠定了理论基石；中国共产党治国理政思想为新时代大国治理论提供了直接来源。

### （一）中国古代国家治理思想

历史是一面镜子，以史为鉴，可以明得失。中国是一个拥有悠久历史文明的国家，治理今天的中国必须要有历史思维，善于借鉴历史经验和历史教训。作为一个存续了2000多年、超大规模、中央集权的中华帝国，古代中国毫无疑问地为后世留下许多有关大国治理的思想、技术、经验、教训。以习近平同志为核心的党中央在大国治理实践中，特别重视对历史经验教训的总结，善于在反思历史中探求大国治理之道。习近平总书记特别强调在构建国家治理体系时要注重历史传承，增强文化自信，保持战略定力，并提出对中华优秀传统文化进行创造性转化和创新性发展的思想。中华优秀传统文化蕴含丰富的国家治理思想，为当代中国大国治理提供了有益启示，为新时代大国治理论提供了滋养。在中国古代国家治理思想中，以儒家的"礼治、德治"思想、道家的"无为而治"思想和法家的"法治"思想最具代表性。儒家主张用"礼"来规范和约束人们的行为，如孔子主张"齐之以礼"。在此基础上，儒家还主张德治，包括为政以德、以德治吏、以德惠民、以德教民等。这种以礼治和德治为核心的治国思想，为我们今天大国治理注重培育和践行社会主义核心价值观提供了思想滋养。道家的治国思想集中表现为无为而治。这是道家学说中最著名的政治理论,也是道家治国思想的核心。用这种理论来治理国家,就是要顺应自然,顺应民意,轻徭薄赋,让百姓休养生息,各得其所。老子所说的"以百姓心为心",就是强调将百姓的需要作为施政的逻辑前提。针对如何做到无为而治的问题,老子提出著名的"治大国若烹小鲜"的比喻,强调为政者要保持定力,不折腾。道家的"无为而治"思想为我们今天大国治理实施的简政放权、放活让利等改革举措提供了借鉴。法家以"法治"作为治国思想的核心。例如,商鞅主张"秉权而立、垂法而治"。韩非子认为,"有名主忠臣产于今世,而能领其国者,不可以须臾忘于法。破胜党任,节去言谈,任法而治矣"。在法家看来,实行法治要做到四点:一要崇尚法律和敬畏法律;二要明法;三要任法,即严格执行法律;四要从法。法家的"法治"思想为新时代全面依法治国方略提供了借鉴。具体来讲,我国古代国家治理思想为新时代大国治理论所吸收、借鉴的内容主要集中在以下方面。

1. 重民本、顺民意、得民心的思想

以民为本、重视民生是中国古代治国的重心所在,也是古代治国理政的一条经验。《尚书》中提到"民为邦本,本固邦宁"的思想,为历代明君引为处理君民关系的鉴戒。民心民意是政权的合法性基础。赢得民心民意,是治国理政的第一要务。习近平总书记深知民心民意是政治的根本,人心是最大的政治,人心向背是决定国家兴衰的关键。党的十八大以来,在一系列重要讲话中,习近平总书记多次引用谈论民心民意的名言警句。如在纪念毛泽东同志诞辰120周年座谈会上,他引用了《管子》的基本施政经验:"政之所兴在顺民心,政之所废在逆民心。"新时代大国治理论以人民为中心的发展思想,就是吸收、借鉴了我国古代治国理政思想中关于重民本、顺民意、得民心的思想,并赋予其新的时代内涵。

2. 德治法治双管齐下的思想

"礼法合治,德主刑辅",是我国古代治国理政的精髓要旨,为社会和谐稳定提供了两套治理系统,为现代国家社会治理提供了"标本兼治"的重要方法。习近平总书记高度重视这两种治国理政的方式,强调将法治作为治国理政的基本方式,坚持以德治国与依法治国相结合,既重视发挥法律的规范作用,又重视发挥道德的教化作用。关于全面推进依法治国和大力培育弘扬社会主义核心价值观的思想,都鲜明地融入了古代治国理政中"礼法合治,德主刑辅"的思想,并突出强调制度的根本性、基础性、长远性作用,着力推进制度创新,构建科学、有效和管用的制度体系。

3. 选贤任能、严格吏治的思想

重视选贤任能是我国古代治国理政中关于人才治理方面的好经验。中国历史上凡是有作为的政治家都非常重视人才问题。他们深深懂得"为政之道,任人为先"的道理,在选人、用人方面留下很多可取的思想和经验。习近平总书记深刻认识到选贤任能对于治国理政的极端重要性,围绕培养选拔党和人民需要的好干部这一重大主题,鲜明提出并深刻回答了事关干部工作全局的三个重大问题,即怎样是好干部、怎样成长为好干部、怎样把好干部用起来,形成新时代的人才观、干部观。古代中国的用人之道为新时代大国治理选人、用人提供了镜鉴。在科学人才观指导下培养出的一批高素质的执政骨干,为治国理政奠定了组织基础。

中国古代政治家提出了"治国先治吏"的治国方略。被史家誉为"西汉中兴之帝"的汉宣帝,在总结自己的治国经验时,深有感触地说:"吏不廉平,则治道衰也。"历史上,一些明君很注重吏治。例如,汉文帝下诏,官员不准利用公款大吃大喝,不准接受下级官吏的宴请,否则就会被免职;官吏贪赃枉法、收受贿赂,都要大力追究、处以严刑。由于吏治清明,他开创了著名的"文景之治"。

习近平总书记深刻认识到从严治吏是治国之大要,他把干部管理和吏治整顿作为全面从严治党的重要任务,融入治国理政的战略布局。他从治国必先治党、治党务必从严、从严治党关键在于从严治吏的逻辑出发，着眼于打造"有铁一般信仰、铁一般信念、铁一般纪律、铁一般担当"的干部，并以久久为功、持之以恒的劲头狠抓政治建设、思想建设、作风建设、组织建设、纪律建设，制度建设贯穿其中，不断提高干部队伍建设的科学化水平，牢牢抓住治国理政的"关键少数"。

4. 立德修身正己的思想

立德修身正己是我国古代做人处世、为官理政的根本。盛世治世都重视为官从政者的道德和修养，形成"为政以德""正己修身"的治国经验和从政理念。历史经验告诉我们：官德建设始终与国家兴衰、政权安危紧密相连，官德兴则政权安，官德衰则政权乱。习近平总书记洞见官德之于治国理政的极端重要性，他一针见血地指出："在历史的长河中，那些帝国的崩溃、王朝的覆灭、执政党的下台，无不与其当政者不立德、不修德、不践德有关，无不与其当权者作风不正、腐败盛行、丧失人心有关。"[1] 他要求各级干部要做到明大德、守公德、严私德。习近平总书记提出的"三严三实"等关于官德建设的许多重要思想，正是借鉴了中国古代从政重德的思想。

5. 保持清醒忧患、注重变法革新的思想

"居安思危""改易更化"是我国古代治国理政一条重要的历史经验，早在《周易》中就有"安而不忘危，存而不忘亡，治而不忘乱"之说。自汉代以后，改易更化成为一种政治哲学，也是一种治理之道。一代明君唐太宗深谙其道，为避免重蹈隋朝"兴也勃焉，亡也忽焉"的覆辙，他时刻以此为念，勉励警醒官吏不忘沉痛教训，保持清醒忧患，勇于革新立制。

习近平总书记敏锐地洞察到党内存在的精神懈怠的危险，多次强调要增强忧患意识，树立底线思维，不断提醒各级领导干部要深

---

[1] 习近平：《建设一支宏大高素质干部队伍　确保党始终成为坚强领导核心》，《人民日报》2013年6月30日第1版。

谋远虑、治于未病，勉励干部要以如履薄冰、如临深渊的自觉，去准备迎接并打赢许多具有新的历史特点的伟大斗争。习近平总书记将"忧患意识、居安思危"提升到治党治国必须始终坚持的重大原则的高度予以强调，正是借鉴了我国古代"居安思危"这一成功治国经验。习近平总书记高度重视改革创新，他强调"唯改革者进，唯创新者强，唯改革创新者胜"。新时代大国治理论中关于全面深化改革的思想与创新发展理念等，都体现了注重变法创新的治国经验和智慧。他以为民负责的担当、壮士断腕的决心、自我革命的勇气，敢于啃硬骨头，大胆向制约发展的体制机制方面的顽瘴痼疾开刀，将改革创新贯穿治国理政的方方面面，使全面深化改革成为其治国理政的鲜明标识。

需要说明的是，古代中国治国理政的教训，如重人治轻法治、重个人修身轻制度建设、权责失衡等，也从反面为新时代大国治理论提供了镜鉴。

（二）马克思主义国家治理观

马克思、恩格斯在对国家进行深入考察的基础上，对国家的起源、本质、性质、类型、职能和命运等根本问题进行阐释，形成马克思主义国家理论，为人们正确认识国家问题提供了指南。马克思、恩格斯虽没有对"国家治理"这个概念作出明确的阐释，但他们在对资本主义社会治理失效的制度性根源进行批判的基础上，提出对未来社会治理目标、原则、模式的设想，特别是提出的生产力理论、人的解放理论、"国家与社会"关系学说、群众史观等蕴含着丰富的国家治理思想。列宁在苏联社会主义建设实践中，对国家治理问题进行了思考探索，提出社会主义国家治理观。这些为新时代大国治理论提供了思想渊源。

1. 马克思、恩格斯的国家观及治理思想

《共产党宣言》《社会主义从空想到科学的发展》《哥达纲领批判》《法兰西内战》《家庭、私有制和国家的起源》等经典著作，蕴含着马克思、恩格斯的国家观及治理思想，这些理论仍然是当代中国国家治理的重要理论基础。① 马克思、恩格斯国家治理思想的逻辑起点始于对资本主义国家治理的批判，他们在深刻揭示资本主义国家治理危机困境和本质的基础上，对未来国家治理趋势进行了预设，提出未来的社会主义社会必须坚持无产阶级政党的领导，必须致力于发展生产，必须坚持人民民主等；实现人的自由而全面的发展是社会主义国家治理的价值旨归；指明了权力回归社会和社会自主治理将成为社会主义国家治理的未来发展趋势。这些思想为我们创新国家治理理论提供了坚实的思想基础。此外，马克思、恩格斯在对人类历史上第一个社会主义政权——巴黎公社实践进行深刻总结的基础上，阐明了巴黎公社原则，包括实行人民主权、消除官僚特权、公职人员是人民的勤务员、建设廉价政府等思想，蕴含了社会主义国家治理的内在要求，对我们当前的大国治理具有重要价值。

首先，马克思、恩格斯关于经济基础的理论为新时代大国治理论提供理论渊源。经济基础决定上层建筑是马克思主义的基本原理。马克思、恩格斯强调，无产阶级在取得国家政权后，首要的就是变资本主义私有制为公有制，逐步建立无产阶级国家所有制。虽然马克思、恩格斯在一般意义上肯定了未来社会公有制的性质，但是我们需要对此根据实际情况作出具体分析。正如在《〈政治经济学批判〉序言》中马克思所指出的："无论哪一个社会形态，在它所能容纳的全部生产力发挥出来以前，是决不会灭亡的；而新的更高的生产关系，在它的物质存在条件在旧社会的胎胞里成熟以前，是决不会出现的。"② 这强调了生产资料所有制实现形式应当与生产力的发展状况相适应。这些思想为我们建立和巩固社会主义国家的经济基础提供了基本遵循。新时代大国治理论中的经济治理思想，包括坚持社会主义初级阶段基本经济制度，推动各种所有制取长补

---

① 冯留建：《马克思主义国家理论与中国国家治理现代化》，《马克思主义研究》2014年第3期。

② 《马克思恩格斯选集》第2卷，人民出版社1995年版，第33页。

短、相互促进、共同发展等思想,就是对马克思主义经济基础理论的坚持和发展。

其次,马克思、恩格斯关于人民当家作主的思想为新时代大国治理论奠定理论基石。马克思主义认为,社会主义国家是人民自我管理的国家,社会主义国家的治理本质是人民的民主治理,强调人民主体原则是社会主义国家治理的根本原则。马克思指出:"国家的全体成员同国家的关系就是他们同自己事务的关系,这一点是不言而喻的……他们是国家的成员,是国家的一部分,他们的社会存在自然就是他们实际参加了国家。"① 马克思的上述论断传递了鲜明的观点,那就是国家是人民的国家,管理国家是人民自己的事情,让人民当家作主,用人民民主监督和制约权力。恩格斯在《共产主义原理》中也强调指出,无产阶级革命以建立民主的国家制度为首要任务。马克思、恩格斯在《共产党宣言》中,明确将"使无产阶级上升为统治阶级,争得民主"作为工人革命的第一步。就无产阶级民主的组织形式而言,马克思、恩格斯认为,应遵循"议行合一"的原则。我国实行人民民主专政,发展中国特色社会主义民主政治是推进国家治理现代化的政治保障,其根本目的是保证人民当家作主。新时代大国治理论强调健全人民当家作主制度体系,为人民当家作主提供制度保障;支持和保证人民通过人民代表大会行使国家权力;以"有事好商量,众人的事情由众人商量"为核心理念,加强社会主义协商民主制度建设,保证人民在日常政治生活中有广泛、持续、深入参与的权利。这些都是对马克思、恩格斯关于无产阶级国家实行民主制思想的继承与发展。

最后,马克思、恩格斯社会管理思想为新时代大国治理论提供思想资源。尽管马克思主义经典作家没有准确地定义社会治理的概念,但在其经典著作中却蕴含着丰富的社会管理思想。马克思、恩格斯认为,国家具有履行政治统治和社会管理的双重职能。"政治

---

① 《马克思恩格斯全集》第1卷,人民出版社1956年版,第391页。

统治到处都是以执行某种社会职能为基础，而且政治统治只有在它执行了它的这种社会职能时才能持续下去。"① 实际上，这阐释了对社会公共事务进行管理是国家治理的重要职能。在马克思、恩格斯看来，无产阶级国家要以促进每个人自由而全面地发展作为社会发展的根本价值取向，要履行好社会管理职能。马克思在《哥达纲领批判》中指出：通过"对工厂工业、作坊工业和家庭工业实行国家监管"②，"社会总产品一部分应用来补偿生产资料消耗和扩大再生产，一部分用于不幸事故、自然灾害等的后备基金或保险基金，剩余的总产品应用来满足学校、保健设施等，还要为丧失劳动能力的人提供保障"③。马克思、恩格斯的社会管理思想为新时代社会治理思想提供了思想养料。习近平总书记关于保障和改善民生，特别是提出的"幼有所育、学有所教、劳有所得、病有所医、老有所养、住有所居、弱有所扶"等思想，都集中体现了对马克思、恩格斯社会管理思想的吸收和坚持。

2. 列宁的社会主义国家治理观

作为世界上第一个社会主义国家治理的主要领导者，列宁亲身经历了社会主义社会治理实践，并对新社会的治理问题进行了初步探索，提出不少有价值的思想，对今天我们国家的治理仍有借鉴意义。列宁的国家治理思想主要有：一是依法治理的思想。在列宁看来，法治是国家治理最为可靠的基础。为实现法治化，就要建立完备的法律制度。在取得革命胜利后，列宁领导制定和颁布了《苏俄宪法》《苏俄民法典》《苏俄刑法典》《苏俄劳动法典》等法律，逐步健全了国家治理的法律体系。④ 二是民主管理、民主监督的思想。列宁指出："一切官吏由选举产生，并且随时可以撤换。"⑤ 他把人

---

① 《马克思恩格斯选集》第 3 卷，人民出版社 1995 年版，第 523 页。
② 《马克思恩格斯选集》第 3 卷，人民出版社 2012 年版，第 377 页。
③ 同上书，第 361—362 页。
④ 范拥军：《乡级治理现代化研究》，博士学位论文，河北师范大学，2013 年，第 21 页。
⑤ 《列宁全集》第 29 卷，人民出版社 1995 年版，第 115 页。

民民主制度视为减少和克服官僚主义产生的重要制度保障。三是人民主体思想。在列宁看来,必须"采取一系列逐步的、经过慎重选择而又坚决实行的措施,以吸收全体劳动人民自动参加国家的管理工作"①。此外,列宁还提出,坚持党的总领导;拥有一支素质优良的干部队伍;弘扬先进的无产阶级文化与共产主义道德;积极借鉴利用资本主义一切文明成果;对国家机构进行改革等。这些思想对我们党进行大国治理实践仍有重要启示。

(三) 中国共产党治国理政思想

中国共产党治国理政思想,是指新中国成立后党的几代领导人,围绕治国理政这个主题形成的一系列重大思想。中国共产党执政70多年来,特别是改革开放40多年来,在长期的治国理政实践中,中国共产党人坚持马克思主义基本原理与中国具体实际相结合,同中华优秀传统文化相结合,提出一系列关于社会主义国家治理的思想,形成了科学的国家治理观,为新时代大国治理论的形成提供了直接理论来源。党的十八大以前,中国共产党形成的治国理政思想集中体现在党的两大理论创新成果——毛泽东思想和中国特色社会主义理论体系之中。

1. 毛泽东思想为新时代大国治理论提供重要理论来源

以毛泽东同志为主要代表的中国共产党人对社会主义国家治理问题进行了艰辛探索,虽经历重大挫折,但也提出了丰富的治国理政思想,积累了宝贵经验。毛泽东同志将"为人民服务"视为治国理政的出发点和落脚点,他指出:"共产党是为民族、为人民谋利益的政党,它本身决无私利可图。它应该接受人民的监督,而决不应该违背人民的意旨。它的党员应该站在民众之中,而决不应该站在民众之上。"②毛泽东同志强调治国理政要解民情、顺民意、得民心,"要按照群众的需要和自愿。一切为群众的工作都要从群众的

---

① 《列宁选集》第3卷,人民出版社1972年版,第745页。
② 《毛泽东选集》第3卷,人民出版社1991年版,第809页。

需要出发,而不是从任何良好的个人愿望出发。"①围绕为人民服务的根本宗旨,他提出了一系列重大原则,为社会主义国家治理提供了基本遵循。

作为马克思主义中国化第一次历史性飞跃产生的重大理论成果,毛泽东思想蕴含着丰富的治国思想,集中体现在:在治党上,坚持从严管党治党,注重党的思想建设,加强党的领导,坚持党领导一切,突出政治领导;在治国的根本方向上,坚持科学社会主义基本原则和社会主义根本制度不动摇;在意识形态治理上,坚持以马克思主义为指导,坚持党对意识形态的领导权;在治军上,坚持政治建军,坚持党指挥枪的根本原则;在外交上,坚持独立自主,坚决捍卫国家主权和领土完整,广交朋友,永不称霸;在党的组织路线上,以德才兼备为选人用人根本标准,坚持民主集中制原则;在治国的价值立场上,坚持全心全意为人民服务的宗旨;在治国方法论上,坚持实事求是、群众路线、独立自主;等等。这些重要思想和基本原则为新时代大国治理论提供了理论来源。

2. 中国特色社会主义理论体系为新时代大国治理论提供了直接理论来源

以邓小平同志为核心的第二代中央领导集体,从我国的现实国情出发,对改革开放新时期国家治理问题进行深入探索,形成了丰富的治国思想。邓小平同志指出:"为了保障人民民主,必须加强法制。必须使民主制度化、法律化,使这种制度和法律不因领导人的改变而改变,不因领导人的看法和注意力的改变而改变。"② 这标志着我们党开始从全新角度思考国家治理问题。在邓小平同志上述思想的指导下,我们党加强法制建设,形成了较为完备的法律体系。1992年邓小平同志的"南方谈话",明确提出使社会主义制度更加成熟、更加定型的设想,把我们党治国理政思想升华到新境

---

① 《建国以来毛泽东文稿》,中央文献出版社1998年版,第581页。
② 《邓小平文选》第2卷,人民出版社1994年版,第168页。

界。随后，随着社会主义市场经济的发展，我们党又相继提出依法治国、发展政治文明、从严治党、建设和谐社会与和谐世界等理念，并作出加强党的执政能力建设的决定，从不同侧面深化了国家治理思想。

作为改革开放以来形成的重大理论成果，中国特色社会主义理论体系是对"什么是社会主义、如何建设社会主义"的系统回答，蕴含着丰富的社会主义大国治理思想。主要是：坚持以中国特色社会主义为治国理政的根本主题，始终坚持中国特色社会主义方向；坚持以党的基本路线为治国理政的生命线和根本政治保证；坚持以发展为治国理政的第一要务，用发展的眼光解决前进中的问题；坚持以四项基本原则为治国理政的政治保障；坚持以改革开放为强国之路，坚持改革步伐不停顿、开放大门不关闭；坚持以实现社会主义现代化为治国理政的奋斗目标，朝着既定目标接力奋斗；坚持从社会主义初级阶段这个最大国情和实际出发制定治国理政的政策策略；坚持统筹国内国际两个大局，为治国理政创造良好的国内国际条件；坚持推进军队和国防现代化，坚持"一国两制"和祖国和平统一；坚持和平发展道路，推动建立国际政治经济新秩序；坚持治国先治党、治党要从严，不断改善和加强党的领导；坚持紧紧依靠人民治国理政，发挥人民主体作用；坚持不断完善中国特色社会主义事业的总体布局；坚持两手抓、统筹兼顾和居安思危，增强忧患意识的方法论；坚持不断巩固党的领导核心地位；等等。这些重要思想为新时代大国治理论的形成提供了直接来源。

其他国家的治理经验和治理理论也为新时代大国治理论的形成提供了参考。中国共产党人具有博大的胸怀，善于学习借鉴人类一切文明成果。毛泽东同志提出了"洋为中用"的思想。邓小平同志强调要面向世界，在治国实践中注重学习西方发达国家在发展经济上的有益做法和经验。我们实行对外开放的基本国策，表明中国共产党愿意学习世界各国尤其是西方发达资本主义国家的经验。现代西方治理理论是为适应和指导西方国家公共事务管理创新发展而提出的理论范式,在具体的社会治理实践中呈现和总结出治理主体多元、注重民主法治、突出基层治理、公共服务市场化等实践特征和经验。西方社会治理理论和成功实践对我国社会治理的转型与发展有重要的借鉴意义。① 习近平总书记在大国治理实践中注重借鉴其他国家的治国理政经验,在理论创造上注重批评分析和借鉴西方理论的有益成分。正如他所指出的,"对待西方经济学、政治学等方面的理论著作和资本主义经济发展的经验,要注意分析、研究并借鉴其中有益的成分,但决不能离开中国具体实际而盲目照搬照套"②。习近平总书记还注重与其他国家领导人交流治国理政经验。2019 年 6 月 4 日,访问俄罗斯期间,在接受俄罗斯主流媒体联合采访时,他回应了和俄罗斯总统普京的友谊这个话题。在他看来,他和普京对当前世界大势看法相近,在治理国家方面理念相通,肩负两国各自发展振兴的历史责任。从这些论述可以看出,普京的治国经验也给新时代中国的大国治理带来启示。普京主政俄罗斯 20 年来,实现俄罗斯由乱到治的转变,国家资本主义之路取得一定成效;俄罗斯人民的生活水平和经济发展同步提高;俄罗斯人的大国愿望和追求得到一定程度的满足。普京治国的成功秘诀在于:他深谙俄罗斯传统与治国之道,成功地把现代社会发展的普遍原则与俄罗斯社会的传统价值结合起来,走俄国自己的发展道路;坚持把俄国特色与世界发展的潮流结合起来,特别重视展现领袖魅力;满足了民众对大国、强国的期待。③ 这些治国经验也为新时代大国治理论提供了参考。

## 二 新时代大国治理论的实践基础

时代是思想之母,实践是理论之源。马克思指出:"理论在一

---

① 刘湘顺、李雅莉:《西方治理理论对我国社会治理建设的若干启示》,《湖南社会主义学院学报》2017 年第 3 期。
② 习近平:《坚持实事求是的思想路线》,《学习时报》2012 年 5 月 28 日第 1 版。
③ 左凤荣:《普京:强人治理大国的逻辑》,《中国领导科学》2018 年第 1 期。

个国家实现的程度,总是取决于理论满足这个国家的需要的程度。"① 习近平总书记在哲学社会科学工作座谈会上指出:"当代中国正经历着我国历史上最为广泛而深刻的社会变革,也正在进行着人类历史上最为宏大而独特的实践创新。这种前无古人的伟大实践,必将给理论创造、学术繁荣提供强大动力和广阔空间。这是一个需要理论而且一定能够产生理论的时代,这是一个需要思想而且一定能够产生思想的时代。"② 他进一步指出:"在新的时代条件下,我们要进行伟大斗争、建设伟大工程、推进伟大事业、实现伟大梦想,仍然需要保持和发扬马克思主义政党与时俱进的理论品格,勇于推进实践基础上的理论创新。"③ 可以看出,在实践基础上推进理论创新是"四个伟大"实践的客观要求,新时代大国治理论是从"四个伟大"实践中生长出来的理论创新成果。

(一)"四个伟大"构成新时代大国治理的总体框架

1. "四个伟大"的形成过程及其生成逻辑

"四个伟大"的形成是一个发展的过程。党的十八大召开之前,中央提的是两个"伟大"——伟大事业与伟大工程,即改革开放以来中国共产党领导的中国特色社会主义伟大事业和党的建设新的伟大工程。党的十八大报告提出,要进行具有许多新的历史特点的伟大斗争。党的十八大后,习近平总书记三番五次强调要积极进行具有许多新的历史特点的伟大斗争。这实际上又提出了一个"伟大",就是伟大斗争。党的十八届六中全会将上述三个"伟大"并提,即伟大事业、伟大工程、伟大斗争。习近平总书记发表的"7·26"重要讲话,尤其是党的十九大报告,把"四个伟大"并提,具体表述是实现伟大梦想,必须进行伟大斗争,必须建设伟大工程,必须推进伟大事业。至此,"四个伟大"概念作为一个整体正式被提出。

"四个伟大"的形成具有特定的历史逻辑、理论逻辑和实践逻

---

① 《马克思恩格斯选集》第1卷,人民出版社1995年版,第11页。
② 习近平:《在哲学社会科学座谈会上的讲话》,《人民日报》2016年5月17日第2版。
③ 《习近平谈治国理政》第2卷,外文出版社2017年版,第62页。

辑。其形成的历史逻辑体现在，对1840年以来170多年的历史经验和发展规律进行总结，最根本的一条就是，要实现中华民族伟大复兴，此谓"伟大梦想"。1921年，中国共产党登上历史舞台，肩负起实现中华民族伟大复兴中国梦的历史任务。对1921年到今天100年来党的历史经验和发展规律进行总结，最根本的一条就是，要加强和改进党的建设这一新的"伟大工程"。对改革开放40多年的历史经验和发展规律进行总结，最根本的一条就是，开创了中国特色社会主义"伟大事业"，我们所讲的道路、理论体系、制度、文化都是围绕这个展开的。贯穿伟大梦想、伟大工程、伟大事业之中的，就是"伟大斗争"。其形成的理论逻辑体现在，作为中国特色社会主义理论的开篇之作，邓小平理论与"伟大事业"直接相关；"三个代表"重要思想主要回答"建设什么样的党、怎样建设党"的时代课题，与"伟大工程"紧密相关；科学发展观主要回答"实现什么样的发展、如何发展"的时代课题，与"伟大事业"相关；党的十八大以后，从理论上讲，习近平总书记除了讲伟大事业、伟大工程外，还特别强调"伟大斗争""伟大梦想"，并进行多次阐述。所以，从1978年以来党的创新理论中，能提炼出"四个伟大"。其形成的实践逻辑体现在，2012年11月15日，习近平总书记面对中外记者发表演讲，其演讲词的核心就是"三个担当"：为民族担当、为人民担当、为党担当。这"三个担当"中有两个"伟大"：讲到为民族担当时，强调要实现中华民族伟大复兴的中国梦，即实现伟大梦想；讲到为党担当时，强调"打铁还需自身硬"，讲的是伟大工程。十八届中央政治局举行的第一次集体学习，其主题是学习贯彻党的十八大精神。习近平总书记在主持学习时发表讲话指出，要把学习贯彻党的十八大精神聚焦到、落实到坚持和发展中国特色社会主义上来，继续书写中国特色社会主义新篇章。要书写好这个新篇章，必须积极进行好具有许多新的历史特点的伟大斗争。可见，十八届中央政治局第一次集体学习强调了伟大事业与伟大斗争。

2. "四个伟大"是对改革开放以来党治国理政的概括总结

党的十一届三中全会以来,党带领人民进行改革开放新的伟大革命,开展了波澜壮阔的伟大实践,取得了举世瞩目的伟大成就。上述实践活动从根本上说都是围绕"四个伟大"展开的。具体来说,"伟大事业"(中国特色社会主义)是改革开放以来党全部理论和实践的主题,我们党提出的重大理论成果和开展的重大实践创新都是为了推进"伟大事业";实现中华民族伟大复兴是我们党成立伊始就确立的奋斗目标,改革开放以来,我们党始终不渝地坚守这一目标。党领导人民在重申"四个现代化"目标的同时,不断根据人民的新期待和社会主义初级阶段基本国情及发展状况,提出了小康这一中国式现代化的目标,并明确了"三步走"的战略步骤,在逐步解决温饱问题的基础上实现总体小康。这些都是为实现"伟大梦想"所做的奠基性工作,始终朝着远大目标不断前进;伟大斗争是改革开放以来我们党艰苦奋斗、开拓创新、攻坚克难的应有之义,正是凭着这种精神状态和奋斗姿态,我们党带领人民开创了前无古人的事业,使社会主义中国的面貌发生翻天覆地的巨大变化,前所未有地接近了中华民族伟大复兴的目标;党的建设新的伟大工程是改革开放以来我们党根据推进伟大事业需要而谋划和推动的。围绕加强和改善党的领导,我们提出一系列管党治党的方略措施,不断提升党的领导水平和执政能力,为治国理政提供了根本保证。总之,"四个伟大"涵盖党中央改革开放以来治国理政的主要方面,是党中央治国理政实践的总抓手。

3. "四个伟大"是党的十八大以来党中央治国理政的大逻辑

党的十八大确立了党的实现社会主义现代化和中华民族伟大复兴的总任务,提出积极准备具有许多新的历史特点的伟大斗争,并对党的建设进行新部署,实际上内含"四个伟大"的逻辑。党的十八大以来,以习近平同志为核心的党中央治国理政的总体框架围绕"四个伟大"渐次展开。在党的十八大提出"两个一百年"奋斗目标的基础上,习近平总书记站在历史、现实和未来相连接的高度,着眼长远，提出中华民族伟大复兴中国梦，并将其连同"两个一百年"奋斗目标一道确立为党中央治国理政的伟大目标。中国梦成为党的十八大以来党和人民实践的主旋律与时代的最强音。习近平总书记强调，实现中国梦必须坚定不移走中国特色社会主义道路。以习近平同志为核心的党中央高举中国特色社会主义旗帜，对中国特色社会主义伟大事业进行谋篇布局，形成"五位一体"总体布局和"四个全面"战略布局，确立中国特色社会主义"四个自信"的精神引领，将中国特色社会主义事业发展到新阶段。实现伟大梦想，推进伟大事业，当然需要一个好的精神状态。习近平总书记高度重视党员干部的精神状态问题，将良好的精神状态视为做好一切工作的重要前提，要求党员干部克服精神懈怠的危险，以敢于担当、奋发有为的战斗姿态和精神状态攻坚克难。正是凭借这种拼搏精神和干劲，党带领人民才得以抵御重大风险，应对重大挑战，解决重大矛盾，克服重大阻力，取得了历史性突破。中国的事情关键在党，无论是伟大梦想、伟大事业，还是伟大斗争，都要依靠党的坚强领导。鉴于此，以习近平同志为核心的党中央，将全面从严治党作为党的建设新的伟大工程的主题，以一系列务实管用的措施，从严加强党的建设和全面强化党的领导，为治国理政锻造了坚强有力的领导主体。对于党的十八大以来的伟大实践，习近平总书记在省部级主要领导干部专题研讨班的重要讲话中，用"四个伟大"进行概括。这一符合实际的重大判断，揭示了党中央大国治理的宏大格局。

（二）"四个伟大"实践是新时代大国治理论的生长点

新时代大国治理论的内容博大精深，其形成离不开当今中国的现实土壤。它深深扎根于"四个伟大"波澜壮阔的生动实践中。"四个伟大"实践蕴含新时代大国治理论提出和形成的实践逻辑。以习近平同志为核心的党中央所推进的理论创新，就是建立在"四个伟大"实践基础上的，是从"四个伟大"实践中生长出来的，是在对"四个伟大"所蕴含的时代课题的解答中形成的。"四个伟大"是党的创新理论的生长点和聚焦点。比如，作为全面深化改革总目标的"发展和完善中国特色社会主义制度、推进国家治理体系和治理能力现代化"，作为使中国强起来的"实现中华民族伟大复兴的中国梦"和"新发展理念"，作为实现社会主义现代化和中华民族伟大复兴总体方略的"四个全面"战略布局，作为夺取中国特色社会主义伟大胜利、实现中华民族伟大复兴精神支撑的"进行具有许多新的历史特点的伟大斗争"，以"中国共产党领导是中国特色社会主义最本质的特征""中国共产党的领导是中国特色社会主义制度的最大优势""努力建设世界上最强大政党"为主要内容的"坚定政党自信"等，都植根于"四个伟大"实践。"四个伟大"的实践为新时代大国治理论的形成奠定了实践基础。

1. 实现"伟大梦想"的实践是新时代民族复兴理论的实践来源

实现中华民族伟大复兴是近代以来中华民族最伟大的梦想。今天，中国人民比历史上任何时期都更接近、更有信心和能力实现中华民族伟大复兴。党的十八大以来，以习近平同志为核心的党中央将实现中华民族伟大复兴提上重要议事日程，将实现中华民族伟大复兴的中国梦作为新时代中国共产党的历史使命，谋划了新的实践路径，为实现民族复兴设计了路线图，进行了一系列的战略安排，不断深化改革开放新理念，丰富治国理政新实践，为实现中华民族伟大复兴的中国梦打下了坚实基础，开辟了中华民族伟大复兴的光明前景。

推进"伟大梦想"的实践为习近平总书记关于社会主义现代化和中华民族伟大复兴理论提供了实践素材。习近平总书记关于国家治理现代化和中华民族伟大复兴中国梦的思想都是对"伟大梦想"实践的系统总结和概括。

2. 进行"伟大斗争"的实践是新时代伟大斗争思想的实践来源

党的十八大报告指出，发展中国特色社会主义是一项长期的、艰巨的历史任务，必须准备进行具有许多新的历史特点的伟大斗争。这是作为起草小组组长的习近平同志专门加入的一个表述，表明了其对伟大斗争的高度警醒和关注。进行具有许多新的历史特点的伟大斗争，是以习近平同志为核心的党中央治国理政的一个突出特点。中国特色社会主义进入新时代，我们党要团结带领人民有效应对重大挑战，抵御重大风险，克服重大阻力，解决重大矛盾，必须进行具有许多新的历史特点的伟大斗争，才能走向胜利彼岸。党的十八大以来，以习近平同志为核心的党中央积极准备并进行了具有许多新的历史特点的伟大斗争，开启了波澜壮阔的伟大奋斗，进行了新的伟大斗争实践，包括反腐败斗争、意识形态领域的斗争、反分裂斗争、海上维权斗争、维护国家安全的斗争、脱贫攻坚战、蓝天保护战等。这些斗争富有新的时代内涵和特色，为新时代大国治理实践的展开提供了主战场，为新时代大国治理论提供了现实土壤。党的十八大以来，中国特色社会主义事业之所以不断取得新胜利，这与开展伟大斗争所起的不可替代的作用密切相关。党的十九大报告对伟大斗争提出"五个更加自觉"的要求，即"全党要更加自觉地坚持党的领导和我国社会主义制度；更加自觉地维护人民利益；更加自觉地投身改革创新时代潮流；更加自觉地维护我国主权、安全、发展利益；更加自觉地防范各种风险"[①]。这是我们党站在我国发展的新的历史方位，提出的具有战略性、全局性、前瞻性的行动纲领。

聚焦伟大斗争实践，习近平总书记提出发扬斗争精神、增强斗争本领等要求。他的关于斗争对象、斗争状态、斗争手段、斗争目的等思想，都发端于"伟大斗争"实践。

3. 推进"伟大事业"的实践是"四个全面"战略布局思想的实践来源

党的十八大以来，围绕新时代坚持和发展中国特色社会主义这

---

① 习近平：《决胜全面建成小康社会 夺取新时代中国特色社会主义伟大胜利——在中国共产党第十九次全国代表大会上的报告》，人民出版社2017年版，第15—16页。

一重大课题，以习近平同志为核心的党中央坚持改革不停顿、发展不止步，把人民对美好生活的向往作为奋斗目标，坚定不移走中国特色社会主义道路，全面贯彻党的基本理论、基本路线、基本方略。以习近平同志为核心的党中央，统筹推进"五位一体"总体布局，协调推进"四个全面"战略布局，以新发展理念科学谋划经济社会发展，依靠人民创造历史伟业，着力解决我国发展不平衡不充分的问题，大力提升发展质量和效益，更好满足人民在经济、政治、文化、社会、生态等方面日益增长的需要，更好推动人的全面发展、社会全面进步。这实现了重大实践创新，推动中国特色社会主义事业取得历史性成就和实现历史性变革，取得新的伟大胜利，开创中国特色社会主义事业新局面。

推进"伟大事业"的实践为新时代"四个全面"战略布局重要思想的形成提供了源头活水。关于中国特色社会主义本质的论述、"四个自信"思想等都生发于"伟大事业"的进程，都是对"伟大事业"新鲜经验的理论提升。

4. 建设"伟大工程"的实践是新时代全面从严治党思想的实践来源

党的建设是新时代"四个伟大"中的关键方面。党的十八大以来，以习近平同志为核心的党中央，深度把握党面临的时代特征和现实要求，对管党治党的重要战略任务目标进行了丰富实践，按照治国先治党、打铁必须自身硬的逻辑，针对党内存在的突出问题，以作风建设为切入点，坚持标本兼治，抓关键少数与抓全体党员相结合，抓集中整治与常态化管理相结合，全面加强党的建设，净化党内政治生态，取得反腐败斗争的压倒性胜利，开创了管党治党的新局面。在此基础上，党的十九大进一步对新时代党的建设提出全新要求，作出崭新部署，为新时代党的建设伟大工程指明了道路和方向。

建设"伟大工程"的实践为新时代全面从严治党思想提供了丰富的养料。习近平总书记关于建设世界上最强大政党、锻造坚强领导核心等思想,都是对党的十八大以来管党治党实践进行理论总结的重大成果。

总之,"四个伟大"实践是以习近平同志为核心的党中央治国理政的大格局,涵盖大国治理的主要方面,是重大的实践创新,为党的理论创新提供了深厚基础。勇于推进实践基础上的理论创新,在理论上不断拓展新视野、作出新概括,事关党和国家事业继往开来,事关中国特色社会主义前途命运,事关最广大人民根本利益。在习近平新时代中国特色社会主义思想的指导下,以习近平同志为核心的党中央在坚持和发展中国特色社会主义的进程中,统揽"四个伟大"实践,带领全党全国人民进行具有许多新的历史特点的伟大斗争,开展党的建设新的伟大工程,推进中国特色社会主义伟大事业,朝着实现中华民族伟大复兴的伟大梦想不断前进。

作为一个科学理论体系,新时代大国治理论主要有以下十个内容组成(简称"十论"),包括新时代大国治理方位论、新时代大国治理价值论、新时代大国治理目标论、新时代大国治理主体论、新时代大国治理基础论、新时代大国治理布局论、新时代大国治理结构论、新时代大国治理保障论、新时代大国治理方法论、新时代大国治理核心论。新时代大国治理方位论主要回答新时代大国治理所处的历史方位和面临的时代条件问题;新时代大国治理价值论旨在解答新时代大国治理的价值立场和价值取向问题;新时代大国治理目标论旨在回答新时代大国治理的目标指向问题;新时代大国治理主体论指明了新时代大国治理的主体力量的构成问题;新时代大国治理基础论主要阐释了何为新时代治理大国的基础以及如何夯实新时代大国治理的物质基础问题;新时代大国治理布局论主要阐释了新时代大国治理如何谋篇布局的问题;新时代大国治理结构论主要对新时代大国治理的层次结构进行谋划和安排;新时代大国治理保障论主要明确了新时代大国治理的法治保障、安全保障、军事保障、外部环境保障等;新时代大国治理方法论主要阐释新时代大国治理的科学方法论问题；新时代大国治理核心论主要阐明新时代大国治理的领导核心和政治保证问题。上述"十论"相互联系、相互配合，共同构成新时代大国治理论的核心内容。

# 第一章

# 新时代大国治理方位论

党的历史方位，向来是党科学确立发展目标、正确制定路线方针政策的基本依据。什么样的历史方位决定着什么样的历史使命。对历史方位的精准把握，是进行理论创新的前提。在新时代进行大国治理实践和建构大国治理方略时，以习近平同志为核心的党中央非常注重对所处历史方位的把握，多次提及我们正处于新的历史起点，面临新的历史条件，并对中国特色社会主义所处发展阶段作出新的科学判断，对新时期大国治理所处历史方位进行明确界定，为制定和实施大国治理方略提供了基本前提。

## 第一节 中国特色社会主义进入新时代

党的十九大报告明确指出中国特色社会主义进入新时代的重大政治判断。新时代是以习近平同志为核心的党中央对大国治理所处历史方位的集中概括。这一重大政治判断，是习近平总书记在科学把握时代趋势和国际局势重大变化、综合分析我国当前国情党情深刻变化的基础上，着力解决我国社会发展过程中出现的新问题、新矛盾而得出的科学结论。

### 一 新时代的内涵、特征及意义

（一）新时代的内涵

我们必须认识到，这个新时代是中国特色社会主义新时代，而不是别的新时代。中国特色社会主义新时代的内涵，可以从五个维度来把握。第一个维度是党的事业的维度。对党的事业而言，中国特色社会主义新时代，就是党的事业即中国特色社会主义伟大事业承前启后、继往开来，不断取得新的伟大胜利的时代。第二个维度是我们国家的维度。从国家发展来看，中国特色社会主义新时代，就是我们国家实现"两个百年"奋斗目标，全面建成社会主义现代化强国的时代。第三个维度是中国人民的维度。从人民生活来看，中国特色社会主义新时代，就是全体人民逐步实现共同富裕，不断创造美好生活的时代。第四个维度是中华民族的维度。从中华民族的发展来看，中国特色社会主义进入新时代，就是中华民族实现从站起来、富起来到强起来伟大跨越的时代，是中华民族最终实现伟大复兴的时代。第五个维度是人类发展或世界发展的维度。从推动世界和平发展和为人类做更大贡献来看，中国特色社会主义新时代，就是我国日益走近世界舞台中央、不断为人类作出新的更大贡献的时代。

(二) 新时代的特征

新时代在发展阶段方面体现出的最鲜明特征就是"发展起来以后"。按照我国经济社会发展水平，整个社会主义初级阶段大致分为两大历史方位：欠发展时期的历史方位和发展起来以后的历史方位。[①] 新时代从本质上讲是指"发展起来以后"的时期。这是一个发展起来且努力走向强国的历史发展阶段。对于这一时期的基本特征，可以从国内国际两个方面来把握。

第一，从国内发展来看，我国正处于整体转型升级的时期。自2010年我国成为世界第二大经济体以来，特别是从2012年党的十八大起，我国经济社会进入整体转型升级时期。这种整体转型升级集中体现为：从生产力到生产关系、从经济基础到上层建筑全面的转型升级。在生产力上，由"要素驱动""投资规模驱动"走向

---

① 韩庆祥：《新时代中国特色社会主义的发展逻辑》，《人民论坛》2018年第3期。

"创新驱动";在生产关系上,由"收入差距过大"走向"公平正义"和"共享社会发展成果";在外交上,由"回应问题导向"走向"提升国际话语权导向";在治国理政方略上,由相对"注重摸着石头过河"走向更加注重顶层设计等。我国的经济社会转型进入矛盾冲突频发的"深水区"。经济社会转型所产生的大量危机,直接影响到经济、社会乃至政治的安全和稳定,并对国家治理能力提出重大挑战。[1]

从世情来说,当今世界正处于大发展大变革大调整时期,和平发展、合作共赢的价值理念深入人心,成为不可阻挡的时代潮流和国际大局。但与此同时,世界正在进行巨大变革,国际经济、科技、军事竞争格局正在发生历史性变化,中国前所未有地靠近世界舞台中心。要赶上时代并引领时代,"必须把握和顺应世界发展大势,反之必然会被历史抛弃"[2]。新时代大国治理论正是在敏锐把握这个时代的基础上,汇聚时代精神的精华,从而引领时代。就国情而言,一方面,我国仍处于社会主义初级阶段,仍然属于发展中国家。通过加快发展,实现国家富强、人民富裕,仍然是治国理政的重大任务。另一方面,我国经济社会发展呈现出新特点,社会主要矛盾已经转变为人民日益增长的美好生活需要与不平衡不充分发展之间的矛盾。我国正处于由大向强发展的关键阶段,这一时期也是社会整体转型期、改革攻坚期和矛盾凸显期。这些都是社会主义初级阶段内涵的新变化。从党情来看,一方面,世情国情的新变化使党面临的外部环境发生变化。党面临的"四大考验""四种危险"具有长期、复杂、严峻的特点。另一方面,党自身也发生了新变化,面临不少新情况、新问题。一是年轻党员的数量和比例较高,他们既充满活力和激情,又缺乏党内政治生活的历练。二是流动党员数量很大,还没有被有效组织起来,难以发挥应有的作用。三是

---

[1] 徐湘林:《社会转型与国家治理——中国政治体制改革取向及其政策选择》,《政治学研究》2015年第1期。

[2] 《习近平谈治国理政》,外文出版社2014年版,第266页。

非公有制企业和社会组织的党组织在管理与教育党员等方面面临不少困难。四是社区党组织等基层党组织无法用行政手段开展工作,如何更好发挥党员作用还需要破题。① 党内还存在一些亟待解决的突出问题,如群众反映强烈的"四风"问题、党内政治生活存在不严肃不正常的问题、党的领导弱化的问题等。

第二,从国际地位来看,我国正处于从大国到强国飞跃的关键时期。近现代以来,中国从世界边缘逐渐走向世界舞台中心,国际角色经历了历史性的深刻变革:从一穷二白的基础上崛起,到对地区和国际事务影响力日益增大;从与国际体系联系并不紧密,到发展为密切关注并积极参与国际事务;从过去相对不为世界所重视,到发展为前所未有地为国际社会所高度重视和尊重。进入新世纪,中国从"利益攸关方"到"世界多极化中的重要一极",再到今天"前所未有地靠近世界舞台中心"。中国在世界上的地位和作用发生根本性的变化,正处在大国到强国交汇的历史方位。党的十八大以来,围绕大国崛起成为强国的目标,习近平总书记提出包括科技强国、人才强国、文化强国、海洋强国、网络强国、体育强国等一系列重大强国战略,已经开启和正在实现中国由大国迈向强国的历史性飞跃。新时代是中国由大国成为强国的时代,它本质上就是强国时代。

时代在变,人们的思想必须随之发生变化,正如习近平总书记所指出的:"世界潮流,浩浩荡荡,顺之者昌,逆之者亡。要跟上前进步伐,就不能身体已进入21世纪,而脑袋还停留在过去。"② 这里"脑袋"的与时俱进,是指理念、思想、战略的与时俱进。新时代大国治理论就是顺应时代变化而形成的重大理论成果,它立足、植根于时代,并引领时代。

(三) 新时代的意义

习近平总书记指出:"中国特色社会主义进入新时代,在中华

---

① 谢春涛:《从三个维度认识当下党情新变化》,《人民日报》2017年1月5日第7版。
② 《习近平谈治国理政》,外文出版社2014年版,第273页。

人民共和国发展史上、中华民族发展史上具有重大意义,在世界社会主义发展史上、人类社会发展史上也具有重大意义。"① 在这里,他把中国特色社会主义进入新时代放到世界历史的坐标中全面审视。党的十九大用"三个意味着",对中国特色社会主义进入新时代的重大意义作出高度概括。

第一,中国特色社会主义进入新时代,意味着近代以来久经磨难的中华民族迎来了从站起来、富起来到强起来的伟大飞跃,迎来了实现中华民族伟大复兴的光明前景。这是新时代之于中华民族的意义。中华民族近代以来历经磨难,现在正处于近代以来最好的历史时期。到21世纪中叶,社会主义现代化强国全面建成之际,中华民族必将以更加昂扬的姿态屹立于世界民族之林,必将彰显中国特色社会主义新时代的伟大历史意义。

第二,中国特色社会主义进入新时代,意味着科学社会主义在21世纪的中国焕发出强大生机活力,在世界上高高举起了中国特色社会主义伟大旗帜。这是新时代之于社会主义事业特别是科学社会主义的意义。正如习近平总书记指出的,"科学社会主义在中国的成功,对马克思主义、科学社会主义的意义,对世界社会主义的意义,是十分重大的"。在这里,他把中国特色社会主义进入新时代放到世界社会主义运动的大背景下考察。科学社会主义事业经历过高潮,也经历过低谷。进入新时代,中国特色社会主义这面旗帜更加鲜艳夺目、令人神往,成为引领21世纪科学社会主义发展的伟大旗帜,成为振兴世界社会主义的中流砥柱,对推进世界社会主义运动具有伟大意义。

第三,中国特色社会主义进入新时代,意味着中国特色社会主义道路、理论、制度、文化不断发展,拓展了发展中国家走向现代化的途径,给世界上那些既希望加快发展又希望保持自身独立性的

---

① 习近平:《决胜全面建成小康社会 夺取新时代中国特色社会主义伟大胜利——在中国共产党第十九次全国代表大会上的报告》,人民出版社2017年版,第12页。

国家和民族提供了全新选择，为解决人类问题贡献了中国智慧和中国方案。这是新时代之于人类社会发展的意义。习近平总书记指出："我国的实践向世界说明了一个道理：治理一个国家，推动一个国家实现现代化，并不只有西方制度模式这一条道，各国完全可以走出自己的道路来。可以说，我们用事实宣告了'历史终结论'的破产，宣告了各国最终都要以西方制度模式为归宿的单线式历史观的破产。"① 中国特色社会主义的不断发展，已经给广大发展中国家树立了一个良好的发展榜样。它们要想在保持自身独立性的前提下加快发展，完全可以参考和借鉴"中国经验"和"中国方案"。

**二 新时代判断的主要依据**

中国特色社会主义进入了新时代，这既不是凭空产生的，更不是一个简单的新概念表述，而是经济社会发展到一定阶段必然发生的历史性飞跃。中国特色社会主义进入新时代不是主观臆断，而有其客观依据。

*（一）理论依据：社会主要矛盾的新变化*

我国社会主要矛盾的新变化是我们党作出新时代判断的理论依据。毛泽东同志在《矛盾论》中指出，在复杂的事物发展过程中，存在许多的矛盾，其中必有一种是主要的矛盾，它的存在和发展规定或影响着其他矛盾的存在和发展。党的八大基于"人民的需要"和"工业化要求"来揭示社会主要矛盾；党的十一届六中全会则把"人民的需要"与"落后生产"联系起来，在正视"一穷二白"国情的同时，极大地凸显了人的能动性。习近平总书记在党的十九大上明确作出的"我国社会主要矛盾已经转化为人民日益增长的美好生活需要和不平衡不充分的发展之间的矛盾"② 这一重大政治论断，

---

① 习近平：《在省部级主要领导干部学习贯彻十八届三中全会精神　全面深化改革专题研讨班上的讲话》，《人民日报》2014年2月17日第1版。

② 习近平：《决胜全面建成小康社会　夺取新时代中国特色社会主义伟大胜利——在中国共产党第十九次全国代表大会上的报告》，人民出版社2017年版，第11页。

深刻揭示了当前我国发展状况和人民生活状况的时代特色，也对党和国家各方面工作提出了新的实践要求。其中，人民"美好生活需要"是在"温饱需要"得以基本满足基础之上的正向延伸，更为注重质的飞跃、面的拓展。当今社会发展中不平衡不充分的状况，已然成为满足人民日益增长的美好生活需要的主要制约因素。

（二）历史依据：取得的历史性成就及实现的历史性变革

自新中国成立特别是改革开放以来，我国取得的历史性成就及实现的历史性变革，是中国特色社会主义进入新时代的历史根据。这些历史性成就既指经过长期努力，推动我国国际地位实现前所未有的提升，党的面貌、国家的面貌、人民的面貌、军队的面貌、中华民族的面貌发生前所未有的变化，也指解决了许多长期想解决而没有解决的难题，办成许多过去想办而没有办成的大事。这些历史性成就是全方位、开创性的。历史性成就带来历史性变革。这种变革从生产力到生产关系、从经济基础到上层建筑、从国内到国际全方位地展开了：在生产力上，由要素驱动、投资规模驱动走向更加注重创新驱动；在生产关系上，由"让一部分人先富起来"走向更加注重"共同富裕""使全体人民共享发展成果"；在国家权力运作方式上，由"国家主导"走向在中国共产党人领导下更加注重"推进国家治理体系和治理能力现代化"；在社会发展水平上，由重视重点突破的非均衡发展走向更加注重全面协调发展；在对外开放和国际战略上，由"回应挑战"走向更加"积极参与全球治理、构建人类命运共同体"。[①] 这种历史性变革是深层次、根本性的。

（三）时代依据：中国共产党人担负的新使命与完成使命的新路径

我们党在新的时代条件下所肩负的历史新使命及创造的实践新路径，是中国特色社会主义进入新时代的时代依据。中国共产党一经成立就担负起实现中华民族伟大复兴的历史使命。这是中国共产党人的初心和使命。党的十八大以来，习近平总书记将中华民族伟

---

① 韩庆祥：《"新时代"的根据、标志、目标》，《学习时报》2017年11月10日第3版。

大复兴概括为中国梦，赋予这一历史使命新的时代内涵，并进行了理论创新和实践创新，形成实现民族复兴的新路径，即"四个伟大"的实践。正如习近平总书记在党的十九大报告中所指出的，实现伟大梦想，必须进行伟大斗争，必须建设伟大工程，必须推进伟大事业。伟大斗争，伟大工程，伟大事业，伟大梦想，紧密联系、相互贯通、相互作用。推进"四个伟大"，是我们党在中国特色社会主义进入新时代、为实现中华民族伟大复兴的历史使命而提出的。"四个伟大"又构成一个彼此不可分割、相互联系的有机整体。

## 三 新时代我们党大国治理面临的机遇与挑战

进入新时代，我国发展仍处于并将长期处于重要战略机遇期。一方面，我们面临的机遇前所未有。习近平总书记用"三个前所未有"对新时代大国治理的机遇进行概括，即前所未有地靠近世界舞台中心；前所未有地接近实现中华民族伟大复兴的目标；前所未有地具有实现民族复兴的能力和信心。另一方面，我们面临的风险挑战也是前所未有的。这些重大风险和挑战集中在习近平总书记提到的"三大陷阱"上，即经济领域中的"中等收入陷阱"、政治领域中的"塔西佗陷阱"和国际关系领域中的"修昔底德陷阱"。

"塔西佗陷阱"得名于古罗马时代的历史学家塔西佗。通俗地讲，就是指当政府部门失去公信力时，无论是说真话还是假话，做好事还是坏事，都会被认为说假话、做坏事。诚信对一个政党、一个国家、一个社会非常重要。正如习近平总书记在《之江新语》中所指出的，"企业无信，则难求发展；社会无信，则人人自危；政府无信，则权威不立"。密切联系群众是我们执政的最大优势，脱离群众是我们党执政的最大危险。"塔西佗陷阱"关涉党群干群关系，如果群众对干部缺乏信任，甚至与干部形成对立，那么，党和政府就会失去民心，进而危及党的执政基础和执政地位。我们虽然没有出现"塔西佗陷阱"那种局面，但一段时期以来，干群关系、党群关系也出现了问题，特别是脱离群众的现象大量存在。

"中等收入陷阱"这一说法,最早出现于2006年世界银行的《东亚经济发展报告》中。它意指当一个国家的人均收入达到中等水平后,由于不能顺利实现经济发展方式的转变,经济增长动力不足,最终出现经济停滞。经过改革开放40多年的努力,中国的经济总量已稳居世界第二。中国虽已进入中等收入国家行列,但也面临陷入"中等收入陷阱"的危险。清华大学国情研究院院长胡鞍钢发文分析,中国进入中等收入阶段遇到的最大挑战是如何识别"中等收入陷阱",避免"中等收入陷阱",进而跨越"中等收入陷阱",成功地走向高收入并实现共同富裕。我们虽然没有掉进所谓的"中等收入陷阱",但收入差距过大、贫富悬殊的问题十分突出。

"修昔底德陷阱"是指,一个大国崛起时,必然要挑战现存大国,双方之间的竞争多以战争告终。从古至今,很多国家在崛起过程中走上了侵略战争的争霸之路。改革开放以来,西方国家以自身侵略历史套解中国崛起之路,极力鼓吹"中国威胁论",企图扰乱外部环境、丑化中国形象、阻碍中国发展。在习近平总书记看来,世界上本无"修昔底德陷阱",但大国之间一再发生战略误判,就可能自己给自己造成"修昔底德陷阱"。这种战略误判,包括对自己和对方战略实力的误判,对国际环境、时代特征、时代潮流的误判,对对方战略意图的误判,对其他主要大国战略意图的误判,对自己国内政治经济军事发展形势的误判等。在这些误判的基础上,就可能制定错误的战略决策,采取错误的战略行动,从而导致大国冲突和战争的发生。习近平总书记倡议中美两个大国之间构建新型大国关系,不冲突不对抗、相互尊重、合作共赢,努力避免陷入"修昔底德陷阱"。但树欲静而风不止,由于历史因素和现实境况,美国对中国仍有不少忧虑。美国国内一些人士习惯性地对中国产生战略猜疑。如今,中美之间有众多潜在冲突点,如南海问题、网络安全问题、金融问题、台海问题等。随着中国大国崛起之路越来越宽阔,不断走向强大,一向以老大自居、居高临下的美国对中国的崛起愈加感到恐慌,开始采取种种手段对中国打压和遏制。

2018年以来，日益升温的中美贸易摩擦就是其精心策划的遏制中国的战略。

"三大陷阱"是国家发展到一定阶段后必然面对的历史课题。在新时代，谨防陷入"三大陷阱"，不仅符合中国人民追求美好生活的需求，更反映出世界人民的普遍心声，同时顺应和平与发展的时代主题。

## 第二节 新时代提出治国理政新课题

新时代产生新课题，新课题催生新思想。新时代大国治理论是在从理论和实践结合上系统回答重大时代课题中形成的。新时代为大国治理提出了总课题：坚持和发展中国特色社会主义。在这一总课题的统领下，完善和发展中国特色社会主义制度，推进国家治理体系和治理能力现代化，成为最重大的子课题。

### 一 总课题：坚持和发展中国特色社会主义

在党的十九大报告中，习近平总书记明确指出："十八大以来，国内外形势变化和我国各项事业发展都给我们提出了一个重大时代课题，这就是必须从理论上和实践结合上系统回答新时代坚持和发展什么样的中国特色社会主义、怎样坚持和发展中国特色社会主义。"[1] 这是以习近平同志为核心的党中央对大国治理所面临时代总课题的精准把握。坚持和发展中国特色社会主义成为新时代大国治理的总课题，既符合改革开放以来我国发展的历史逻辑，也遵循新时代大国治理的现实逻辑。

（一）改革开放以来党全部实践和理论的主题

进入改革开放新时期，以邓小平同志为核心的党的第二代中央

---

[1] 习近平：《决胜全面建成小康社会 夺取新时代中国特色社会主义伟大胜利——在中国共产党第十九次全国代表大会上的报告》，人民出版社2017年版，第18页。

领导集体在拨乱反正的基础上,旗帜鲜明地提出建设有中国特色社会主义的重大课题,把工作重点和主攻方向聚焦到中国特色社会主义这个根本主题上,取得了许多重大突破。他以一系列重大创新理论,比较系统地回答了"什么是社会主义、如何建设社会主义"的基本问题。从党的十二大开始,中国特色社会主义成为党的历次代表大会报告的一条主线,成为我们党和国家全部理论与实践的主题,成为引领共产党人砥砺前行的一面旗帜。中国特色社会主义,既是邓小平理论、"三个代表"重要思想和科学发展观一以贯之与一脉相承的理论主题,也是习近平新时代中国特色社会主义思想的核心要义。中国特色社会主义是前无古人的伟大创举,一方面是理论指导下的现实展开,另一方面又是在实践中不断丰富发展的理论总结。中国特色社会主义,既坚持了科学社会主义基本原则,又以全新的视野深化了对共产党执政规律、社会主义建设规律、人类社会发展规律的认识。实践证明,坚持和发展中国特色社会主义,是改革开放以来我们党和国家的发展方向与工作大局,是实践创造和理论创新的根本主题。

(二) 新时代赋予中国共产党人的重大任务

中国特色社会主义进入新时代,对中国共产党人提出新的时代课题。新时代是中国特色社会主义继往开来、与时俱进,取得新的伟大胜利的时代。坚持和发展中国特色社会主义是一场接力赛,需要一以贯之的坚持和继往开来。在新时代继续坚持和发展中国特色社会主义,成为以习近平同志为核心的党中央必须担当的重大历史使命。习近平总书记把这一历史任务比喻为"一篇大文章",强调"这一代共产党人的任务,就是继续把这篇大文章写下去"[1]。在新的历史方位上实现党的历史使命,必须紧紧围绕新时代党和国家的主要任务,努力回答好新时代坚持和发展什么样的中国特色社会主义、怎样坚持和发展中国特色社会主义这个重大时代课题。党的十

---

[1] 《习近平谈治国理政》,外文出版社2014年版,第23页。

八大以来，以习近平同志为核心的党中央，紧紧围绕坚持和发展中国特色社会主义这个主题，以高度的理论自信和行动自觉，创造性地回答时代和实践发展对党治国理政提出的新课题，在改革发展稳定、内政外交国防、治党治国治军等方面，提出许多富有创见的新思想、新观点、新论断、新要求，进一步充实中国特色社会主义建设的内容，进一步升华我们党对中国特色社会主义的规律性认识。

（三）党的十八大以来党中央治国理政的主线

中国特色社会主义明确界定了大国治理对象的性质与特点。从本质上讲，以习近平同志为核心的党中央的大国治理就是中国特色社会主义之治。大国治理就是对中国特色社会主义社会的治理。习近平总书记将其作为大国治理的主题主线，强调接续奋斗，继续书写中国特色社会主义这篇大文章。围绕这一主题主线，以习近平同志为核心的党中央提出并形成一系列新思想、新战略、新部署。在中国特色社会主义建设的总任务方面，习近平总书记提出了中华民族伟大复兴的中国梦：到21世纪中叶，建成富强民主文明和谐美丽的社会主义现代化强国，实现中华民族伟大复兴的中国梦。在中国特色社会主义建设的战略方面，习近平总书记提出了"四个伟大"，即进行伟大斗争、建设伟大工程、推进伟大事业、实现伟大梦想，这也是引领全局的总蓝图、谋划工作的总坐标和推进工作的总抓手。在中国特色社会主义建设的必由之路方面，围绕改革，习近平总书记提出要"全面深化改革"，实现从改革到全面深化改革的转换，打造了改革的新版本，为中国特色社会主义建设增添了前所未有的新动力。在中国特色社会主义建设的总体布局方面，围绕经济建设，提出以"新常态"为标志的一系列判断和要求；围绕政治建设，着力推进全面依法治国；在文化建设、社会建设和生态文明建设等方面，也有许多标志性的提法和要求，如中国特色社会主义的"五位一体"总布局和"四个全面"战略布局。这在理论上系统回答了坚持和发展中国特色社会主义的总目标、总任务、总布局和战略布局、发展理念、发展思路、发展动力、保障要素、政治保证等，丰富和发展了中国特色社会主义理论；在实践上提出一系列重大战略举措，把中国特色社会主义事业发展到新高度。

党的十九届六中全会进一步提出"建设什么样的社会主义现代化强国，怎样建设社会主义现代化强国，建设什么样的长期执政的马克思主义政党，怎样建设长期执政的马克思主义政党"的重大课题，丰富和发展了我们党对时代课题的认识。

## 二 最重大子课题：完善和发展中国特色社会主义制度、推进国家治理体系和治理能力现代化

完善和发展中国特色社会主义制度，推进国家治理体系和治理能力现代化，是新时代中国共产党人肩负的最重要任务，是最富有时代性的重大课题。在大国治理实践中，以习近平同志为核心的党中央把上述子课题确立为全面深化改革的总目标。这是中国特色社会主义事业发展的时代需要和大国治理的现实选择。

（一）坚持和发展中国特色社会主义的最新要求

进入新时代，世情国情党情的新变化，为坚持和发展中国特色社会主义提出新的时代课题，那就是"完善和发展中国特色社会主义制度、推进国家治理体系和治理能力现代化"。这是根据中国改革发展的实践逻辑提出的时代课题。随着改革开放的深入推进和社会主义市场经济的发展，改革开放前人们僵化的思想得到解放，蕴藏的潜能和创造活力得到释放，推动了经济社会取得跨越式发展。我国逐步实现由穷到富的转变，中华民族实现从站起来到富起来的飞跃，但也出现了经济领域中的结构失衡、政治领域中的腐败多发、社会领域中的收入差距过大、思想道德领域中的失范失序、生态领域中的环境污染等现象。我国进入改革攻坚期、社会矛盾凸显期，这就需要发挥治理机制的作用，治理乱象，建构秩序，完善和发展中国特色社会主义制度，推进国家治理体系和治理能力现代化。[①] 国家治理体系和治理能力现代化是一个全新的理念，正如习

---

① 李君如：《时代大潮和习近平治国理政思想》，《思想政治工作研究》2015年第10期。

近平总书记所指出的，"我们讲过很多现代化，包括农业现代化、工业现代化、科技现代化、国防现代化等，国家治理体系和治理能力现代化是第一次讲"。这是完善和发展中国特色社会主义制度的必然要求，是实现社会主义现代化的应有之义。

（二）时代大潮下大国治理的战略选择

在当今世界，像中国这样一个大国的治国理政，已经不能离开国家所处的国际环境和时代条件。因此，研究中国的治国理政问题，不能脱离时代变动特点，也不能远离时代大潮的发展趋势。从当今世界时代大潮来看，推进国家治理体系和治理能力现代化，是全球面临和平赤字、发展赤字、信任赤字特别是治理赤字而提出的时代课题。当今世界处于全球化、信息化的时代，把握当今中国的时代课题，必须紧密结合时代变动特点，密切联系时代大潮的发展趋势。当今世界正处在大发展大变革大调整时期，面临百年未有之大变局，一批新兴国家群体性崛起，国际秩序和国际格局面临重塑。变革是大势所趋、人心所向，是浩浩荡荡的历史潮流。纵观当今世界的综合国力竞争，从经济实力竞争发展到科技实力竞争、国防实力竞争，已经深入国家制度竞争，特别是国家治理体系的竞争。"多一些治理，少一些统治"，成为21世纪世界主要国家政治变革的重要特征。

许多国家的政治家和学者提出，中国能够在那么短的时间内成为世界第二大经济体，和它的制度如中国共产党的领导制度、中国的政治体制有直接关系。特别是我们高效率的领导制度、有特色的协商民主制度等，越来越为世界所瞩目。正如习近平总书记所说的，"我国政治稳定、经济发展、社会和谐、民族团结，同世界上一些地区和国家不断出现乱局形成了鲜明对照"。习近平总书记也强调，相比当今世界日趋激烈的国际竞争，我们在国家治理体系方面还有许多不足，有许多亟待改进的地方，要赢得综合国力竞争，还是要靠制度。党要顺应时代发展潮流，就必须创新大国治理理念，更大力度地推进民主政治建设，包括发挥互联网在民主政治建设中的作用；更自觉地推进依法治国，特别是党要更自觉地坚持在宪法和法律范围内活动等。一句话来说就是，要完善和发展中国特色社会主义制度，推进国家治理体系和治理能力现代化。正是在洞悉世界政治发展潮流和自觉顺应时代发展要求的基础上，以习近平同志为核心的党中央明确将实现国家治理现代化确定为当今中国国家发展的总体战略目标。

(三) 破解现实治理难题的必然选项

作为正处于转型升级期与和平崛起进程的发展中大国，中国面临着宝贵的发展机遇，也面临前所未有的重大挑战。中国大国治理面临的主要现实困境在于：大国治理与治理资源严重匮乏的矛盾；中国发展具有后发优势与后发劣势并存，并且后发劣势越来越对中国的发展构成瓶颈性制约的特点；在国家治理的价值选择方面，面临平等与效率、集权与分权、政府与市场、传统与现代、中国性与全球性之间的两难抉择，既要突出重点，又要兼顾相互对立的价值的均衡。"建构现代价值体系来统领多元的社会文化，再造转型时期中国社会的文化整合机制与人们的生活信仰；推进国家基本制度建设，确立现代国家制度体系，为现代价值的实现提供载体和基本途径；架构合理的执政党—国家—社会之间的和谐关系，形塑合理的政治权力结构与现代国家治理体系，为高效的国家治理奠定坚实的组织基础"三个方面成为面临急剧社会转型的人口大国政治建设的基本内容，也是大国治理在国内政治层面必须解决的关键问题。[①]

此外，作为拥有9500多万党员的世界第一大党，如何在党员规模不断扩大的情况下，提高党的建设质量，保持党的纯洁性、先进性，巩固党的长期执政地位，这为管党治党提出重大挑战。作为一个拥有14多亿人口的社会主义大国，如何实现整体转型升级，跨越所谓的"中等收入陷阱"并成功实现现代化，这是对执政兴国

---

① 唐皇凤：《大国治理：中国国家治理的现实基础与主要困境》，《中共浙江省委党校学报》2005年第6期。

提出重大挑战。作为一个正在崛起并日益走向强大的后发国家，如何在世界舞台和国际交往中塑造角色，与守成大国构建新型关系，创造和平发展的外部环境，这是对大国外交和参与全球治理的重大挑战。上述国内国际重大问题都对国家治理体系建设和治理能力提升提出新要求。

总之，坚持和发展中国特色社会主义，是新时代中国共产党人治国理政的总课题。完善和发展中国特色社会主义制度，推进国家治理体系和治理能力现代化，是解答时代总课题的重点任务和关键抉择。前者涵盖后者，后者从属于前者；前者统领后者，后者支撑前者。新时代大国治理论正是在解答上述时代课题的过程中逐步提出和形成的。

第二章

# 新时代大国治理价值论

人类社会的一切活动都蕴含着价值问题。"价值问题的核心和难题，都是与人所面临的价值冲突和价值选择息息相关的。研究价值问题的目的是为了形成引导未来行为的可接受的、被称为是理性的（reasonable）价值判断。"①

价值论是马克思主义哲学的重要组成部分。马克思主义价值论以实践中人的活动为对象，揭示了价值的本质与规律，并在此基础上致力于实现人类解放和人的自由而全面的发展，强调合规律性与合目的性的统一。中国共产党人继承和发展了马克思主义价值论，形成富有中国特色的社会主义价值观。毛泽东同志提出全心全意为人民服务的思想，提出"真理与人民利益一致"的理念，强调人民主体价值观。邓小平同志在改革开放以后，重新确立实事求是原则，强调实践是检验真理的唯一标准，将真理与价值相统一，确立了生产力标准，提出共同富裕的思想。进入 21 世纪，我们党又与时俱进地提出"执政为民""以人为本"等核心价值理念。

价值的问题是国家治理现代化中最根本的问题，它发挥着导向的作用，如果在价值的问题上不能破题，中国的国家治理现代化在方向上就是不明确的。社会主义核心价值观滋养着国家治理现代化，是国家治理现代化的价值描述和价值资源，在国家治理活动中

---

① 冯平：《哲学的价值论转向》，《哲学动态》2002 年第 10 期。

发挥着定向导航的作用。在价值定位范畴，其预制国家治理现代化运行、改革与创新的逻辑框架，影响国家治理现代化实践价值评估体系的建构。① 塑造一种中国特色社会主义本质特征与时代特征有机统一、中国传统与现代有机融合的价值体系，来引领我国社会、政治、经济、文化的发展，推进中国国家治理现代化，是大国治理方略首先要解决的基本问题。基于此，习近平总书记明确指出："推进国家治理体系和治理能力现代化，要大力培育与弘扬社会主义核心价值体系和核心价值观，加快构建充分反映中国特色、民族特性、时代特征的价值体系。"② 社会主义核心价值体系和社会主义核心价值观是新时代大国治理论的重要组成部分，培育与践行社会主义核心价值观是推进国家治理体系和治理能力现代化的重要支撑。坚持以人民为中心、促进社会公平正义和积极倡导普惠价值，构成新时代大国治理价值论的核心内容，集中体现了社会主义核心价值观的内在要求。

## 第一节　坚持以人民为中心

任何一个执政党都以不同的方式治国理政，但其治国理政的实践和理念却会有很大甚至根本的区别，最大的区别就在于价值立场以及由此所决定的治国理政的价值主体和价值目标的不同。通俗地说，就是"为了谁"和"依靠谁"的问题，就是根本立场所决定的根本目的和依靠力量的问题。马克思主义政党的根本立场就是人民立场，其治国理政的实践和理念必然坚持以人民为价值主体。马克思主义认为，人民群众是历史的创造者、社会物质财富和精神财富的创造者以及社会变革的决定性力量。坚持以人民为中心是贯穿唯物史观的一条主线。马克思、恩格斯强调，人是社会历史发展的

---

① 徐瑞鸿：《将社会主义核心价值观融入国家治理现代化》，《人民论坛》2016年第3期。
② 习近平：《完善和发展中国特色社会主义制度，推进国家治理体系和治理能力现代化》，《人民日报》2014年2月18日第1版。

主体和社会发展的目的，人的自由而全面发展是社会发展的终极价值取向。在《共产党宣言》中，马克思、恩格斯就从无产阶级运动与过去运动相区别的角度指出了无产阶级革命运动的本质，即无产阶级革命是为绝大多数人谋利益。建立无产阶级专政的国家制度是为了实现"通过人并且为了人而对人的本质的真正占有"，"人以一种全面的方式，也就是说，作为完整的人，占有自己的全部的本质"。[①] 发展是为了人民，这是马克思主义政治经济学的根本立场。中国共产党是以全心全意为人民服务为根本宗旨的马克思主义政党，其一切执政活动的出发点和落脚点都是为人民谋利益、为人民谋幸福。无论是理论创造还是实践创新，都要回答为什么人的问题，即以什么作为国家治理的价值导向和取向的问题。

党的十八大以来，以习近平同志为核心的党中央践行"人民对美好生活的向往，就是我们的奋斗目标"的庄严政治承诺，明确提出把增进人民福祉作为发展的目的和归宿，奋力推进中国特色社会主义伟大事业，为实现全面建成小康社会奋斗目标进而实现第二个百年奋斗目标和中华民族伟大复兴中国梦而奋斗，贯穿其中的就是坚持人民主体地位，坚持发展为了人民、发展依靠人民、发展成果由人民共享的以人民为中心的理念和思想。党的十九大报告将"为中国人民谋幸福，为中华民族谋复兴"确立为中国共产党人的初心和使命，这是对中国共产党人以人民为中心的根本价值取向的进一步发展。

以人民为中心的基本内涵是：坚持人民主体地位，执政为民，把不断满足人民对美好生活的向往作为大国治理的出发点和落脚点，让人民共享发展成果；把人民当作根本依靠力量，带领和引导人民共创发展成果；把人民当作主人，调动人民参与治理的积极性，动员和组织人民共同治理国家。坚持以人民为中心的发展，成为新时代大国治理论的根本出发点和落脚点。正如习近平总书记所

---

① 马克思：《1844年经济学哲学手稿》，人民出版社1988年版，第80页。

强调的:"我们任何时候都不能忘记,坚持以人民为中心,把增进人民福祉、促进人的全面发展、朝着共同富裕方向稳步前进作为经济发展的出发点和落脚点。"① 我们部署经济工作,制定经济政策,推动经济发展,都要牢牢坚持这个根本立场。② 党的十九大报告指出:"人民是历史的创造者,是决定党和国家前途命运的根本力量。必须坚持人民主体地位,坚持立党为公、执政为民,践行全心全意为人民服务的根本宗旨,把党的群众路线贯彻到治国理政全部活动之中,把人民对美好生活的向往作为奋斗目标,依靠人民创造历史伟业。"③ 坚持以人民为中心被党的十九大确定为坚持和发展中国特色社会主义基本方略的有机组成部分。针对贯彻落实以人民为中心的发展思想的问题,习近平总书记提出了具体要求。他强调:"以人民为中心的发展思想,不是一个抽象的、玄奥的概念,不能只停留在口头上、止步于思想环节,而要体现在经济社会发展各个环节。"④ 以习近平同志为核心的党中央,将以人民为中心的发展思想全面融入中国特色社会主义伟大实践,具体地落实到社会主义经济、政治、文化、社会、生态文明建设等各个方面和环节。

## 一 坚持人民主体地位

坚持人民主体地位是坚持以人民为中心的应有之义。人民是大国治理的根本依靠力量。马克思主义认为,人民群众是历史的创造者,是社会物质财富、精神财富的创造者和社会变革的决定性力量。中国共产党人历来尊重人民群众作为主体的历史地位和社会地位,将坚持人民主体地位作为一以贯之的执政理念,始终把人民视

---

① 中共中央文献研究室:《十八大以来重要文献选编(上)》,中央文献出版社 2014 年版,第 70 页。

② 《习近平谈治国理政》,外文出版社 2014 年版,第 192 页。

③ 习近平:《决胜全面建成小康社会 夺取新时代中国特色社会主义伟大胜利——在中国共产党第十九次全国代表大会上的报告》,人民出版社 2017 年版,第 21 页。

④ 习近平:《在省部级主要领导干部学习贯彻党的十八届五中全会精神专题研讨班上的讲话》,《人民日报》2016 年 5 月 10 日第 2 版。

为历史创造主体、财富创造主体、成果享受主体、社会实践主体、国家管理主体与权力监督主体。党的十八大报告指出，在新的历史条件下夺取中国特色社会主义新胜利，必须牢牢把握8个基本要求，其中第一条就是"必须坚持人民主体地位"。坚持人民主体地位，充分体现我们党的根本宗旨和执政理念。党的十八大以来，习近平总书记坚持人民主体地位这一社会主义国家的根本政治理念，并为它增添了全新的内涵，提出"以民为本"的执政新理念，更加注重民生问题，注重开发和尊重民智，强调着力解决好人民群众最关心、最直接、最现实的利益问题，不断让人民得到实实在在的利益。习近平总书记把人民作为实现中国梦的主体，强调依靠中国力量实现中国梦。"人民主体地位"先后被写入党的十八届三中、四中全会决议和党的十九大报告。习近平总书记关于人民主体的思想的基本内容是：始终把人民放在心中最高位置，牢记为人民服务的宗旨；植根于人民，坚持群众路线，树立群众观点；坚持以人为本，树立科学的政绩观和发展观；努力实现共享人生精彩的中国梦。习近平总书记有关坚持人民主体地位的重要论述，对于我们明确当代中国社会主义现代化建设的依靠力量、服务对象、根本宗旨具有重要价值。

（一）提出"以民为本"的执政新理念

党的十八届四中全会通过的《中共中央关于全面推进依法治国若干重大问题的决定》指出，"要恪守以民为本、立法为民理念，贯彻社会主义核心价值观，使每一项立法都符合宪法精神、反映人民意志、得到人民拥护"。"以民为本"的"民"直接针对"官"，习近平总书记强调，实现人民群众的主体地位，拉近领导与群众的距离，就要求领导干部不做"以官压人"的事情，真正克制"官本位"思想，不搞"以官为本""官贵民贱"，树立正确的民生权力观，切实解决好人民群众最现实、最关心、最直接的民生问题。他吸收和借鉴了传统文化中"民为邦本，本固邦宁""水可载舟，亦可覆舟"的民本思想，"加强对权力运行的制约和监督，把权力关进制度的笼子里",做到为人民执好政、掌好权,以稳定人心,取得人心。与"以人为本"相比,"以民为本"的政治色彩更为浓厚。只有坚持"以民为本",反映人民的意志,得到人民的拥护,才称得上真正实现了人民的主体地位。

(二)把人民放在心中最高位置

在党的十八大后的首次公开讲话中,习近平总书记就鲜明宣示:"人民对美好生活的向往,就是我们的奋斗目标。"在接受外国记者专访时,他深情地说,"我的执政理念,概括起来说就是,'为人民服务,担当起该担当的责任',人民把我放在这样的工作岗位上,我就要始终把人民放在心中最高的位置,牢记责任重于泰山,时刻把人民群众的安危冷暖放在心上"[①]。在大国治理实践中,习近平总书记将人民看作共和国的坚实根基和党执政的最大底气,强调"人民就是江山,江山就是人民",牢记为人民服务的宗旨,立党为公、执政为民为核心思想和精髓,始终注重保持与人民群众的血肉联系。

(三)注重开发和尊重民智

习近平总书记更加注重继承党的"尊重群众、相信群众、向群众学习"的优良传统和优良作风,并将其形象比喻为"接地气"。习近平总书记指出,"坚持人民主体地位,发挥人民首创精神,着力解决好人民群众最关心最直接最现实的利益问题,不断让人民得到实实在在的利益,充分调动人民群众的积极性、主动性、创造性","要自觉拜师人民、尊重人民、依靠人民","要始终坚持问政于民、问计于民、问需于民"。在大国治理实践中,以习近平同志为核心的党中央,十分注重民主执政,认真听取民意,充分发扬民主,广泛集纳民智,尊重民众的首创精神,最大激发民力,努力形成人人参与、人人尽力、人人都有成就感的生动局面。

---

[①] 《习近平谈治国理政》,外文出版社 2014 年版,第 101 页。

## 二 努力创造人民美好生活

努力创造人民美好生活是坚持以人民为中心的必然选择。党的十八大以来,以习近平同志为核心的党中央明确提出把人民对美好生活的向往作为奋斗目标,并予以反复强调。这一奋斗目标,是习近平总书记基于新时代历史方位下我国社会主要矛盾的新变化而得出的。随着改革开放的不断推进,我国经济实力、综合国力、人民生活水平都得到大幅提高,社会生产能力显著增强,国际地位和国际影响力明显提升。2010年,我国经济总量跃升为世界第二位,我国总体上进入发展起来的时期。以习近平同志为核心的党中央基于社会主要矛盾的新变化,在发展方向、工作部署等方面进行相应调整,提出以人民为中心的发展思想,牢牢把握人民对美好生活的向往,不断解决发展不平衡不充分的突出问题,满足人民多样化、高质量的需求。新时代大国治理论始终把发展作为党治国理政的第一要务,贯彻新发展理念,深化供给侧结构性改革,不断解放和发展生产力,增强发展的全面性、协调性和可持续性,满足人民日益增长的美好生活需要,逐步实现人民共同富裕,促进人的全面发展。在检验治国理政成效的标准上,习近平总书记强调,最终都要看人民是否真正得到了实惠,人民生活是否真正得到了改善。这是坚持立党为公、执政为民的本质要求,是党和人民事业不断发展的重要保证,指明了在新的历史条件下治国理政的根本目标和方向。

## 三 支持和保证人民当家作主

支持和保证人民当家作主是坚持以人民为中心的重要内容。中国共产党领导人民建立起新中国,实现了由封建专制到人民民主的伟大飞跃。我国进入社会主义社会,我们党逐步建立起人民民主制度体系。为进一步落实好人民当家作主,新时代大国治理论强调,坚持国家一切权力属于人民的宪法理念,最广泛地动员与组织人民依照宪法和法律规定,通过各级人民代表大会行使国家权力,通过各种途径和形式管理国家与社会事务，管理经济和文化事业，共同建设，共同享有，共同发展，成为国家、社会和自己命运的主人。在大国治理实践中，以习近平同志为核心的党中央，坚持党的领导、人民当家作主、依法治国有机统一，健全人民当家作主制度体系，加强人民当家作主制度保障，发展社会主义民主政治，不断发展全过程人民民主，推进社会主义民主政治制度化、规范化、程序化，保证人民依法通过各种途径和形式管理国家事务，管理经济文化事业，管理社会事务。在党的领导下，扩大人民有序政治参与，保证人民依法实行民主选举、民主协商、民主决策、民主管理、民主监督；支持和保证人民通过人民代表大会行使国家权力；加强协商民主制度建设，形成完整的制度程序和参与实践，保证人民在日常政治生活中有广泛持续深入参与的权利。

### 四　在发展中保障和改善民生

坚持在发展中保障和改善民生是坚持以人民为中心的终极目标。民生影响民心，民心维系国运。为广大人民群众谋福祉、保障和改善民生是我党一贯的执政宗旨。解决民生问题是最大的政治，持续改善民生是最大的政绩。习近平总书记强调，多谋民生之利，多解民生之忧，在发展中补齐民生短板，保证全体人民在共建共享发展中有更多获得感，不断促进人的全面发展，实现全体人民共同富裕。保障和改善民生就要突出抓住人民最关心、最直接、最现实的利益问题，坚持接力实干，久久为功，使人民获得感、幸福感、安全感更加充实，更有保障，更可持续。以习近平同志为核心的党中央聚焦民生改善，在教育、就业、社保、医疗卫生、社会稳定、国家安全、生态文明等方面进行了系统部署，形成一整套制度安排。具体来讲，在教育方面，办人民满意的教育，建设教育强国；在就业方面，坚持就业是最大的民生，实行积极就业政策，实现更高质量和更充分就业；在收入方面，坚持按劳分配原则，完善按生产要素分配的体制机制，促进收入分配更合理、更有序；在社会保障方面，按照兜底线、织密网、建机制的要求，全面建成覆盖全民、城乡统筹、权责清晰、保障适度、可持续的多层次社会保障体系；在医疗卫生方面，全面建立中国特色基本医疗卫生制度、医疗保障制度；在社会治理方面，加强社会治理制度建设，完善党委领导、政府负责、社会协同、公众参与、法治保障的社会治理体制，提高社会治理的社会化、法治化、智能化、专业化水平；等等。

以人民为中心的发展思想体现了党性与人民性的统一，体现了历史观与价值观的统一，体现了群众观与发展观的统一，体现了把人民放在心中最高位置的党性原则，反映了坚持人民主体地位的内在要求，彰显了人民至上的价值取向，凸显了实现人民幸福的目的和归宿。新时代大国治理论秉持马克思主义的人民观，坚持人民主体的价值立场和价值导向，明确了治国理政的核心要义，即人民是治国理政之本、为人民治国理政、依靠人民治国理政、由人民评判和检验治国理政成效，凸显了人民在经济社会发展中的中心地位。这既体现了人民是历史创造者这一唯物史观，保持了与我们党全心全意为人民服务根本宗旨的一脉相承，又展现了崭新的时代内涵，彰显了新时代中国共产党人的责任担当。

## 第二节 促进社会公平正义

"治天下也，必先公，公则天下平矣。"[1] 我国古代思想家孔子、老子等都非常关注社会公平正义问题。《论语》中有"丘也闻有国有家者，不患寡而患不均，不患贫而患不安"的记载。《道德经》曰："知常容，容乃公，公乃全，全乃天，天乃道，道乃久，没身不殆。"墨子提出了"爱无差等"的观点。《礼记》则阐述了"大道之行也，天下为公"的思想。西方不同时代的思想家也从不同角度对公平正义的问题进行考察。古希腊思想家柏拉图在《理想

---

[1] 参见吕不韦《吕氏春秋·贵公》。

国》一书中认为,公平正义的实现在于每个公民必须在其所属的地位上尽自己的义务。其弟子亚里士多德提出,公正是关心他人的善,公平正义就是要求按照比例平等原则把这个世界上的事物公平地分配给社会成员,并提出分配正义与矫正正义的概念。17—18 世纪的孟德斯鸠、卢梭、伏尔泰等资产阶级启蒙思想家立足自然法平等思想解读公平正义。功利主义学派代表人物边沁把追求最大多数人的最大幸福作为公正法律的目标追求。美国著名政治哲学家罗尔斯在其名著《正义论》中则试图将自由与平等两种价值结合起来解释公平正义。社会公平正义作为一种价值判断,其理解不仅因时因地而变,而且因人而异。正如习近平总书记所指出的,"在不同发展水平上,在不同历史时期,不同思想认识的人,不同阶层的人,对社会公平正义的认识和诉求也会不同"[①]。

科学社会主义创始人马克思、恩格斯,在深入探究资本主义发展和探索人类社会发展规律的基础上,得出"资本主义必然灭亡"和"社会主义必然胜利"的结论,强调消灭剥削、消灭压迫、消灭私有制,构建"自由人的联合体",实现建立公平正义社会的理想目标。他们认为,社会主义的公平正义以"每一个个人的全面而自由的发展"为核心,社会主义之所以最终要消灭剥削和压迫,归根到底是为了消除社会的不平等和不公正,使全体人民在政治、经济、文化、社会等诸多方面享有同等的权利,从而实现人的全面发展。

公平正义是保障社会有序运行的核心要素,人类社会治理的目标就是提供秩序,国家治理则是为社会提供基本秩序。国家治理的重要任务是营造公平的社会环境,保证社会公平正义。让社会变得更加公平正义,是中国人民孜孜不倦追求的理想。中国共产党自成立之日起,就把实现和维护社会公平正义作为始终不渝的价值目标。以毛泽东同志为核心的党的第一代中央领导集体高度重视社会

---

[①] 习近平:《切实把思想统一到党的十八届三中全会精神上来》,《求是》2014 年第 1 期。

公平正义，把公平正义看作社会主义社会的内在要求和最大优越性。以邓小平同志为核心的党的第二代中央领导集体在全面推进改革开放的过程中，提出"社会主义的本质是解放生产力，发展生产力，消灭剥削，消除两极分化，最终达到共同富裕"。这从本质上说明实现生产力发展的最终目的是达到共同富裕，实现全社会的公平正义。以江泽民同志为核心的党的第三代中央领导集体强调要实现中国最广大人民的根本利益，并且通过政策、制度等措施逐步实现和满足人民利益，把社会公平正义的实现问题作为战略重点加以解决。以胡锦涛同志为总书记的党中央提出坚持以人为本，构建社会主义和谐社会，并把实现社会公平正义作为构建和谐社会的重要目标。党的十八大报告将"必须坚持维护社会公平正义"作为在新的历史条件下夺取中国特色社会主义新胜利必须牢牢把握的基本要求，提出逐步建立以权利公平、机会公平、规则公平为主要内容的社会公平保障体系，努力营造公平的社会环境，保证人民平等参与、平等发展权利。习近平总书记指出："公平正义是我们党追求的一个非常崇高的价值，全心全意为人民服务的宗旨决定了我们必须追求公平正义，保护人民权益、伸张正义。"[①] 以习近平同志为核心的党中央在大国治理实践中，继承和弘扬"理国要道，在于公平正直"的理念，高度重视公平正义问题，将促进和维护社会公平正义作为大国治理的核心价值追求，针对正确认识和解决社会公平正义问题提出一系列重要理论观点和实践举措，积极落实共享发展理念，强调既要做大"蛋糕"，又要分好"蛋糕"，着力推进权利公平、机会公平、规则公平，努力让人民群众在日常生产生活中都能感受到公平正义，把社会公平正义的理论与实践推进到一个新的阶段。

---

[①] 中共中央宣传部：《习近平总书记系列重要讲话读本》，学习出版社、人民出版社 2016 年版，第 94 页。

## 一 顶层设计贯彻公平正义理念

一方面,以习近平同志为核心的党中央,将促进社会公平正义、增进人民福祉作为全面深化改革的出发点和落脚点,保证人民平等参与、平等发展权利;另一方面,指明了实现公平正义的具体路径。一是通过发展、缩小分配差距来维护公平正义。马克思指出,"人们首先必须吃、喝、住、穿,然后才能从事政治、科学、艺术、宗教等"[1]活动,强调实现公平正义的物质前提。在习近平总书记看来,"实现社会公平正义是由多种因素决定的,最主要的还是经济社会发展水平"。坚定不移把发展作为党执政兴国的第一要务,贯彻新发展理念,推动经济高质量发展,完善按劳分配为主体、多种分配方式并存的分配制度,持续增加城乡居民收入,不断缩小收入差距,为保障社会公平正义奠定更加坚实物质基础。二是以改革促进公平正义。全面深化改革,着眼创造更加公平正义的社会环境,不断克服各种有违公平正义的现象,使改革发展成果更多、更公平惠及全体人民。通过加快推进城乡一体化,建立健全城乡融合发展的体制机制和政策体系,实施精准扶贫,维护和促进社会公平正义。三是通过良法善治来保障公平正义。围绕人民群众对美好生活的向往,加强重点领域立法和制度构建,加快完善体现权利公平、机会公平、规则公平的法律制度,完善公平正义的利益分配制度体系,建立更加科学的教育、就业、收入分配、医药卫生、社会保障和保障性住房等制度体系,不断实现人民群众对社会公平正义的新期待。

## 二 制度建设保障公平正义

制度保障是促进社会公平正义的基础工程。党的十八大强调"要在全体人民共同奋斗、经济社会发展的基础上,加紧建设对保

---

[1] 《马克思恩格斯文集》第3卷,人民出版社2009年版,第601页。

障社会公平正义具有重大作用的制度,逐步建立以权利公平、机会公平、规则公平为主要内容的社会公平保障体系,努力营造公平的社会环境,保证人民平等参与、平等发展权利。"[1] 习近平总书记指出:"不论处在什么发展水平上,制度都是社会公平正义的重要保证。我们要通过创新制度安排,努力克服人为因素造成的有违公平正义的现象,保证人民平等参与、平等发展权利。要把促进社会公平正义、增进人民福祉作为一面镜子,审视我们各方面体制机制和政策规定,哪里有不符合促进社会公平正义的问题,哪里就需要改革;哪个领域哪个环节问题突出,哪个领域哪个环节就是改革的重点。对由于制度安排不健全造成的有违公平正义的问题要抓紧解决,使我们的制度安排更好体现社会主义公平正义原则,更加有利于实现好、维护好、发展好最广大人民根本利益。"[2]

在人民大会制度建设方面,习近平总书记指出:"要通过人民代表大会制度,弘扬社会主义法治精神,依照人民代表大会及其常委会制定的法律法规来展开和推进国家各项事业和各项工作,保证人民平等参与、平等发展权利,维护社会公平正义,尊重和保障人权,实现国家各项工作法治化。"[3]

在法治建设方面,将司法公正作为促进社会公平正义的最后防线。保证公平正义,司法公正是关键。法治中国的重要标志就是司法公正。习近平总书记强调:"公正是法治的生命线","司法是维护社会公平正义的最后一道防线。"[4] 新时代大国治理论,致力于让人民群众在每一个司法案件中都能感受到公平正义,坚持将促进公平正义作为核心价值追求,深化司法体制改革,坚持严格公正司

---

[1] 胡锦涛:《坚定不移沿着中国特色社会主义道路前进 为全面建成小康社会而奋斗——在中国共产党第十八次全国代表大会上的报告》,《人民日报》2012年11月9日第1版。
[2] 习近平:《切实把思想统一到党的十八届三中全会精神上来》,《求是》2014年第1期。
[3] 习近平:《在庆祝全国人民代表大会成立60周年大会上的讲话》,《人民日报》2014年9月6日第2版。
[4] 中央文献研究室:《十八大以来重要文献选编(中)》,中央文献出版社2016年版,第151页。

法，推行司法责任制，促进社会公平正义。党的十八大以来，司法改革的每一项举措、每一点进步都着眼于实现公平正义。比如立案登记制改革，处理好改革"最先一公里"和"最后一公里"的关系，纠正重大冤假错案，强化"以审判为中心"的刑事诉讼制度改革等。

### 三 社会治理实践彰显公平正义

在社会治理方面，以习近平同志为核心的党中央，着力推进社会治理现代化，形成有效的社会治理、良好的社会秩序，促进社会公平正义，让人民群众安居乐业，获得感、幸福感、安全感更加充实，更有保障，更可持续。将改善民生作为促进社会公平正义的关键抓手，将公平正义的理念贯彻到社会领域各项改革实践中，集中力量做好基础性、兜底性民生建设，统筹做好教育、收入分配、就业、社会保障、医疗卫生、住房等方面的工作，聚焦民生短板，着力解决资源占有、福利保障、公共服务、发展机会等方面存在的不公平和不公正问题。在教育事业发展方面，推进教育公平，努力让每个孩子都能享有公平而有质量的教育；在就业和收入分配方面，使人人都有通过辛勤劳动实现自身发展的机会，促进收入分配更合理、有序；在社会保障方面，全面实施全民参保计划，全面建成覆盖全民的社会保障体系；在医疗卫生方面，完善国民健康政策，为人民群众提供全方位、全周期健康服务；在社会治安综合治理方面，打造共建共治共享的社会治理格局。

### 四 大国外交倡导公平正义

公平正义是社会主义的一个基本价值取向，更是世界各国人民在国际关系领域追求的崇高目标。社会主义的本质属性决定了中国和平外交政策的一个基本原则就是维护国际公平正义。中国的和平外交政策既源于中华文明绵延数千年的和平基因，也扎根于新中国的伟大外交实践，更建立在以公平正义为核心的道德基础之上。正是因为以公平正义为基础，中国的和平外交政策才获得了国际社会的高度肯定和普遍认同，它不但为中国营造了良好的外部环境，而且有力维护了世界的和平与稳定。

在大国外交实践中，习近平总书记积极倡导"和平、发展、公平、正义、民主、自由"的人类共同价值，主张维护国际公平正义。以习近平同志为核心的党中央将维护国际公平正义作为中国特色大国外交的基本诉求。新时代大国治理论推动建设新型国际关系，倡导建立以公平正义为准则的国际新秩序。公平正义成为新型国际关系的核心内涵。在纽约联合国总部出席第70届联合国大会一般性辩论时，习近平总书记发表的题为《携手构建合作共赢新伙伴 同心打造人类命运共同体》的重要讲话，提出要推动变革全球治理体制中不公正、不合理的安排，推动国际货币基金组织、世界银行等国际经济金融组织切实反映国际格局的变化，推动各国在国际经济合作中权利平等、机会平等、规则平等，努力使全球治理体制更加平衡地反映大多数国家的意愿和利益，努力创造一个各尽所能、合作共赢、奉行法治、公平正义、包容互鉴、共同发展的未来。

党的十八大以来，以习近平同志为核心的党中央在治国理政各个领域、各个环节、各个时段、各个层面始终坚持人民至上，不仅注重权利公平、机会公平、规则公平，更注重结果公平、实质公平，切实维护公平正义，努力实现社会共享，将人民对美好生活的向往转化为增进人民福祉的实践力量，做到发展为了人民、发展依靠人民、发展成果由人民共享。

## 第三节　积极倡导普惠价值

所谓普惠价值，指的是在同一时代背景下该民族国家突出显现出来的价值特征。它具有人类通约性，并非指唯其独有，其余全无的意思。普惠价值与西方国家推行自己特殊制度模式的"普世价值"不同,"普世价值"运用的是主体性的思维方式和建构方式,强调的是一种形式的、抽象的普适性,目的在于强行要求他人接受其价值观和实现价值观的模式,维护西方的霸主地位;普惠价值则是主体间性的现代哲学思维方式和建构方式,它在尊重他人的基础上,通过与他人平等对话最终获得一致性共识,并在实践上达致普惠目的,它强调的是内容的、具体的和实践上的普惠性。普惠价值既是对中国传统文化中大同社会、仁义兼爱、和而不同等思想的创造性转化和创新性发展,也是对马克思自由人联合体思想的坚持和发展,是"和平、发展、公平、正义、民主、自由"为核心的全人类共同价值的集中体现,是构建人类命运共同体的价值观基础。普惠价值的精髓是共享,蕴含于新时代大国治理论之中,集中体现在其关于国家治理和全球治理的系列论述中。

### 一 国内治理贯彻普惠价值

以习近平同志为核心的党中央的大国治理实践以"实现基本公共服务均等化、实现全体人民共同富裕"为目标,强调让改革发展成果更多、更公平惠及全体人民。围绕大国治理实施的重大战略,如区域协调发展战略、乡村振兴战略等,都彰显了鲜明的普惠价值。这种普惠价值在社会治理的集中体现就是做好普惠性、基础性、兜底性民生建设。在教育方面,坚持公益性和普惠性,深化教育改革,努力让每个孩子都能享有公平而有质量的教育;在就业方面,破除妨碍劳动力、人才社会性流动的体制机制弊端,使人人都有通过辛勤劳动实现自身发展的机会;在社会保障方面,坚持兜底线,构建覆盖全民、城乡统筹的社会保障体系;在扶贫方面,坚持普惠政策和特惠政策相结合,在加大对农村、农业、农民普惠政策支持的基础上,对贫困人口实施特惠政策;在生态文明建设方面,将良好生态环境视为最公平的公共产品和最普惠的民生福祉,不断满足人民日益增长的优美生态环境需要。

## 二 全球治理倡导普惠价值

中国共产党不仅"是为中国人民谋幸福的政党,也是为人类进步事业而奋斗的政党"。为世界谋大同,是中国共产党及其领导下的中华民族的伟大志向。中国共产党及其领导下的中国致力于通过实现自身的进步与发展带动整个世界的繁荣和昌盛,同时也为世界其他国家的发展提供借鉴;直接为世界上某些国家、民族或地区提供必要的物质支持和道义援助,且不附加任何交换性条件;积极参与全球治理,为解决人类共同面临的问题贡献中国智慧和中国方案;维护国际公平正义,推动建立公正合理的国际新秩序;在国际社会积极倡导"和平、发展、公平、正义、民主、自由"为主要内容的全人类的共同价值。

在大国外交实践中,它主要体现在中国在"维护世界和平,促进共同发展"方面的积极作为。例如,中国作为一个负责任大国,在处理地区热点问题、应对全球危机方面积极参与;中国在实现中华民族伟大复兴中国梦的过程中追求和平发展,依靠正当的市场竞争而不是武力或非正当竞争为自己的发展开辟道路;中国主张发展不仅要促进本国现代化进程,而且要力求对世界有所贡献;中国主张发展成果不仅要惠及本国人民,而且要力所能及地帮助世界人民。

构建人类命运共同体集中彰显了普惠价值。围绕构建人类命运共同体这一主题,习近平总书记多次在国际重要场合发表主旨演讲,提出"秉持普惠原则""建设一个包容、普惠的经济全球化""打造平衡普惠的发展模式"等重要思想。贯穿其演讲的核心理念,就是普惠价值。这种普惠价值是全人类共同价值的实质和核心,是对共同价值的解释、展开、说明。[①] 针对人类面临的和平赤字、发展赤字、治理赤字等共同挑战,新时代大国治理论将普惠价值拓展

---

① 韩庆祥、陈远章:《人类命运共同体与中华新文明》,《学习时报》2017年6月26日第1版。

到全球治理领域，积极践行全人类的共同价值。在维护世界和平方面，针对世界地区热点问题特别是局部动荡，积极进行外交斡旋，倡导用协商的办法解决分歧乃至冲突，在国际维和与人道主义救援方面作出重大贡献，成为世界和平的建设者；在促进共同发展方面，针对世界经济增长动能不足，提出新发展理念，为医治全球经济复苏乏力开出一剂良药，为世界经济增添共同发展新动力。针对日益严重的贫富分化问题，秉持共享理念，积极推动"一带一路"国际合作，与世界各国分享中国治理经验和发展机遇，引领全球化健康发展，加大援助力度，不断缩小南北差距，成为全球发展的贡献者；在国际秩序治理方面，针对冷战思维、强权政治、恐怖主义、网络安全、气候变化等治理难题，致力于建立更加均衡普惠的治理模式和规则，倡导"共商共建共享"的全球治理观。一个"共"字，集中彰显了普惠价值的精髓要义。在全球治理目标上，针对建设一个什么样的世界的问题，提出"持久和平、普遍安全、共同繁荣、开放包容、清洁美丽"的愿景，其中，"普遍安全、共同繁荣"集中体现了普惠价值；针对经济全球化的发展方向，提出"开放、包容、普惠、平衡、共赢"的理念，普惠价值蕴含其中，推动世界经济迈向包容普惠的新时代。

习近平总书记还为普惠价值的传播搭建了平台，即发起"一带一路"倡议。"一带一路"作为普惠价值在全球治理中的实践载体，集中体现了这种普惠价值的内涵。与西方国家以普世之名推行自己特殊制度模式的"普世价值"不同，"一带一路"建设所体现的是一种你好、我好、大家好的普惠价值。习近平总书记多次强调："'一带一路'追求的是百花齐放的大利，不是一枝独秀的小利"，"这条路不是某一方的私家小路，而是大家携手前进的阳光大道。"[①] "一带一路"倡议的思想精髓就是以世界多元、国家平等、

---

[①] 中共中央宣传部：《习近平总书记系列重要讲话读本》，学习出版社、人民出版社2016年版，第268页。

文明互鉴、包容发展、协和万邦、和平合作、互利共赢为核心内容的普惠。在实践层面，"一带一路"倡议是和平之路、繁荣之路、开放之路、创新之路、文明之路，因此，可以被统称为"普惠之路"。以普惠为价值追求的"一带一路"建设具有重大的世界意义，有利于推动人类命运共同体的构建。

需要特别指出的是，作为一种价值理念，普惠价值不同于西方所谓的普世价值，它是对普世价值的超越。西方所谓的普世价值的理论基础，是西方中心论、历史终结论。它认为，西方文明是人类文明发展的制高点，从而"唯我独尊"、排斥多元，认为其他"落后"国家或地区都应该走西方的发展道路。普惠价值的理论基础则是世界多样论、国家平等论、文明互鉴论、包容发展论、互利普惠论，认为每个国家或民族都有自己的发展历史，都有自己的独特文明，都有选择适合自己发展道路或制度的权利与自由，各国之间应该求同存异、优势互补，在相互借鉴中求得共同进步。西方所谓的普世价值是一种一元主导、二元对立、"主客二分"的思维方式；普惠价值是一种主体际的思维方式，它强调"主—主平等"。它们的理论实质不同。西方所谓的普世价值在实质上就是资产阶级意识形态，其本质的理论主张是要反对和否定甚至消解马克思主义、共产主义，以达到资本主义一统天下的局面，因而是资本"同一性"逻辑支配世界的观念；普惠价值则是以马克思主义和共产主义为奋斗目标，但不否认文明的差异与道路的多样性。它是中国人民甚至是世界各国人民追求进步、走向互利共赢与和谐共生的价值导向。在所谓的"普世价值"中，虽具有某些合理因素，但也具有诱惑性、迷惑性。普惠价值不否定、不排斥"普世价值"中所讲的价值，如自由、民主等，甚至坦坦荡荡、充满自信地高举自由、民主的旗帜，把这些价值作为人类文明成果积极吸纳进来，从而进一步推进人类文明发展进程。然而，我们既要透过种种表象辨析和识别西方所谓"普世价值"的本质。"普世价值"是西方借价值所谓的"普世性"把西方特殊的价值观及其实现模式说成全世界普遍适用的最高标准,再以强制手段向全世界推广,以排斥非西方世界文明的特殊性和多样性,如不接受,就实施围堵打压,甚至发动战争,以达至维护西方中心地位与赢者通吃的目的。西方所谓的普世价值在实践上导致西方的霸权主义和强权政治,导致西方某些强国的殖民主义,导致西方一些国家的掠夺性扩张行为,给世界许多国家和地区的人民带来灾难性后果。普惠价值,则是在注重世界文明多样性的基础上强调统一性、共同性、平等性、包容性、互鉴性、协商性和共享性,全方位和全过程地以发展好、维护好、实现好世界各国人民的根本利益为目的,一切为了世界各国人民,一切依靠世界各国人民,一切尊重世界各国人民。普惠价值不仅注重价值在形式上的普世性,而且更深入且从根本上前进一步,强调价值在实质内容、实现方式和实际效果上的普惠性。[①]

综上,新时代大国治理价值论主要回答为谁治国理政的问题,是新时代大国治理论要解决的核心问题,在新时代大国治理论中居于最高位置。以人民为中心、促进公平正义、倡导普惠价值是新时代大国治理价值论的核心要义。以人民为中心彰显了新时代大国治理论的根本价值立场,公平正义是新时代大国治理论的核心价值追求,普惠价值是新时代大国治理论的重要价值追求。

---

① 韩庆祥:《世界多样与普惠哲学——构建引领新时代发展的马克思主义哲学》,《学术月刊》2018年第9期。

# 第三章

# 新时代大国治理目标论

　　治理国家要汇集人民的意志，确立一个明确的目标，告诉人们往哪里去，使全体人民心往一处想，劲往一处使，这样才能凝聚起最强大的力量，正所谓众志成城。共同的愿景和目标非常重要。习近平总书记明确指出："如果一个社会没有共同理想，没有共同目标，没有共同价值观，整天乱哄哄的，那就什么事也办不成。"① 中国共产党既有远大理想，又有实现远大理想的阶段性目标。中国共产党作为马克思主义政党，自诞生之日起就把实现社会主义、共产主义作为自己的奋斗目标。在实现共产主义的过程中，会有不同的历史发展阶段。在每一个阶段，根据不同的时代主题和社会主要矛盾，政党（指中国共产党）就要提出在这个历史阶段的一些具体目标。正如习近平总书记所指出的"我们党在不同历史时期，总是根据人民意愿和事业发展需要，提出富有感召力的奋斗目标"②。20世纪20年代初中国共产党成立时，中国还处于半殖民地半封建社会。在这样的历史背景下，中国共产党提出它的主要任务是反对封建主义和帝国主义，使中国成为真正的民主共和国。1949年，中华人民共和国宣告成立，中国共产党作为执政党，提出使中国向社会

---

① 习近平：《在网络安全和信息化工作座谈会上的讲话》，《人民日报》2016年4月26日第2版。
② 中央文献研究室：《十八大以来重要文献选编（上）》，中央文献出版社2014年版，第77—78页。

主义国家过渡的新任务，开始探索在中国建设社会主义的道路。1978年以来，我们党顺应时代和人民的要求，提出新时期的新任务，那就是：推行改革开放政策，把工作重点放到现代化建设上，并通过改革经济体制、政治体制，逐步确立一条具有中国特色的社会主义现代化建设道路。自1978年党的十一届三中全会以来，随着我国为推进现代化所进行的市场取向的改革日趋深入，利益主体、政治诉求以及价值观念的多元化趋势越来越明显，中国社会一改改革开放以前"两个阶级一个阶层"的社会结构，日益分化为众多利益诉求不同的社会阶层。不同阶层的人有着不同的目标或"奔头"，这一特点在今天日益呈现出复杂化的特点。

如何在新的历史条件下有效地凝聚起全中国人民的共识和意志？党的十八大以来，习近平总书记立足新时代的历史方位，致力于不断探索和把握共产党执政规律、社会主义建设规律、人类社会发展规律，树立了高度的理论自觉与实践自信，形成鲜明的目标导向和强烈的问题意识，围绕确立什么样的奋斗目标这一基本问题，从不同层面、不同角度论述了我们党大国治理的战略目标。

## 第一节 纵向维度的三大目标

在纵向维度上，以习近平同志为核心的党中央以时间为轴，提出包括近期目标、远期目标、终极目标在内的彼此关联的大国治理目标体系。

### 一 近期目标：全面建成小康社会

"小康"是中华民族自古以来追求的理想社会状态，也是中国共产党治国理政接力探索的理论成果。伟大的事业需要一代又一代中国共产党人接续探索、接力奋斗。新中国成立以来，我们党为了更好更快地建立起社会主义社会，进行了一系列独创性的伟大探索。在新的历史时期，"小康"被赋予更深刻、更丰富的内涵，成为我们党肩负的历史任务的形象而准确的表达。全面建成小康社会，是我们党确立的"第一个百年"奋斗目标，也是以习近平同志为核心的党中央大国治理的近期目标。这一目标是党的十一届三中全会以来，我们党提出的更为务实的阶段性奋斗目标。党的十一届三中全会以后，邓小平同志进一步思考如何从中国的具体国情出发，加快建设社会主义现代化的问题。他确立了建设小康社会的目标，并将其纳入"三步走"战略步骤。2002 年，党的十六大庄严宣告："我们胜利实现了现代化建设'三步走'战略的第一步、第二步目标，人民生活总体上达到小康水平。"[①] 同时，提出用 21 世纪头 20 年建成全面小康社会的新要求。全面建成小康社会是"小康社会"自身发展和建设的最终目的，它的形成和提出是中国特色社会主义规律具体的、现实的实现方式，反映了我们党对中国特色社会主义规律认识的深化和提升，体现了执政党对人民群众总体需求的人文关怀和切实尊重，是中国共产党人基于中国特定历史传统和国情实际而确立的执政使命。全面建成小康社会成为中国人民追求民族复兴伟大梦想的关键一步，成为我们党承接实现民族复兴伟大梦想的战略抉择和治国理政目标。正如习近平总书记所指出的，用"小康"来确立并表达当代中国的"发展目标，既符合中国发展实际，也容易得到最广大人民理解和支持"[②]。

党的十八大以后，以习近平同志为核心的党中央聚焦如何实现中华民族伟大复兴中国梦这个主题，把全面建成小康社会放在中华民族伟大复兴中国梦的大格局中加以推进，把全面建成小康社会确定为中华民族伟大复兴的关键一步和重要里程碑。这是对小康社会的新定位、新提升，也是以习近平同志为核心的党中央的战略决策和理论贡献，从而赋予中国特色社会主义事业以很强的直接现实

---

[①] 江泽民：《全面建设小康社会 开创中国特色社会主义事业新局面——在中国共产党第十六次全国代表大会上的报告》，《人民日报》2002 年 11 月 18 日第 1 版。

[②] 习近平：《在纪念孔子诞辰 2565 周年国际学术研讨会暨国际儒学联合会第五届会员大会开幕会上的讲话》，《人民日报》2014 年 9 月 25 日第 2 版。

性。习近平总书记在深入分析制约实现社会主义现代化和中华民族伟大复兴中国梦诸多因素的基础上，形成"四个全面"战略布局，并将其作为管长远、管根本、管全局的大国治理总方略，抓住了治国理政的"牛鼻子"，找到了大国治理的主攻方向和战略抓手。习近平总书记强调，在"四个全面"战略布局中，全面建成小康社会是战略目标，所有奋斗都要聚焦于这个目标。①

党的十八大以来，以习近平同志为核心的党中央坚持运用辩证唯物主义和历史唯物主义，科学研判我国经济社会发展呈现出来的新的阶段性特征，作出"中国已经进入全面建成小康社会的决定性阶段"②（党的十八届五中全会将"决定性阶段"更改表述为"决胜阶段"）这一重大战略判断，并根据新形势新情况提出全面建成小康社会新的目标要求，对全面建成小康社会这一战略目标和战略任务做了充实和完善，使之更具明确政策导向、更加针对发展难题、更好顺应人民意愿。综合分析来看，全面建成小康社会具有承前启后的伟大意义，它承载着中华民族伟大复兴的百年追求，肩负着中华民族的美好未来，是实现中华民族伟大复兴中国梦的伟大的里程碑。它意味着中国将在更深层次、更广范围实现社会主义现代化，在为基本实现社会主义现代化提供坚实基础的同时，承载起人类对美好社会理想的向往和追求，是中国共产党人对人类文明进行的现实探索、作出的重要贡献。全面建成小康社会为我们接续实现既定目标准备全部的条件，使中华民族伟大复兴中国梦成为看得见、摸得着、感受得到的宏伟目标。

在庆祝中国共产党成立一百周年大会上的讲话中，习近平总书记庄严宣告，我们实现了第一个百年奋斗目标，在中华大地上全面建成小康社会，这是大国治理取得的具有里程碑意义的成就。

---

① 中共中央宣传部：《习近平总书记系列重要讲话读本》，学习出版社、人民出版社2016年版，第45、46页。

② 中共中央文献研究室：《习近平关于全面建成小康社会论述摘编》，中央文献出版社2016年版，第4页。

## 二 远期目标：实现社会主义现代化和中华民族伟大复兴的中国梦

以习近平同志为核心的党中央大国治理的长期目标是实现社会主义现代化和中华民族伟大复兴的中国梦。这一战略目标是具有鲜明中国特色的国家治理目标。把我们党治国理政的根本目标定位于实现中华民族的伟大复兴，这是从近代以来我们国家和民族面对的最大问题，是对我们党革命、建设和改革的根本目标作出的新的定位和概括。中华民族伟大复兴中国梦是符合中国社会发展历史规律下共产主义远大理想的奋斗目标，但它的实现并非不可更改的命运之弧，而是"包含着一连串互相衔接的阶段的发展过程"[①]，具有艰巨性、长期性甚至会有曲折。

实现中华民族伟大复兴的中国梦是近代以来中华民族最伟大的梦想，也是几代中国共产党人为之不懈奋斗的目标。习近平总书记揭示了中国梦包含的"国家富强、民族振兴、人民幸福"的深刻内涵，这一内涵从宏观、中观、微观上界定了中国梦。在宏观上，中国梦回应了中国与世界的关系，突出中国人民的梦想与世界各国人民的梦想相通；在中观上，中国梦统筹了国家、人民、民族三者的关系，既是强国梦，也是富民梦，还是民族振兴之梦；在微观上，中国梦将组织与个人联系起来，强调中国梦归根结底是每一个中国人的梦。习近平总书记从价值目标和实践目标两个角度阐述了实现中华民族伟大复兴的中国梦：在价值目标上，强调人民对美好生活的向往是新时代我们党的奋斗目标，明确为了谁的问题；在实践目标上，强调为国家富强、民族振兴和人民幸福，将国家富强作为基础、民族复兴作为根本、人民幸福作为归宿，明确干成什么的问题。可以说，中国梦凝聚了中华民族的最大公约数，一经提出便成为当今时代的主旋律。习近平总书记进而指明实现中国梦的具体路径，那就是在党的坚强领导下，坚定不移走中国特色社会主义道

---

[①] 《马克思恩格斯文集》第 10 卷，人民出版社 2009 年版，第 560 页。

路，依靠中国人民的力量，以中国精神为强大动力，脚踏实地，一步一个脚印去追梦圆梦。中国梦联通历史、现实与未来，既是一个历史任务，也是当代中国的时代课题。它将社会主义现代化与民族复兴相融合，使中国与世界相互动，将国家、集体、个人联系起来，将国家富强、人民幸福、民族振兴贯通起来，具有重大的理论意义、实践意义和世界意义。

怎样实现中华民族伟大复兴中国梦？必须依据这一历史进程中的若干相互衔接的发展阶段确立相应的目标和任务，使之成为由一系列具有直接现实性的目标和任务相互衔接、梯度发展的历史过程。在习近平总书记的系列重要讲话中，他始终将"两个一百年"奋斗目标与中华民族伟大复兴中国梦一前一后并列提出：中国梦统领着"两个一百年"奋斗目标；前者是中国梦的重要组成部分，为其夯实基础。

全面建成社会主义现代化强国，既是我们党确立的"第二个百年"奋斗目标，也是以习近平同志为核心的党中央大国治理的目标。实现社会主义现代化是几代中国共产党人接续奋斗的目标。新中国成立后，毛泽东同志提出"把我国建设成为社会主义的现代化强国"的战略构想。随后，我们党正式提出"四个现代化"，即全面实现农业、工业、国防和科学技术的现代化。作为改革开放和社会主义现代化建设的总设计师，邓小平同志在新时期重申了"四个现代化"的奋斗目标，强调实现"四个现代化"是最大的政治。他结合社会主义初级阶段基本国情提出了中国式现代化——"小康之家"的目标，并提出"三步走"实现现代化的战略，将党的路线、方针、政策都向社会主义现代化建设特别是小康社会目标聚焦，逐步探索出一条通向社会主义现代化的正确道路。进入21世纪，我们党在实现总体小康的基础上，开启全面建设小康社会的新征程。在此基础上，党的十八大提出"两个一百年"奋斗目标。在中国特色社会主义新时代，习近平总书记以"国家治理体系和治理能力现代化"赋予社会主义现代化新的时代内涵，同时提出分两步走全面实现社会主义现代化的战略安排,即到2035年,基本实现社会主义现代化;到2050年,全面建成社会主义现代化强国。

到21世纪中叶全面建成社会主义现代化强国的战略目标,与此前的社会主义现代化目标相比,既有继承性,更有创新性,充分显示了我们党执政理念的延续性和与时俱进,展示了我国社会主义现代化远大目标和宏伟蓝图。

第一,核心目标从"社会主义现代化国家"上升为"社会主义现代化强国"。党的十二大提出,把我国建设成为高度文明、高度民主的社会主义国家,而后进一步充实为"把我国建设成为富强民主文明和谐的社会主义现代化国家"。党的十九大报告则表述为"把我国建成富强民主文明和谐美丽的社会主义现代化强国",并把基本实现现代化的时间点从2050年提前至2035年。

第二,全面建成社会主义现代化强国目标更加全面、更加清晰、更加明确。所谓"全面建成",总目标内容内涵更加具体、更加明确,领域更加全面,不仅包括经济上的"富强"、政治上的"民主"、文化上的"文明"、社会上的"和谐",还包括生态上的"美丽",充分体现以习近平同志为核心的党中央在经济建设、政治建设、文化建设、社会建设、生态文明建设方面提出的一系列新理念新思想新战略,也充分体现了"五位一体"总体布局与目标之间的全面联系。从更为具体的目标内容分析看,提出"我国物质文明、政治文明、精神文明、社会文明、生态文明将全面提升",这是中华民族伟大复兴的重大内涵;提出"国家治理体系和治理能力现代化",这是中国特色社会主义现代化的显著标志;提出"成为综合国力和国际影响力领先的国家",这是成为世界现代化强国的重要标志;提出"全体人民共同富裕基本实现",这是中国特色社会主义现代化的本质要求,也是全体中国人民的根本利益;提出"我国人民将享有更加幸福安康的生活",充分体现了社会主义现代化的本质和宗旨就是"以人民为中心",促进人的全面发展、社会全面进步;提出"中华民族将以更加昂扬的姿态屹立于世界民族之林",这是中华民族伟大复兴最重要的标志。

　　针对如何分步骤实现党的奋斗目标,半个多世纪前,毛泽东同志就提出中国实现社会主义现代化的方法论,即分"两步走",实现"四个现代化"。30年前,邓小平同志又提出"三步走"战略。20年前,江泽民同志提出了"新三步走"战略。中国特色社会主义现代化正是按照独特的分步走战略,一步步走来,又一步步迈上新台阶。党的十九大报告在更高的现代化发展基础上,明确提出新的"两步走"战略安排。它明确了中华民族伟大复兴和建成社会主义现代化强国的时间表、路线图,规划了可付诸实践的战略步骤。这一战略步骤循序渐进,既提供了科学、合理的战略指导,也体现了我们的战略自信和战略定力。从未来发展目标和路径看,到2035年,中国将用三个五年规划指导国民经济社会从"全面建成小康社会"发展到"基本实现社会主义现代化",再用三个五年规划指导国家全面建成社会主义现代化强国。在两个阶段的六个五年规划中,将根据2035年总目标和2050年总目标要求,把握现代化发展的阶段性特征,坚持"以人民为中心"的发展理念,进一步细化分解为不同时期五年规划经济社会发展的主要目标和指标,由此制定重大发展任务,提出一批重大政策、重大工程、重大项目作为实现五年规划目标任务的突出体现和抓手,从而使得宏大战略目标可操作、可落实、可实现。

### 三 终极目标:实现共产主义

　　马克思和恩格斯在《共产党宣言》中明确指出:共产主义社会是一个"代替那存在着阶级和阶级对立的资产阶级社会的,将是这样一个联合体,在那里,每个人的自由发展是一切人的自由发展的条件。"[①] 实现人的自由而全面的发展,成为共产主义最根本的目标。中国共产党一经成立,就把为社会主义、共产主义奋斗作为自

---

① 马克思、恩格斯:《共产党宣言》(单行本),人民出版社1997年版,第50页。

己的远大理想和最终目标,不断为实现人的自由和全面发展接续奋斗。共产主义是建立在社会生产力充分发展和高度发达基础上的。由于现实的社会主义建立在生产力落后的基础上,所以实现共产主义,首先要大力发展生产力,巩固和发展社会主义。这就需要一个长期的历史过程,需要几代人、十几代人甚至几十代人坚持不懈地努力奋斗。

在新的历史条件下,习近平总书记强调树立和坚定共产主义远大目标的极端重要性。他指出:"如果丢失了我们共产党人的远大目标,就会迷失方向,变成功利主义、实用主义。"①"我们从来没有把共产主义作为唾手可得、一蹴而就的目标,但绝对不能因为共产主义不是马上可以实现的目标、不是我们有生之年能看到其实现的目标,就没有理想信念,就认为共产主义是虚无缥缈的海市蜃楼,就不做一个忠诚的具有共产主义远大理想的共产党人。"②

针对关于共产主义"虚无缥缈""渺茫""遥遥无期"等错误论调,习近平总书记进行严肃批评。他一针见血地指出:"如果大家都觉得这是看不见摸不着的东西,没有必要为之奋斗和牺牲,那共产主义就真的永远实现不了了。我们现在坚持和发展中国特色社会主义,就是向着最高理想进行的实实在在的努力。"③他强调:"我们现在做的是社会主义初级阶段的事情,但不能忘记初衷,不能忘记我们的最高奋斗目标,不能因为实现共产主义理想是一个漫长的过程就认为那是虚无缥缈的海市蜃楼。在理想信念问题上,不能含糊其辞、语焉不详。"④他进一步提出,共产党人既要"顶天",又要"立地";既要志存高远,又要脚踏实地。坚持最高纲领和最低纲领统一,头顶共产主义远大理想,为实现党在现阶段的

---

① 《十八大以来重要文献选编(上)》,中央文献出版社 2014 年版,第 80 页。
② 《习近平总书记重要讲话文章选编》,中央文献出版社、党建读物出版社 2016 年版,第 133 页。
③ 《习近平谈治国理政》第 2 卷,外文出版社 2017 年版,第 145 页。
④ 《习近平总书记重要讲话文章选编》,中央文献出版社、党建读物出版社 2016 年版,第 374 页。

基本纲领扎扎实实做好每一项工作，为实现我们的理想目标添砖加瓦。

2016年7月，在庆祝中国共产党成立95周年大会的讲话中，他强调："坚持不忘初心、继续前进，就要牢记我们党从成立起就把为共产主义、社会主义而奋斗确定为自己的纲领，坚定共产主义远大理想和中国特色社会主义共同理想，不断把为崇高理想奋斗的伟大实践推向前进。"[①] 在这里，习近平总书记把实现共产主义的奋斗目标视为中国共产党人不变的初心。在新中国成立70周年之际，习近平总书记在《求是》杂志2019年第7期发表的重要文章《关于坚持和发展中国特色社会主义的几个问题》中指出："我们党始终坚持共产主义远大理想，共产党员特别是党员领导干部要做共产主义远大理想和中国特色社会主义共同理想的坚定信仰者和忠实践行者。"[②] 党的十九届六中全会通过的《中共中央关于党的百年奋斗重大成就和历史经验的决议》开篇就明确中国共产党始终坚持共产主义理想和社会主义信念。

实现共产主义是人类历史上最伟大的事业。它的实现需要经历不同的阶段，是一个由低级向高级不断发展的过程。我们今天所理解和推进的中国特色社会主义，是共产主义在当代中国的实践形式。中国特色社会主义既体现了党的最高奋斗目标，也体现了党的当前奋斗目标，是党的最高目标和当前目标的统一。在新时代中国特色社会主义的伟大实践中实现中华民族的伟大复兴，就是中国共产党人现阶段的历史使命。以习近平同志为核心的党中央，接过续写中国特色社会主义这篇大文章的历史接力棒，以时不我待、只争朝夕的精神，以矢志不渝的民族担当、无私奉献的为民担当、坚定不移的改革担当、恪尽职守的职责担当、互惠共赢的大国担当、强军兴军的治军担当、严抓严管的治党担当，自觉把当代共产党人的

---

① 《习近平谈治国理政》第2卷，外文出版社2017年版，第34页。
② 习近平：《关于坚持和发展中国特色社会主义的几个问题》，《求是》2019年第7期。

历史担当统一于实现国家富强、民族振兴、人民幸福和世界和平发展之中，把共产主义远大理想同中国特色社会主义共同理想统一起来，同我们正在做的事情统一起来，坚定道路自信、理论自信、制度自信、文化自信，在带领人民进行好新时代中国特色社会主义这场伟大社会革命的同时，勇于推进我们党的自我革命，不为任何风险所惧，不为任何干扰所惑，始终坚守共产党人的理想信念，不断把为崇高理想奋斗的伟大实践推向前进。

## 第二节　横向维度的两大目标

习近平总书记在大国治理实践中，以破解我国大国治理难题为导向，从实践要求和时代潮流出发，着眼于党和国家事业的长远发展，从横向维度提出大国治理两大目标，即根本目标和直接目标：根本目标是深层次目标，统领直接目标；直接目标是表层目标，为根本目标服务。

### 一　根本目标：实现人民幸福安康、社会和谐稳定、国家长治久安

"治"，在于把握重大平衡；"理"，在于规范发展秩序。以习近平同志为核心的党中央大国治理本质上不是为治理而治理，其治理的落脚点是"为党和国家事业发展、为人民幸福安康、为社会和谐稳定、为国家长治久安提供一整套更完备、更稳定、更管用的制度体系"[1]。就是通过完善中国特色社会主义制度，为人民幸福安康、社会和谐稳定、国家长治久安提供制度保障。在2014年的新年贺词中，习近平总书记指出，"我们推进改革的根本目的，是要让国家变得更加富强、让社会变得更加公平正义、让人民生活得更加美好"[2]。这同样从国家、社会、人民三个维度阐明了改革的根本

---

[1] 《习近平谈治国理政》，外文出版社2014年版，第105页。
[2] 《国家主席习近平发表二〇一四年新年贺词》，《人民日报》2014年1月1日第1版。

目的,再一次揭示大国治理的根本目的。根据习近平总书记的讲话,这一目标有时也可表述为人民安居乐业、社会安定有序、国家长治久安。无论使用哪一种表述,实际上都彰显了从人民、社会、国家三个维度谋划大国治理目标的深邃思考。

(一) 实现人民幸福安康是大国治理目标在人民层面的具体体现

实现人民幸福安康是以习近平同志为核心的党中央大国治理的根本价值诉求。为人民谋幸福、为民族谋复兴,是中国共产党人的初心和使命。人民幸福也是中华民族伟大复兴中国梦的重要内容。习近平总书记在大国治理实践中,依据唯物史观和中国共产党的根本宗旨,形成以人民为中心的思想,强调发挥人民在大国治理中的主体作用,植根人民,从人民中获取大国治理的力量,依靠人民治国理政,让治国理政成果为人民所共享。党的十八大召开后,新当选中共中央总书记的习近平便提出"人民对美好生活的向往,就是我们的奋斗目标"的执政理念。新时代大国治理论牢牢把握人民对美好生活的向往,在满足人民物质文化需要的基础上,不断满足人民群众高质量、多样性的需求。习近平总书记提出的供给侧结构性改革,就是致力于满足人民日益增长的美好生活需要,使人民有更多获得感。平安中国、健康中国、美丽中国等新战略,都致力于实现人民的幸福安康。

(二) 实现社会和谐稳定是大国治理目标在社会层面的具体体现

实现社会和谐稳定是以习近平同志为核心的党中央大国治理的着力点和关键点,是实现国家长治久安和人民幸福安康的重要前提。没有一个安定有序的社会环境,国家就不能实现长治久安,人民就做不到幸福安康。社会是大国治理的重要领域。新时代社会治理是新时代大国治理的重要内容。社会治理以促进社会和谐稳定为根本目标,强调"发展是硬道理,稳定也是硬道理,抓发展、抓稳定两手都要硬",把稳定放在同发展同样重要的位置加以强调,凸显了在改革攻坚期和社会风险高发期维护社会和谐稳定的极端重要性。习近平总书记围绕促进社会和谐稳定这一目标,着眼于构建全民共建共享的社会治理格局，提出一系列关于社会治理的创新思想，包括：加强和创新社会治理的核心是人；坚持活力和秩序的统一；维护社会和谐稳定，重在妥善处理社会矛盾；把社会治理重心放在基层；坚持法治、德治与基层自治相结合；落实社会治安综合治理领导责任制等。这些重要思想对维护和谐稳定的社会环境意义重大。

（三）实现国家长治久安是大国治理目标在国家层面的具体体现

实现国家长治久安是大国治理的出发点和落脚点。自国家产生起，稳定和发展始终是国家需要破解的根本性问题，而对其认识和解决的好坏，直接关系到国家安危、政权兴衰。"安而不忘危，存而不忘亡，治而不忘乱。"以习近平同志为核心的党中央，在大国治理实践中坚持把发展和安全作为国家战略的两个支柱，统筹处理二者关系，提出总体国家安全观，形成新时代谋求国家长治久安的大视野和大思路。习近平总书记将协调推进"四个全面"战略布局作为大国治理的总方略，为实现国家长治久安提供了根本指针。全面建成小康社会是实现国家长治久安的坚实基础；全面深化改革是实现国家长治久安的动力支撑；全面依法治国是实现国家长治久安的法治保障；全面从严治党是实现国家长治久安的关键所在，为国家长治久安提供根本政治保障。

人民幸福安康、社会和谐稳定、国家长治久安都贯穿着一个"安"字，治理的精粹就在于平安、安宁、安定。平安是前提和基础。习近平总书记把平安中国建设作为国家长治久安的重要工作，为实现安定、安全、安康的目标提供了保障。

二 直接目标：推进国家治理体系和治理能力现代化

"推进国家治理体系和治理能力现代化"，是以习近平同志为核心的党中央大国治理的直接目标。围绕"什么是国家治理体系和治理能力现代化、如何实现国家治理体系和治理能力现代化"这一基本问题，习近平总书记提出一系列新理念、新思想，特别是形成了以"两个半程"思想为核心内容的国家治理现代化思想。

(一)"两个半程"思想

中国特色社会主义进入新时代,习近平总书记更加深刻认识到制度的根本性、全局性、长期性作用。在对我们党长期治国理政实践经验进行系统总结的基础上,习近平总书记根据我国实践发展新要求和时代变革新趋势,出于对促进人民幸福安康、社会和谐稳定、国家长治久安的战略考量,强调要着力为党和国家事业长远发展提供一整套更完备、更稳定、更管用的制度体系。从形成更加成熟、更加定型的制度角度,习近平总书记将新中国成立以来我们党的治国实践分为两个阶段,提出"两个半程"的思想,即"前半程我们的主要历史任务是建立社会主义基本制度,并在这个基础上进行改革。后半程,我们的主要历史任务是完善和发展中国特色社会主义制度,为党和国家事业发展、为人民幸福安康、为社会和谐稳定、为国家长治久安提供一整套更完备、更稳定、更管用的制度体系"[①]。"两个半程"思想揭示了推进国家治理体系和治理能力现代化的历史逻辑与实践逻辑,彰显了我们党一以贯之而又与时俱进的大国治理方略,实现了继承与创新、历史与现实、理论与实践的完美结合。

"两个半程"思想体现了习近平总书记基于制度视角的中国特色社会主义探索的新的历史分期观,回答了当代中国共产党人和中国特色社会主义探索处在什么样的历史方位、如何开创新的时代等重大理论与现实问题。首先,"两个半程"思想回答了中国特色社会主义探索处在何种历史阶段的问题,揭示了中国特色社会主义探索新的历史方位,即处于通过构建更完备、更稳定、更管用的制度体系完善和发展中国特色社会主义的"后半程"。其次,"两个半程"思想回答了中国共产党人处在什么样的历史方位,面临什么样

---

① 中共中央文献研究室:《习近平关于全面深化改革论述摘编》,中央文献出版社2014年版,第27页。

的历史使命的重大问题，揭示了当代中国共产党人的新的历史任务，即通过全面深化改革，不断增强中国特色社会主义的制度活力，充分培育和彰显中国特色社会主义的制度优势。最后，"两个半程"思想回答了如何走好中国特色社会主义探索"后半程"的问题，即围绕推进治理体系和治理能力现代化目标，朝着完善和发展中国特色社会主义方向全面深化改革。

(二) 制度现代化：大国治理的根本保障

制度具有根本性、全局性、稳定性和长期性的特点，它关系着党和国家的前途与命运。现代国家制度是国家治理的有效基石。优良的现代国家制度体系是现代国家治理体系的基本构成要素，有序推进现代国家制度建设是中国国家治理能力现代化的基本路径。相对于工业现代化、农业现代化、科技现代化、国防现代化等，在完善和发展中国特色社会主义制度中实现国家治理现代化是具有更基础、更关键意义的现代化。

中国特色社会主义进入新时代，新的起点、新的环境、新的条件汇聚成诸多新的时代问题。其中，主要是相互关联的三大问题：一是中国特色社会主义已经成型，如何完善和发展；二是"碎片化"的改革难以承担构建更完备、更稳定、更管用的制度体系的历史重任，如何继续推进改革；三是改革目的从解放和发展生产力转向构建制度体系，如何界定今后改革的总目标。这些问题都倒逼制度的现代化。

党的十八大以来，习近平总书记站在推进国家治理体系和治理能力现代化的高度思考制度建设问题。他强调中国共产党的领导和社会主义制度是治国理政的根本，着力"推动中国特色社会主义制度更加成熟更加定型，为党和国家事业发展、为人民幸福安康、为社会和谐稳定、为国家长治久安提供一整套更完备、更稳定、更管用的制度体系"①。一方面，习近平总书记为制度现代化指明了方向，他强调要增强制度自信，保持战略定力，不断完善和发展中国特色社会主义制度；另一方面，习近平总书记为制度现代化提出了改革任务，他强调坚持制度自信不是要故步自封，而是要不断革除体制机制弊端，让中国特色社会主义制度成熟而持久。党的十八大以来，在继承我们党以往制度建设成果的基础上，以习近平同志为核心的党中央对完善和发展中国特色社会主义制度进行顶层设计，对制度建设作出战略安排，逐步推进制度的定型化，形成用制度管人管事管权的政治生态，为推进国家治理体系和治理能力现代化提供根本保障。

（三）国家治理体系和治理能力现代化的实践路径

完成大国治理"下半程"的任务，根本在于推进国家治理体系和治理能力现代化。

首先，以习近平同志为核心的党中央，为实现国家治理体系和治理能力现代化制定了时间表与路线图，即到2035年基本实现国家治理体系和治理能力现代化，到2050年实现国家治理体系和治理能力现代化。② 这一阶段划分和时间节点与实现社会主义现代化的战略安排保持一致。国家治理体系和治理能力现代化成为社会主义现代化强国目标的重要组成部分。

其次，以习近平同志为核心的党中央对实现国家治理体系现代化进行了顶层设计。在经济领域，全面实施市场准入负面清单制度，完善市场监管体制，健全金融监管体系；在政治领域，发挥社会主义协商民主的重要作用，深化依法治国实践，深化机构和行政体制改革；在文化领域，建立网络综合治理体系，深化文化体制改革，完善文化管理体制；在社会领域，完善养老保险制度，深化医

---

① 习近平：《完善和发展中国特色社会主义制度 推进国家治理体系和治理能力现代化》，《人民日报》2014年2月18日第1版。

② 习近平：《决胜全面建成小康社会 夺取新时代中国特色社会主义伟大胜利——在党的十九次全国代表大会上的报告》，《人民日报》2017年10月18日第1版。

药卫生体制改革、加强社区治理体系建设；在生态领域，加快建立绿色生产和消费的法律制度与政策导向，构建政府为主导、企业为主体、社会组织和公众共同参与的环境治理体系；在国防和军事领域，深化国防科技领域改革，形成军民融合深度发展格局，构建一体化的国家战略体系和能力；在外交领域，发挥负责任大国作用，积极参与全球治理体系改革；在领导体制上，深化党和国家机构改革，形成系统完备、科学规范、运行高效的党和国家机构职能体系，为实现国家治理现代化提供组织保障。[①]

最后，习近平总书记对国家治理能力提出明确要求。构建现代化的国家治理体系只是为推进国家治理现代化提供了制度基础，要真正发挥制度优势，关键在于提高制度的执行力，也就是要实现国家治理能力的现代化。针对治理能力还不完全适应现代化进程的现状，习近平总书记强调更加注重治理能力建设，特别是运用制度和法律进行国家治理的能力。他明确提出练就高超治理能力的要求，着重强调提升党科学执政、依法执政、民主执政水平，同时强调提升企事业单位、人民团体、社会组织等的工作能力，并突出强调通过学习与实践提升能力的根本途径。这些论述都为加快实现国家治理体系和治理能力现代化提供了思想指导与行动指南。

清晰的目标定位发挥巨大的凝聚作用。新时代的目标链系统融汇了党的凝聚力、国家凝聚力、社会凝聚力和民族凝聚力。无论遇到任何艰难险阻、惊涛骇浪，这些清晰的目标定位都能有效消解离散力、离心力，进而成为团结全党、全国、全社会、全民族的最大公约数。

---

① 习近平：《决胜全面建成小康社会 夺取新时代中国特色社会主义伟大胜利——在中国共产党第十九次全国代表大会上的报告》，人民出版社 2017 年版，第 30、36、37、38、41、47、51、53、54、60 页。

# 第四章

# 新时代大国治理主体论

治理中国这样一个大国，不是一件容易的事情，尤为需要聚合方方面面的力量，形成统一的意志和同向的合力。新时代大国治理主体论主要解答谁是新时代大国治理的主体，由谁来进行大国治理的问题，也就是大国治理的依靠力量问题。习近平总书记强调，实现中国梦，必须凝聚中国力量。那么，进行大国治理也需要凝聚中国力量，凝聚起多元主体的力量，形成大国治理的强大合力。

## 第一节 多元治理主体

与国家管理主体单一不同，国家治理强调多元主体对国家的管理，包括国家管理者、人民、社会组织在内的民主、参与式、互动式管理。市场化条件下的治理主体是多元的，既可以是公共机构，也可以是市场、社会和公民。现代国家治理的一个最重要特点就是强调治理主体的多元性。我国国家治理现代化语境下的大国治理主体也不是单一的，而是多元的。党的十八大以来，以习近平同志为核心的党中央，多次强调要"加快形成党委领导、政府负责、社会协同、公众参与、法治保障的社会管理体制"，实际上已初显多元共治的理论雏形。这一转变意味着国家治理的主体发生变化，政府不再是治理的唯一主体，也是被治理的对象；社会不再只是被治理的对象，也是治理的参与者。由此，实现国家治理现代化，必须首先解决主体多元的问题，让各类主体充分发挥作用，整合力量，不断推进国家治理的现代化水平。

## 一　大国治理主体的主要构成：党政主体、市场主体、人民主体

我国大国治理的主体是由党政力量、市场力量、人民力量构成的多元主体。在多元主体中，党政主体是大国治理的领导力量，发挥着领导核心和主导作用；市场主体是大国治理的资本力量，起着重要支撑作用；人民主体是大国治理的根本依靠力量，发挥着决定作用。三种力量形成合力，协同治理，协商共治，不断推进国家治理现代化。

党政力量、市场力量和人民力量的协调并形成合力，是改革开放以来中国取得成功的秘诀。积极使党政力量、市场力量和人民力量协调并形成合力，是中国特色社会主义和中国道路的哲学意蕴。推进国家治理现代化的实质，首要的就是正确处理国家、市场、人民之间的关系，从而使中国特色社会主义更加成熟、更加定型。以习近平同志为核心的党中央在大国治理实践中，更加注重发挥党政力量、市场力量、人民力量的作用，形成党委领导、政府主导、市场参与、社会协同各方力量良性互动的格局。在政治方面，注重党政主导，发挥党政集中资源和力量办大事的优势；在经济方面，发挥市场的作用，激发市场创新活力；在社会方面，充分发挥广大人民群众的主体力量，注重大众创业、万众创新。当前，推进国家治理现代化，必须更加注重处理三种力量之间的关系，使之良性互动，汇聚合力。新时代大国治理主体论围绕上述问题，提出一系列新理念、新思想、新战略。比如，习近平总书记在论述社会治理时强调，创新社会治理体制，坚持完善党委领导、政府主导、社会协同、公众参与、法治保障的体制机制，实现政府治理和社会调节、居民自治良性互动，推进社会治理精细化。再如，习近平总书记在关于城市管理的论述中强调，统筹政府、社会、市民三大主体，提高各方推动城市发展的积极性。这些重要论述实际上明确了党政力

量、市场力量、人民力量在国家治理中的主体作用。

## 二 发挥党政主体、市场主体、人民主体的合力作用

（一）注重发挥党政主体在大国治理中的主导作用

党政主导是我们国家治理机制的特点和优势。我国实行党政主导的体制，党和政府承担着超强资源整合和意志凝聚的角色，具有社会动员、社会组织、社会监管、社会服务等功能。在大国治理实践中，以习近平同志为核心的党中央高度重视发挥党政主导作用，注重以党政主体带动和引领市场主体、人民主体。

1. 突出党的领导核心作用

中国共产党作为中国特色社会主义事业的领导核心，是统摄与贯穿政府主体、市场主体、社会主体的主体，在国家治理体系中始终处于主导地位，发挥着根本作用。党的领导的本质要义，就是服务人民；党的领导实现路径是：通过人民代表大会制度，保证党的路线方针政策和决策部署在国家工作中得到全面贯彻与有效执行；支持和保证国家政权机关依照宪法法律积极主动、独立负责、协调一致开展工作。[①] 党的领导核心地位的体现方式要从一元化领导向总揽全局和协调各方转型，正如习近平总书记所指出的，党总揽全局和协调各方就是要向把方向、谋大局、定政策、促改革方面聚焦。

党领导人民治理国家是社会主义中国大国治理的基本战略。国家治理的成效取决于党的领导是否坚强有力。国家治理体系和治理能力现代化的目标能否实现，关键看能不能加强和改善党的领导，能不能使党的领导与国家治理现代化的新要求相适应。党要有效发挥在大国治理中的领导作用，就必须在政治领域掌控国家权力在各层级间的纵向互动，在社会领域领导政治力量和社会力量在合作共

---

① 习近平：《在庆祝全国人民代表大会成立六十周年大会上的讲话》，《人民日报》2014年9月6日第2版。

治中横向互联,从而确立党在国家治理体系现代化中的领导地位。坚持党的领导,关键在于加强和改善党的领导。针对如何做到改善党的领导的问题,习近平总书记提出"四个善于",即善于使党的主张通过法定程序成为国家意志、善于使党组织推荐的人选通过法定程序成为国家机关的领导人员、善于通过国家政权机关实施党对国家和社会的领导、善于运用民主集中制维护党和国家权威以及维护全党全国团结统一。①

2. 注重更好发挥政府作用

政府是国家治理的实施主体,管好政府是治理好一个国家的前提。社会治理需要鼓励和支持社会各方面参与,多元主体良性互动,形成各司其职、优势互补、合作共治的格局,但政府的主导作用不可或缺和弱化。政府的职责和作用主要是保持宏观经济稳定,加强和优化公共服务,保障公平竞争,加强市场监管,维护市场秩序,推动可持续发展,促进共同富裕,弥补市场失灵。② 对政府而言,治理就是从"管理者"到"服务者"的变化。更好发挥政府作用,既要在克服市场机制缺陷与健全宏观调控体系、提供公共服务、维护市场秩序、保护生态环境等方面下功夫,又要在坚持社会主义制度、完善市场体系、制定中长期发展战略等方面着力。

更好发挥政府作用,目的是实现市场这只"看不见的手"与政府这只"看得见的手"的合理分工和协调发挥作用。更好发挥政府作用,需要加快转变政府职能。政府既不能越位包办,关注或花大力气做许多本应由或可由社会组织、公民自身承担的事务,要把许多不应当由政府管的东西交给市场去调节;也不能缺位无为,把社会治理仅看作社会组织、公民主体自我之事。更好发挥政府作用,需要加快建设法治政府,这是政府建设的主体工程。习近平总书记在阐述全面依法治国理念时多次强调,全面推进依法治国工

---

① 《习近平谈治国理政》第 2 卷,外文出版社 2017 年版,第 18、19 页。
② 《中共中央关于全面深化改革若干重大问题的决定》,《人民日报》2013 年 11 月 16 日第 1 版。

作布局，坚持法治国家、法治政府、法治社会一体推进，坚持依法治国、依法执政、依法行政共同推进。①建设法治政府，要求政府依法行政，政府工作人员树立依法办事意识，提升法治思维和依法办事能力，坚持科学决策，强化监督问责，做到规范公正、文明执法。

3. 改革和完善党的领导方式与执政方式

党在大国治理中的领导作用是通过党的执政来实现的。党的执政方式是科学执政、民主执政、依法执政。科学执政，是要科学界定执政党与国家公共权力的不同职能；民主执政，是扩大人民群众对国家和社会事务的参与、决定、监督，让他们真正成为主人；依法执政，就要严格按照宪法和法律规定来行使自己对国家和社会的领导，通过完备的制度和法律体系来领导人民治理国家。正确处理好党政关系，是提高党的执政能力的必然要求。在党政主体中，党居于领导地位，党的领导覆盖所有方面。针对一些领域党政机构重叠、职责交叉、权责脱节的问题，以习近平同志为核心的党中央，在坚持党领导一切的政治前提下，深化党和国家机构改革，对体制和机构进行调整完善，着力建立科学的党政关系，整合党政资源，增强党的领导力，提高政府执行力，不断凝聚党政主体在大国治理中的合力。

（二）注重发挥市场主体在大国治理中的支撑作用

正确处理政府、市场、社会三者之间的关系是有效治理大国的核心要义。市场是大国治理的重要领域，市场力量为大国治理提供强大支撑。我国是社会主义市场经济国家，注重发挥市场作用是改革开放以来中国特色社会主义治理的宝贵经验。改革开放以来，我们通过简政放权极大地激发了市场主体的创造活力，解放和发展了社会生产力，为有效治理大国夯实了物质基础。党的十八大以来，习近平总书记在大国治理实践中强调坚持辩证法和两点论，"看不

---

① 《习近平谈治国理政》第2卷，外文出版社2017年版，第119页。

见的手"和"看得见的手"都要用好,既注重发挥市场在资源配置中的决定性作用,又注重更好发挥政府作用。① 习近平总书记提出的"加快完善社会主义市场经济体制,引领经济全球化进程,构建开放型经济,用好国际国内两个市场、两种资源和'一带一路'倡议等"思想,凸显了市场在大国治理中的地位与作用。党的十八大以来的一系列改革举措,使市场主体的作用得到进一步发挥,进一步释放市场潜力,进一步解放社会活力,营造了大众创业、万众创新的浓郁氛围。

1. 注重发挥市场在资源配置中的决定性作用

市场决定资源配置是市场经济的一般规律。发挥市场在资源配置中的决定性作用是全面深化改革的题中应有之义。改革开放40多年的实践告诉我们,市场配置资源是最有效率的方式。完善社会主义市场经济必须遵循由市场决定资源配置的一般规律。党的十八届三中全会将市场配置资源的基础性作用改为决定性作用,就是遵循规律的具体体现,集中体现了我们党在社会主义市场经济理论方面的重大创新。市场主体在资源配置中进一步激发活力,必将推动资源配置效益最大化和效率最优化,为实现国家治理现代化打下重要基础。

2. 推动市场化改革,进一步健全和完善市场体系

完善的市场体系是国家治理现代化的基础,这是经济基础与上层建筑的辩证关系原理决定的。当前,我国推进国家治理现代化进程中存在的主要问题在于政府与市场的关系没有完全处理好。实践中存在市场体系不完善、政府干预过多和监管不到位的问题,这一方面需要转变政府职能;另一方面,也需要进一步建立统一开放、竞争有序的现代市场体系。党的十八大以来的市场化取向的改革,包括深化行政审批制度改革,建立权力清单制度,实施工商登记制度改革等,其目的都是让市场主体不断迸发新的活力。

---

① 《习近平谈治国理政》,外文出版社2014年版,第116页。

3. 坚持发挥市场作用与更好发挥政府作用相结合

把市场的配置作用与政府的调控作用相结合，是我国社会主义市场经济体制的重要特点和优势。但要警惕市场自身自发性的缺陷，还要有效解决诸如市场失灵、市场秩序不规范、市场规则不统一、市场竞争不充分等问题。这些都对更好发挥政府作用提出要求，要坚持市场有效与政府有为相统一，用科学的宏观调控弥补市场自身存在的不足。习近平总书记在强调发挥市场作用的同时，注重发挥党和政府的积极作用，将政府科学的宏观调控和有效治理与市场作用同向发力，形成经济治理乃至国家治理的强大合力。

（三）注重发挥人民主体在大国治理中的决定性作用

唯物史观认为，人民群众是历史的主体，是推动社会发展进步的决定力量。习近平总书记强调，人民是决定党和国家前途命运的根本力量。在社会主义中国的治理实践中，人民群众是治理体系中最重要的主体，在国家治理中发挥着当家作主的作用。[1] 人民主体力量是国家治理现代化最为牢靠的根基，在大国治理中发挥最终决定作用。坚持党的领导，本质上就是支持和保证人民当家作主。党领导人民、代表人民治理国家，党支持人民参与国家治理，是以习近平同志为核心的党中央大国治理的重要特色。党的十八大以来，紧紧围绕"治国理政为了谁，治国理政依靠谁"等重大课题，习近平总书记发表一系列重要讲话，其中包含诸多关于"坚持人民主体地位"的重要论述，强调人民群众是我们的力量源泉，要依靠人民治国理政。在政治理念方面，这赋予人民主体地位以全新内涵，逐步形成和确立了人民主体思想，为真正发挥人民主体作用提供了基本遵循。

1. 注重培育人民在国家治理中的主体意识

以习近平同志为核心的党中央在大国治理实践中把党的群众路线贯彻到治国理政活动之中，注重培育人民群众的主体意识和主体

---

[1] 丰子义：《国家治理现代化体现以人民为中心》，《人民日报》2017年9月28日第7版。

精神，发挥人民群众的主体作用，使人民群众成为改革、发展、创新的主体。通过开展党的群众路线教育实践活动，在增强干部公仆意识、密切干群关系的同时，也激发了广大人民群众的积极性、主动性，使人民群众更加自觉地参与到党的政治生活中来。同时，注重通过人民参与国家治理的实践来培育其主体意识，比如培育人民群众在改革中的主体意识，发挥人民群众在改革中的伟大作用，依靠人民力量推动改革；发挥人民群众在反腐中的作用，依靠人民力量开展反腐败斗争；强调由人民群众监督党和政府、由人民群众来评判党的国家治理绩效；等等。这让人民群众的主体意识在国家治理实践中得到提升。

2. 支持和保证人民广泛参与国家治理

党领导人民有效治理国家，就要为扩大人民有序政治参与创造条件。在人民内部，各方面进行广泛商量，事关国家治理和社会治理的深厚基础。以习近平同志为核心的党中央，推动社会主义协商民主广泛、多层、制度化发展，保证人民全面参与国家治理。注重在人民内部进行广泛协商，集思广益、凝聚共识，有效集中民智、调动民力，保证人民群众在日常政治生活中有广泛持续深入参与的权利。围绕扩大人民有序的政治参与，充分实现协商民主，形成社会主义协商民主思想，在实践中不断完善社会主义协商民主制度，为在决策之前和决策实施之中开展广泛协商提供了制度保障，为发挥人民主体作用提供了重要载体。

3. 发挥人民群众在基层治理中的自治作用

新时代大国治理论，坚持德治、法治、共治、自治为一体的治国方略，以基层自治的方式发挥人民群众在基层治理中的主体作用。党的十八大以来，以习近平同志为核心的党中央注重完善基层群众自治制度，逐步健全基层选举、议事、公开、述职、问责等机制，不断创新基层自治实践，丰富基层民主形式，拓宽人民群众发挥自治作用的渠道，保障人民依法直接行使民主权利。赋予基层群众性自治组织的法定地位，推动基层群众性自治组织规范运行，使人民群众通过这个平台发挥自治作用。

(四)注重形成多元主体共治格局

习近平总书记在阐释管理与治理的区别时指出,"治理与管理,一字之差,体现的是系统治理、依法治理、源头治理、综合施策"。从管理到治理的跨越,是一场国家、社会、公民从着眼于对立对抗到侧重交互联动,再到致力于合作共赢善治的思想革命。这体现了我国现代治理体制的新转向:治理形态由垂直化向扁平化转变,治理手段由命令式向法治化转变,治理机制由治标向治本转变,治理理念由一元主体向多元共治转变。习近平总书记在党的十九大报告中进一步明确提出,打造共建共治共享的社会治理格局。多元主体共同治理是在中国共产党领导下,党政主体、市场主体、人民主体通过互动、协商、合作,实现对公共事务的共同治理。党的十八大以来,以习近平同志为核心的党中央,以实现"善治"为目标,通过全面深化改革进行有效分权,通过使政府从"全能型"向"服务型"转变,厘清政府权力清单,科学界定政府权力性质,合理削减政府权力;通过减少审批程序和层级,实现权力下放,提高公共服务的效率;通过转变政府职能,实现权力转移,逐步形成"政府的归政府、社会的归社会、市场的归市场"的现代国家和社会共治模式,实现政府与市场、社会的良性互动,不断提升治理效能。

## 第二节 提高各类主体的治理能力

国家治理能力是运用国家制度管理社会各方面事务的能力,包括改革发展稳定、内政外交国防、治党治国治军等各个方面。[①] 国家治理能力是一个综合能力。从内容看,国家治理能力包括改革发展稳定、内政外交国防、治党治国治军各方面的治理能力。从要素看,国家治理能力包括国家治理理念贯彻能力、国家战略执行能

---

① 《习近平谈治国理政》,外文出版社2014年版,第91页。

力、国家治理政策落实能力、社会动员和协调能力、凝聚社会共识能力、国际事务参与能力、维护国家安全能力以及突发事件应对能力等。从结构看，国家治理能力包括执政力、行政力、市场力、法治力、民主力、文化力、公正力、环境力等。从履行国家治理过程诸功能对执政党和政权能力的要求来看，国家治理能力应包括如下内容：接纳参与能力、政治整合能力、精英录用能力、战略规划能力、法律实施能力、资源提取能力、监管能力、再分配能力、维持团结能力、政治沟通能力、政治合法化能力、政治革新能力。从治理主体角度看，国家治理能力包括党科学执政能力、民主执政能力、依法执政能力，国家机构履职能力，人民群众依法管理国家事务、经济社会文化事业、自身事务的能力，以及市场组织、人民团体、社会组织等履行自身职责的能力。

大国治理主体的多元性决定了大国治理能力的多层次性。大国治理能力实质上就是治理主体的能力，也就要求充分发挥各个治理主体的有效功能，实现治理主体各归其位、各尽其能、良性互动、有序循环，打造一种新型的现代国家能力。我国是中国特色社会主义发展中大国，国家治理具有党政主导、人民主体、社会协同的鲜明特色。我国的国家治理主体包括党和政府、社会组织和广大人民群众，治理能力理所当然地应当包括党和政府的治理能力、社会组织的治理能力、人民参与治理的能力。国家治理能力也可看成各治理主体能力的集合。党的执政能力，国家机构的履职能力，人民群众依法管理国家事务、经济社会文化事业、自身事务的能力，对于国家治理能力都有着很大影响。习近平总书记指出："必须适应国家现代化总进程，提高党科学执政、民主执政、依法执政水平，提高国家机构履职能力，提高人民群众依法管理国家事务、经济社会文化事务、自身事务的能力，实现党、国家、社会各项事务治理制度化、规范化、程序化，不断提高运用中国特色社会主义制度有效治理国家的能力。"① 针对各类治理主体能力提升的着力点，习近平总书记明确指出，"以提高党的执政能力为重点，提高各级干部、各方面管理者的思想政治素质、科学文化素质、工作本领，提高党和国家机关、企事业单位、人民团体、社会组织等的工作能力。"② 这对党和国家机关、企业事业单位、人民团体、社会组织等的治理能力提出了明确要求。

## 一 提升党的治理能力

党的治理能力就是党的执政能力或领导能力。作为执政党，如果没有治理国家的能力，要实现中华民族伟大复兴的中国梦就是一句空话。中国共产党具有强大的治理能力，这不仅为新中国成立70年来发生的翻天覆地变化所证明，更为21世纪以来世界上一些国家和地区动荡不已，而我国稳定发展、连续迈上新台阶的国际比较所昭示。中国的成功，自然得益于中国共产党强大的治理能力。这个能力即使和世界最发达的国家相比，也毫不逊色。但是，我们还须在提高治理能力方面下更大力气。针对新时代党所面临的能力不足的危险，习近平总书记多次强调提高党的领导水平和执政本领，把加强党的长期执政能力建设同提高国家治理水平有机统一起来，提高党把方向、谋大局、定政策、促改革的能力，提高党科学执政、民主执政、依法执政水平。党的十八大以来，习近平总书记反复强调执政党的国家治理能力问题。以习近平同志为核心的党中央明确把党的科学执政、民主执政、依法执政的执政能力，归结和聚焦于党的国家治理能力，并以全面从严治党为手段从根本上提升执政党的国家治理能力。习近平总书记提出的运用法治和加强改革、发展、稳定、内政、外交、国防、治党、治国、治军等十个国家治理的执政能力，是迄今为止对党的执政能力作出的最为全面的分

---

① 中共中央文献研究室：《习近平关于全面深化改革论述摘编》，中央文献出版社2014年版，第80页。
② 《习近平谈治国理政》，外文出版社2014年版，第104页。

析。这为提升党的治理能力指明了方向和着力点。在此基础上，党的十九大报告进一步强调，要增强学习本领、政治领导本领、改革创新本领、科学发展本领、依法执政本领、群众工作本领、狠抓落实本领、驾驭风险本领。这八大执政本领的提出，全面诠释了一个负责任和有担当的执政党所应具备的各方面素质与能力，也意味着党要练好内功，特别是要补短板，以党的建设科学化和现代化引领与助推国家治理体系和治理能力现代化。

### 二　提升政府治理能力

政府的责任就是努力实现国家治理目标。优化政府自身的治理，要解决好政府职能越位、缺位和失位的问题，深化行政审批制度改革，强化内外部权力监督，推进政府职能、程序、权限、责任法定化，使其严格依法行政，加快建设法治政府和服务型政府。政府治理能力提升要双管齐下：一方面，政府通过对自身的内部管理，优化政府组织结构，改进政府运行方式和流程，强化政府的治理能力；另一方面，改革完善政府自身治理职能、运作模式和运作机制，将社会成员的行为张力保持在可控限度内。① 此外，我国政府积极顺应全球化的时代潮流，不断提升治理能力。经济全球化对我国的经济安全与政治稳定带来巨大挑战，一些诸如大气污染、恐怖主义、毒品泛滥等全球性问题成为我国政府必须应对的棘手问题，这对转变政府职能、提高政府治理能力特别是增强处理全球性问题和抵御国际风险的能力都提出新要求。顺应全球化的时代潮流，我国政府在治理方式上进行调整和变革，利用国际合作治理方式，通过协商对话解决全球性问题。顺应信息化的趋势，提高运用大数据治理的能力，以推动实现治理的民主化、法治化。

---

①　张一：《创新社会治理体制要充分发挥政府主导作用》，《光明日报》2015年3月17日第7版。

### 三 提高其他国家机构的履职能力

政府治理能力是国家机构履职能力中最重要的内容。除政府治理能力以外，其他国家机构包括国家权力机关、国家司法机关和社会主义协商民主机构等的履职能力也非常重要。习近平总书记从推进国家治理现代化的高度，统筹谋划提高各类国家机构履职能力。针对人民代表大会，习近平总书记明确提出提高人大代表的依法履职能力，强调加强立法能力建设，做到科学立法、民主立法，提高立法质量；加强备案审查制度和能力建设，推动宪法实施和宪法监督工作。针对人民政协，习近平总书记明确提出紧扣改革发展，加强政协履职能力建设，提高履职能力现代化水平，并引导人民政协从政治把握能力、参政议政能力、组织领导能力、合作共事能力、解决自身问题能力方面着手，把参政议政提高到新水平。针对司法机关，习近平总书记强调，以努力让人民群众在每个司法案件中都能感受到公平正义为宗旨，深化司法体制改革，着力提高维护社会大局稳定、促进社会公平正义、保障人民安居乐业的能力。

党的十八大以来，以习近平同志为核心的党中央，积极探索与强力推动党和国家机构改革，整体性推进中央和地方各级各类机构改革，重构性健全党的领导体系、政府治理体系、武装力量体系、群团工作体系，系统性增强党的领导力、政府执行力、武装力量战斗力、群团组织活力。

### 四 提高人民自治和参与国家治理的能力

塑造具有自治能力的现代社会，培育具有民主品格和法治精神的现代公民及其社会组织，亦是国家治理的现代化构成和法治化目标。以习近平同志为核心的党中央在大国治理实践中，一方面，重视提升人民参与治理的能力，注重培育人民群众的参与意识、主体意识、权利意识和责任意识，引导人民群众在基层社区治理和社会组织的活动中练习表达与沟通、主动参与和监督等，从而提高自身素质，提升参与治理的能力；另一方面，注重培育社会组织的自治能力。以习近平同志为核心的党中央在社会治理领域，在着力建立制度化、规范化、科学化的社会自治体系的同时，注重提升社会组织的治理能力。针对社会组织作用发挥不够充分的现状，以习近平同志为核心的党中央非常注重社会力量在激发社会活力、参与社会服务中的作用。中共中央办公厅、国务院办公厅印发的《关于改革社会组织管理制度　促进社会组织健康有序发展的意见》提出了"支持社会组织在创新社会治理、化解社会矛盾、维护社会秩序、促进社会和谐等方面发挥作用，使之成为社会建设的重要主体"的要求，为提升社会组织参与社会治理能力指明方向，提供了基本遵循。通过不断完善党委领导、政府主导、社会协同、公众参与、法治保障的社会治理体制，不断健全利益表达、利益协调、利益保护机制，实现政府治理、社会调节和居民自治的良性互动。

综上，在多元化的国家治理系统中，从治理主体的视角来分析，当今中国的大国治理主体力量包括以中国共产党领导的国家机关、企事业单位为代表的国家力量，以民主党派等政治团体，群团组织等政治性社会团体，志愿团体、民间协会等一般社会组织为代表的人民力量，以营利性企业为代表的市场力量。多元主体协同治理是共产党领导下的多元主体协同治理。其中，党政力量是最主要的治理主体；市场和社会作为阶层性、部分性民意代表的非政治性空间，是协同的、补充性的治理主体。多元主体通过协同治理来有效整合和配置组织资源，提升自身潜能，进而实现公共管理事务效益的最大化。

# 第 五 章

# 新时代大国治理基础论

  治理绝不是也不能是纸上谈兵，在一切治理活动的背后，必须有坚实的经济基础和强大的物质准备。没有发展，就没有治理，更谈不上国家治理体系和治理能力现代化。当代中国能够取得如此良好的国家治理绩效和巨大的国家治理奇迹，最为坚实的基础就是多年来中国社会一直保持着快速发展。发展是治理之基。党的十八大以来，习近平总书记围绕发展问题作出多方面重要论述。从战略目标上看，提出"全面建成小康社会，实现社会主义现代化，实现中华民族伟大复兴，最根本最紧迫的任务还是进一步解放和发展社会生产力"；从全面深化改革上看，提出"只有紧紧围绕发展这个第一要务来部署各方面改革，以解放和发展社会生产力为改革提供强大牵引，才能更好推动生产关系与生产力、上层建筑与经济基础相适应"；从治国理政全局上看，提出"要靠通过不断改革创新，使中国特色社会主义在解放和发展社会生产力、解放和增强社会活力、促进人的全面发展上比资本主义制度更有效率，更能激发全体人民的积极性、主动性、创造性，更能为社会发展提供有利条件，更能在竞争中赢得比较优势，把中国特色社会主义制度的优越性充分体现出来"。以习近平同志为核心的党中央，牢牢把握发展这一党执政兴国的第一要务，从我国经济发展新常态的大逻辑出发，着力推动更高质量、更有效率、更可持续、更加公平的科学发展，形成关于科学发展的一系列新理念、新思想、新战略，特别是提出新发展理念，为推动大国治理实践蹄疾步稳、行稳致远提供了科学指引。这些重要论述充分彰显了发展在大国治理中的基础性作用。发展必须是科学发展，科学发展必须在新发展理念的引领下才能实现。新时代大国治理基础论是关于靠什么为新时代大国治理筑牢物质基础问题的系统思考，旨在回答用科学发展为国家治理夯实物质基础的问题。

## 第一节　夯实新时代大国治理的物质基础

财政是国家治理的基础，经济是财政的基础，财政收入状况归根结底取决于经济发展态势。发展是基础，经济不发展，一切都无从谈起。[①] 发展是党执政的基础，也是国家治理的基础。

### 一　发展是党执政兴国的第一要务

发展的含义，是指一个国家或社会由落后的不发达状态向先进的发达状态的过渡与转化。落后不仅仅指经济而言，还包括政治、社会、文化、人的素质等诸多要素。发展也不仅仅指经济发展，它还包括社会发展和人自身的发展等诸多内容，也就是社会整体、协调、稳定和可持续地发展。

我们党在全国执政以后，在社会主义建设中非常重视生产力的发展。毛泽东同志对加快发展问题进行了艰辛探索，提出一些好的理念，如正确处理社会主义建设中的重大关系、调动一切积极因素建设社会主义等，但也走了一些弯路。在改革开放新时期，邓小平同志把发展问题提到社会主义本质的高度来强调，注重解放和发展生产力，提出"发展是硬道理"这一政治性、战略性、时代性命题，提出"三步走"的发展战略，对内进行改革，对外实行开放政策，通过吸收利用外资、学习发达国家的管理经验和技术、争取良

---

[①] 《十八大以来重要文献选编（中）》，中央文献出版社2016年版，第828页。

好国际环境等方式，采取一系列推动经济发展的政策措施，极大地解放和发展了生产力，实现我国由穷国到大国的跨越。进入21世纪，我们党提出要用发展的办法解决前进中的问题，把发展作为党执政兴国的第一要务。我们党逐步认识到，要实现全面、协调、可持续的发展，坚持以人为本，促进人的全面发展，推动经济、政治、文化、社会、生态的全面发展等。这进一步深化对实现什么样的发展、如何实现发展这一基本问题的认识，特别是提出了科学发展观，实现了马克思主义发展观的与时俱进。

贫穷不是社会主义，发展才是硬道理。党的十一届三中全会以来，我们党确立以经济建设为中心，以发展为主题，把"一个中心、两个基本点"的基本路线概括为中国的发展路线，充分表明我们党执政的目的始终着眼于发展，执政的任务始终致力于发展，执政的措施始终围绕着发展来制定，执政的成效始终要用发展来检验。当我国成为世界第二大经济体、对世界经济增长贡献率超过30%，当亿万人民摆脱贫困、过上越来越好的日子，当神州大地公路成网、铁路密布、高坝矗立、高铁飞驰、天堑变通途，我们不曾忘记，中国之所以创造惊天动地的发展奇迹，一个根本原因就在于我们党始终坚持以经济建设为中心不动摇，始终坚持解放和发展社会生产力。这是改革开放40多年历程的深刻启示，也是我们开创未来的重要基础。在庆祝改革开放40周年大会上，习近平总书记深刻总结改革开放宝贵经验，着眼新时代发展面临的新形势、新任务、新挑战，强调"必须坚持以发展为第一要务""牢牢扭住经济建设这个中心"，对推动高质量发展作出战略部署，为我们推动新时代改革开放指明了方向。

## 二　坚持科学发展

中国特色社会主义进入新时代，我国社会主要矛盾已经转化为人民日益增长的美好生活需要和不平衡不充分的发展之间的矛盾。同时，我国仍处于并将长期处于社会主义初级阶段的基本国情没有变，我国是世界最大发展中国家的国际地位没有变。这"一个转化"和"两个没有变"，是我们谋划发展的基本国情和最大实际。正如习近平总书记深刻指出的，只有牢牢扭住经济建设这个中心，毫不动摇坚持发展是硬道理、发展应该是科学发展和高质量发展的战略思想，推动经济社会持续健康发展，才能全面增强我国经济实力、科技实力、国防实力、综合国力，为坚持和发展中国特色社会主义、实现中华民族伟大复兴奠定雄厚物质基础。

党的十八大以来，以习近平同志为核心的党中央高度重视发展问题，在对新常态下我国经济发展新特征、新趋势深刻把握的基础上，强调"发展必须是遵循经济规律的科学发展，必须是遵循自然规律的可持续发展，必须是遵循社会规律的包容性发展"。在党的十八届五中全会的讲话中，习近平总书记着眼实现全面建成小康社会的目标，提出推动经济社会健康发展必须坚持的六条原则，将科学发展作为一条重要原则，凸显了科学发展在治国理政中的特殊地位。党的十九大报告指出："发展是解决我国一切问题的基础和关键，发展必须是科学发展，必须坚定不移贯彻创新、协调、绿色、开放、共享的发展理念。"[1]

党的十八大以来，为夯实大国治理的物质基础，以习近平同志为核心的党中央牢牢扭住经济建设这个中心，紧紧抓住发展这一党执政兴国的第一要务，始终把握科学发展这个主题，以提高发展质量和效益为中心，坚持质量第一、效益优先的原则，努力追求有质量、有效益、可持续的发展，注重发挥政府和市场"两只手"的作用，加大统筹城乡区域发展的力度，着力解决制约发展的结构性、体制性矛盾和问题，着力调整优化经济结构，推进发展方式转变，不断实现发展动力转换，有力地推动科学发展，为推进国家治理体系和治理能力现代化提供了强大物质保障。以习近平同志为核心的

---

[1] 习近平：《决胜全面建成小康社会 夺取新时代中国特色社会主义伟大胜利——在中国共产党第十九次全国代表大会上的报告》，人民出版社2017年版，第21页。

党中央，毫不动摇坚持发展是硬道理、发展应该是科学发展和高质量发展的战略思想，举全民之力推进中国特色社会主义事业，不断把"蛋糕"做大。同时，注重在不断发展的基础上，把促进社会公平正义的事情做好，把不断做大的"蛋糕"分好，让社会主义制度的优越性更加充分体现出来，让实现全体人民共同富裕在广大人民现实生活中更加充分展示出来。

### 三　做强做优做大国有企业

国有企业是中国特色社会主义的重要物质基础和政治基础，是我们党执政兴国的重要支柱和依靠力量。习近平总书记指出，国有企业特别是中央管理企业，在关系国家安全和国民经济命脉的主要行业与关键领域占据支配地位，是国民经济的重要支柱，在我们党执政和我国社会主义国家政权的经济基础中也是起支柱作用的。他多次强调，要坚定不移和理直气壮地把国有企业做强做优做大。早在 2013 年年底，习近平总书记在对国家国资委的工作批示中，首次指出"要做强做优做大国有企业"；2014 年年底，在中央经济工作会议上，习近平总书记第二次强调："要坚定不移把国企做强做优做大，不断增强国有经济活力、控制力、影响力、抗风险能力"；2015 年 7 月，习近平总书记在吉林调研期间第三次强调："要做大做强做优国有企业"；2016 年 7 月，习近平总书记对全国国企改革座谈会上作出重要指示，第四次强调："国有企业是壮大国家综合实力、保障人民共同利益的重要力量，必须理直气壮做强做优做大，不断增强活力、影响力、抗风险能力，实现国有资产保值增值"；2016 年 10 月，习近平总书记在全国国企党建工作会议上第五次强调："坚定不移把国有企业做强做优做大。"这充分表明这个问题的重要性。习近平总书记的重要论述，坚定清晰地指出国有企业发展的战略地位和根本目标，为国有企业改革发展指明了前进的方向。

党的十八大以来，以习近平同志为核心的党中央，坚持党要管党、从严治党,加强和改进党对国有企业的领导,充分发挥党组织的政治核心作用。坚定不移深化国有企业改革,着力创新体制机制,加快建立现代企业制度,发挥国有企业各类人才积极性、主动性、创造性,激发了各类要素的活力。按照创新、协调、绿色、开放、共享发展理念的要求,推进结构调整、创新发展、布局优化,使国有企业在供给侧结构性改革中发挥了带动作用。国企改革不断迈出实质性步伐:顶层设计基本形成,重大试点梯次展开,现代企业制度不断完善,改革成效不断显现,一批实力更强、结构更优、肌体更健康的央企国企成为国民经济向好向上发展的"压舱石"、全面深化改革的"推进器"。

## 第二节　新发展理念引领科学发展

中国特色社会主义进入新时代,发展不充分不平衡的问题日益凸显,科学发展面临新挑战,贯彻落实科学发展观需要谋划新的思路和举措。以习近平同志为核心的党中央,科学把握当今世界和当代中国的发展大势,准确把握经济发展内在规律,主动适应、把握、引领经济发展新常态,提出并倡导牢固树立新发展理念,引领科学发展和高质量发展。

### 一　新常态定位发展大逻辑

要发展、要科学发展,就必须对所处经济发展阶段及其特征有清晰的认识。中国特色社会主义进入新时代,我国经济发展进入新阶段,呈现出新变化。习近平总书记在辩证分析我国经济发展所处阶段的基础上,作出我国经济发展新常态的重大判断,并指出新常态下我国经济发展的主要特点:"增长速度要从高速转向中高速;发展方式要从规模速度型转向质量效率型;经济结构调整要从增量扩能转向调整存量、做优增量并重;发展动力要从主要依靠资源和低成本劳动力等要素投入转向创新驱动。"① 习近平总书记把适应、把握、引领经济发展新常态作为贯穿我国发展全局和全过程的大逻辑。为适应、把握和引领经济发展新常态，以习近平同志为核心的党中央确立稳中求进的工作总基调，主动适应新常态，用历史的、辩证的眼光去把握新常态，以新发展理念引领新常态，以提高经济发展质量和效益为中心，以全面深化改革为抓手，不断深化供给侧结构性改革，推动新常态下经济社会稳中向好的发展。

## 二 新理念引领发展新方向

发展理念至关重要，起着引领发展方向的作用。正如习近平总书记所指出的，"发展理念是战略性、纲领性、引领性的东西，是发展思路、发展方向、发展着力点的集中体现"②。在经济新常态下，以习近平同志为核心的党中央以理念先行、理念引导行动为遵循，根据新常态提出的新要求，从推动我国科学发展和促进世界共同发展出发，提出新发展理念。习近平总书记对新发展理念的重大意义、丰富内涵和深邃道理进行了全面透彻阐述，提出理解新发展理念的五个着力点：着力实施创新发展驱动，着力增强发展的整体性、协调性，着力推进人与自然和谐共生，着力形成对外开放新体制，着力践行以人民为中心的发展思想。新发展理念深刻阐释了发展的目标、动力、布局、保障等问题。这既体现了以习近平同志为核心的党中央对新时代社会主要矛盾的深刻洞悉，又体现了对发展规律的科学把握，是新时代大国治理论对新形势下实现什么样的发展、怎样实现科学发展问题的创造性回答，为全党在发展问题上提供了管全局、管根本、管长远的科学指引。

新发展理念与科学发展观一脉相承，是对科学发展观的新拓

---

① 习近平：《在省部级主要领导干部学习贯彻党的十八届五中全会精神专题研讨班上的讲话》，《人民日报》2016年5月10日第2版。

② 习近平：《在党的十八届五中全会第二次全体会议上的讲话（节选）》，《求是》2016年第1期。

展。新发展理念深刻揭示了实现更高质量、更有效率、更加公平、更可持续更为安全发展的必由之路，集中反映了我们党对经济社会发展规律认识的深化，是新时代我国经济建设和发展的科学指南与理论宝典，是实现由大国到强国飞跃的必由之路，为实现"两个一百年"奋斗目标提供了理论指导和行动指南，是当今中国发展之道。新发展理念是由创新、协调、绿色、开放、共享五个关键词构成的相互贯通、相互促进、逻辑严密的有机整体：创新发展增强发展的动力，协调发展提高发展的平衡性，绿色发展保障发展的可持续性，开放发展实现发展的内外联动，共享发展明确发展的目标。五大发展理念相互贯通、相互促进，有着统一的目标，使科学发展的内涵进一步具体化，对破解发展难题、增强发展动力、厚植发展优势更具针对性、指导性、可操作性。

（一）创新发展理念为新旧动能转换指明方向

创新发展注重解决发展动力问题。我国经过长达30多年的高速发展，出现旧的发展动能减弱、新动能培育不足、发展动力缺乏等问题。适应经济发展新常态，需要加快发展动能转换，为经济发展注入强劲动力。科技是第一生产力，是推动发展的不竭动力。然而，我国科技发展总体水平不高，创新能力不强，科技对经济增长的贡献率远低于发达国家水平，这成为制约我国经济发展的天花板。基于此，习近平总书记把创新发展理念置于新发展理念之首，把创新视为发展的第一引擎，大力鼓励大众创业、万众创新，最大限度地释放全社会创新潜力，形成人人崇尚创新、人人渴望创新、人人皆可创新的社会氛围。创新成为引领我国经济发展的新引擎、新动力，为经济发展注入新动能、新活力。

（二）协调发展理念为推动平衡发展指明方向

协调发展注重解决发展不平衡问题。这也是解决我国经济社会主要矛盾的制胜法宝。进入新时代，我国社会的主要矛盾已经转变为人民对美好生活的需要与不平衡不充分发展之间的矛盾。发展不平衡也就是发展不协调，已经成为全面建成小康社会、实现由大国到强国飞跃的突出短板。为了应对已经出现的"木桶效应",增强发展的协调性、平衡性、整体性,以习近平同志为核心的党中央着力补齐短板、缩小差距,特别是将协调发展理念上升到新发展理念的重要组成部分,给出未来实施协调发展的路线图,进一步指明推动协调发展的前进方向。党的十八大以来,以习近平同志为核心的党中央,谋划了长江经济带、京津冀协同发展、乡村振兴等重大战略,旨在增强发展的协调性和解决发展存在的短板问题。

(三)绿色发展理念为正确处理人与自然的关系指明方向

绿色发展注重解决人与自然和谐共生问题。当前,我国发展面临资源约束趋紧、环境污染严重、生态系统退化的突出问题[1],迫切需要转变发展方式,走集约化发展新路,建设资源节约、环境友好型社会。党的十八大以来,以习近平同志为核心的党中央将经济发展与生态环境保护统一起来,强调"保护生态环境就是保护生产力""良好生态环境是最公平的公共产品,是最普惠的民生福祉"等理念,采取一系列务实管用的措施,从最严格制度到最严密法治,逐步建立和完善系统完整的生态文明制度体系,着力进行环境治理,特别是把大气污染防治作为全面建成小康社会的三大攻坚战之一,走出一条生产发展、生活富裕、生态良好的文明发展新路。更重要的是,习近平总书记提出了绿色发展理念,并将其作为新发展理念的有机构成,积极推动形成绿色发展方式和生活方式。绿色发展理念倡导顺应自然、尊重自然,追求尊重自然规律的可持续发展,成为我国经济社会持续健康发展的有力支撑点,为构筑人与自然和谐共生的良好关系指明方向。

(四)开放发展理念为实现内外联动指明方向

开放发展注重解决发展的内外联动问题。对外开放是我国的基本国策。改革开放40多年来,我们统筹国内国际两个大局,坚持"引进来"与"走出去"相结合,特别是在"引进来"方面取得丰

---

[1] 习近平:《在党的十八届五中全会第二次全体会议上的讲话》,《求是》2016年第1期。

硕成果，吸收了发展所需要的大量资金，利用了国外先进的技术和管理经验，使我国大踏步赶上时代。当前，随着我国逐步发展起来成为世界第二大经济体，面临的对外开放环境发生变化，对外开放已经进入一个新阶段。现在的问题不是要不要对外开放，而是如何提高对外开放质量和发展的内外联动性。①围绕打造对外开放新格局，形成对外开放新体制，以习近平同志为核心的党中央提出开放发展新理念，以"一带一路"为平台，加快实施自由贸易区战略，着力增强用好国际国内两个市场、两种资源的能力，以开放带动创新、推动改革、促进发展。开放发展理念赋予对外开放新的时代特色，为提高我国对外开放的质量和发展的内外联动性提供了行动指南，拓展了实现中华民族伟大复兴中国梦的发展空间，也进一步拓展了世界经济发展空间。

（五）共享发展理念为促进社会公平正义指明方向

共享发展致力于促进社会公平正义。改革开放以来，我国实现一部分人先富起来的同时，也出现了收入差距过大的问题，这与我们追求的共同富裕目标相悖，必须合理调节收入分配。党的十八大以来，以习近平同志为核心的党中央将逐步解决公平问题摆在重要议事日程，强调在发展起来以后要采取切实措施稳步实现人民的共同富裕。共享发展理念就是为了解决把"蛋糕"分好的问题，其实质是坚持以人民为中心的发展，体现了共同富裕的要求，也是社会主义优越性的集中体现。共享发展理念是新发展理念的价值取向，是发展的出发点和落脚点，明确回答了发展为了谁、发展成果如何分配的时代课题，丰富了发展目的理论，推进了发展目的理论的创新，指明了发展的目标和方向，为促进社会公平正义指明了方向，为维护社会和谐稳定筑牢了根基。

总之，新发展理念是抑制经济下滑、保持经济健康持续发展的

---

① 习近平：《在党的十八届五中全会第二次全体会议上的讲话（节选）》，《求是》2016年第1期。

治本之策，是管全局、管根本、管长远的发展导向和发展要求，是引领经济发展新常态、决胜全面建成小康社会进而全面建设社会主义现代化国家的强大思想武器和行动指南，是影响我国发展全局的一场重大变革。新发展理念是科学发展之道，也是指引大国治理之道。

### 三 新部署促进发展新跨越

新发展理念要落地生根，不仅要统一思想认识，还需要具体的思路办法，把新发展理念转化为谋划发展的具体思路、落实发展任务的工作举措。在新发展理念指引下，从新常态的实际出发，以习近平同志为核心的党中央采取了一系列有针对性的战略举措，为经济社会平稳健康发展加油助力。

#### （一）全力实施一系列重大发展战略

改革开放以来，我们党提出实施推进西部大开发、振兴东北地区等老工业基地、促进中部地区崛起、鼓励东部地区率先发展的区域发展总体战略，其核心目标是缩小区域差距和实现区域协调发展。进入新时代，以习近平同志为核心的党中央大力实施区域协调发展战略，提出包括"一带一路"建设、京津冀协同发展、长江经济带发展、粤港澳大湾区建设等重大战略。这是以习近平同志为核心的党中央审时度势、深谋远虑作出的重大决策部署，是贯彻落实新发展理念的伟大实践。"一带一路"建设、京津冀协同发展、长江经济带发展、粤港澳大湾区发展等国家重大区域发展战略，战略目标和重点各不相同，承担着统筹东中西、协调南北方、发挥先行示范和辐射带动的重要功能。

"一带一路"建设重点处理的是国家之间的合作关系，通过促进内陆和向西开放，有助于促进我国区域协调发展。通过改善我国西北和西南地区的区位条件，"一带一路"建设将提升西部地区对外开放水平，从而加快西部地区的发展。同时，必将促进在我国内陆地区形成新的经济增长点和热点区域，对加快内陆地区发展，特别是对目前经济面临增长乏力的东北地区的再振兴和西部地区的发展尤为重要。党的十九大报告明确指出,要以"一带一路"建设为重点,遵循共商共建共享原则,推动形成陆海内外联动、东西双向互济的开放格局。京津冀协同发展战略致力于疏解北京非首都功能,解决北京"大城市病"。以雄安新区作为集中承载地创造"雄安质量",着力调整优化经济结构和空间结构,扩大生态空间的环境容量,推动公共服务共建共享,加快市场一体化进程,探索跨省级行政区分工协作、人口经济密集地区优化开发新模式,为全国过密地区优化和协同发展提供有效样板。长江经济带发展战略重点在于坚持生态优先、绿色发展。从推动沿江经济要素有序自由流动、资源高效配置、市场统一融合入手,优化沿江产业结构和城镇化布局,加快形成上中下游优势互补、协作互动格局,建设陆海双向对外开放新走廊,缩小东中西部发展差距,建设成为推动我国高质量发展的重要支撑带,为我国江河经济带绿色和开放发展提供有益借鉴。粤港澳大湾区建设战略重点,在于发挥粤港澳区位交通便捷、产业体系完备、改革开放前沿的独特优势。加强粤港澳间产业互补和制度对接,探索不同关税区分工协作和优势互补的合作模式,加快国际接轨全面提升开放型经济水平,建设国际化、现代化和自由化经济体系,打造国际一流湾区经济体和世界级城市群,为我国湾区经济创新和开放发展提供先行示范。

(二)深入推进供给侧结构性改革

在全面深化改革的进程中,供给侧结构性改革是适应我国经济进入新常态、经济发展面临新挑战、宏观经济失衡出现新特征、从需求侧入手的宏观调控产生新局面等方面的新变化而提出的新课题。[①] 供给侧结构性改革是党的十八大以来以习近平同志为核心的党中央贯彻新发展理念而部署的重大战略举措,也是针对我国生产能力大多数只能满足中低端、低质量、低价格的需求,生产能力中

---

① 刘伟:《经济新常态与供给侧结构性改革》,《管理世界》2016年第7期。

有大量过剩产能以及供给结构不适应需求的新变化,有效供给又严重不足的问题开出的药方。推进供给侧结构性改革是一项复杂的系统工程,既要步步为营,又要久久为功。以习近平同志为核心的党中央将供给侧结构性改革作为推动全面深化改革的主线,这是我们党对供给侧结构性改革这条经济发展和经济工作主线的新定位,彰显了党中央对这项工作的高度关注。党的十九大报告把深化供给侧结构性改革摆在贯彻新发展理念、建设现代化经济体系这一重要部署的第一位,彰显了深化供给侧结构性改革的重要性和紧迫性。供给侧结构性改革就是用改革的办法推进结构调整,减少无效和低端供给,扩大有效和中高端供给,增强供给结构对需求变化的适应性和灵活性,提高全要素生产率。[①] 推进供给侧结构性改革的主攻方向是提高供给体系质量;重点任务是"三去一降一补",即有效化解过剩产能、化解房地产库存、防范和化解金融风险、降低企业成本、补齐发展短板。随着深化供给侧结构性改革的全面落实,我国社会生产力必将跃升到更高水平。

(三)着力建设现代化经济体系

建设现代化经济体系是党的十九大以新发展理念为指引明确提出的重大战略任务。建设现代化经济体系是一篇大文章,既是重大理论命题,更是重大实践课题,需要从理论和实践的结合上深入探讨。中国特色社会主义进入新时代,我国经济已由高速增长阶段转向高质量发展阶段,建设现代化经济体系,是当前我国经济发展跨越由"量"到"质"关口的迫切要求,也是建设社会主义现代化国家的坚实基础建设。现代化经济体系,是现代化强国的坚实物质基础和国家硬实力的重要组成部分。建设现代化经济体系,关系到全面建成社会主义现代化强国这一战略目标的实现。围绕建设现代化经济体系的战略目标,党的十九大报告从多个方面进行部署,即

---

① 习近平:《在省部级主要领导干部学习贯彻党的十八届五中全会精神专题研讨班上的讲话》,《人民日报》2016年5月10日第2版。

坚持"一条主线",建设"一个产业体系",构建"一套经济体制"。坚持"一条主线",就是深化供给侧结构性改革;建设"一个产业体系",就是着力加快建设实体经济、科技创新、现代金融、人力资源协同发展的产业体系;构建"一套经济体制",就是着力构建市场机制有效、微观主体有活力、宏观调控有度的经济体制。习近平总书记提出了深化供给侧结构性改革、加快建设创新型国家、实施乡村振兴战略、实施区域协调发展战略、加快完善社会主义市场经济体制、推动形成全面开放新格局六项任务。他特别强调把发展经济的着力点放在实体经济上,大力发展实体经济,筑牢现代化经济体系的坚实基础;加快实施创新驱动发展战略,强化现代化经济体系的战略支撑;积极推动城乡区域协调发展,优化现代化经济体系的空间布局;着力发展开放型经济,提高现代化经济体系的国际竞争力;深化经济体制改革,完善现代化经济体系的制度保障。习近平总书记的重要论述,从理论、途径、目标等方面层层剖析,为建设现代化经济体系指明正确的方向。

**四 新状态展现发展新作为**

贯彻新发展理念,推动科学发展,良好的精神状态非常重要。新时代要有新气象、新作为。针对干部队伍中存在的精神懈怠、工作热情不高、缺乏斗志的现象,习近平总书记强调,"良好的精神状态,是做好一切工作的重要前提"。他号召党员干部始终保持永不懈怠的精神状态和一往无前的奋斗姿态,并就开展"不忘初心、牢记使命"主题教育作出安排部署,目的就是激发党员干部的革命精神、奋斗精神,奋力走好新时代的长征路。习近平总书记指出,新时代是奋斗者的时代。我们要坚持把人民对美好生活的向往作为奋斗目标,始终为人民不懈奋斗、同人民一起奋斗,切实把奋斗精神贯彻到进行伟大斗争、建设伟大工程、推进伟大事业、实现伟大梦想的全过程，形成竞相奋斗、团结奋斗的生动局面。① 针对干部队伍中出现的一定程度的为官不为现象，他深刻剖析原因，指出为官不为主要有三种情况，即能力不足"不能为"，动力不足"不想为"，担当不足"不敢为"。针对以上三种情况，他提出了有针对性的应对措施，指出要把严管与厚爱结合起来，最大限度调动干部的积极性、主动性、创造性。

新时代大国治理基础论系统解答了为有效治理国家夯实物质基础的问题，以及用新发展理念指引科学发展的问题。以新发展理念为引领的科学发展必将为推进大国治理现代化夯实物质基础，为中国的长治久安打下坚实基础，也为解决世界发展赤字作出贡献。

---

① 习近平：《在2018年春节团拜会上的讲话》，《人民日报》2018年2月14日第2版。

第 六 章

# 新时代大国治理布局论

"不谋全局者,不足谋一域。"中国共产党人在治国理政的实践中,始终注重运用战略思维谋篇布局。毛泽东是中国社会主义事业总体布局思想的理论奠基者。他从新中国的基本国情出发谋篇布局,确定"只有社会主义才能救中国"的根本方向,经过社会主义改造,初步确立社会主义基本制度,为当代中国一切发展进步奠定了根本政治前提和制度基础。此后,以毛泽东为核心的第一代领导集体,开始了中国社会主义道路的探索,其间虽然遭遇挫折,但也取得了丰硕的理论成果。其中,《论十大关系》《关于正确处理人民内部矛盾的问题》中的相关论述,初步形成毛泽东关于社会主义建设总体布局的思路。改革开放以来,中国特色社会主义经历了从"两个文明"(物质文明和精神文明)一起抓到"三位一体"(经济、政治、文化)总体布局协调发展,再到全面推进"四位一体"(经济、政治、文化、社会)总体布局,最后是统筹推进"五位一体"(经济、政治、文化、社会、生态)总体布局的确立,经历三次历史演变,形成四种形态的总体布局思想。

中国共产党提出"战略布局"这一概念,首先是针对基本路线的重要意义和作用来讲的。党的基本路线是指党在社会主义初级阶段为解决社会主要矛盾而制定的总政策,是指导全局的基本方针。邓小平同志指出,"十三大确定了'一个中心、两个基本点'的战略布局……这个战略布局我们一定要坚持下去,永远不改变"。江泽民同志在党的十六大报告中指出："党的基本路线和基本纲领是各项工作的根本指针。"① 胡锦涛同志在党的十七大报告中强调："党的基本路线是党和国家的生命线，是实现科学发展的政治保证。"② 习近平总书记从坚持和发展中国特色社会主义出发，科学分析人类发展大潮流、世界变化大格局、中国发展大历史、改革开放大逻辑，强调"党的基本路线是国家的生命线、人民的幸福线"，站在新的历史起点，谋划"五位一体"总体布局和"四个全面"战略布局。

新时代大国治理布局论主要是从宏观上回答大国治理如何谋篇布局的问题。治理中国这样一个人口众多、情况复杂的国家，需要统筹兼顾改革发展稳定、内政外交国防、治党治国治军诸多方面，不能顾此失彼。这就要求在把握大势的基础上进行顶层设计和谋篇布局，也需要提纲挈领，抓住牵一发而动全身的关键环节。以习近平同志为核心的党中央从党和国家事业全局出发，运用唯物辩证法，坚持"两点论"和"重点论"相结合，围绕实现中华民族伟大复兴中国梦的目标，以坚持和发展中国特色社会主义为主题、主线，形成新时代大国治理的"两大布局"，即"五位一体"总体布局和"四个全面"战略布局。

## 第一节　"五位一体"总体布局

### 一　"五位一体"总体布局的基本内涵

"五位一体"总体布局是党的十八大确立的。党的十八大报告指出，建设中国特色社会主义，总布局是经济建设、政治建设、文化建设、社会建设、生态文明建设"五位一体"。党的十八大通过的新党章从党在社会主义初级阶段基本纲领和指导思想的角度对

---

① 《江泽民文选》第3卷，人民出版社2006年版，第533页。
② 《胡锦涛文选》第2卷，人民出版社2016年版，第628页。

"五位一体"总体布局做了制度性、原则性的简明扼要的集中概括，党的十八大报告中则对"五位一体"总体布局做了具有政策性和可操作性的详细具体的工作部署。

(一) 中国特色社会主义经济建设

它是指中国共产党领导人民发展社会主义市场经济。其基本内涵是：坚持以经济建设为中心，把发展作为解决我国所有问题的关键，坚持科学发展是硬道理的战略思想，走中国特色社会主义经济发展道路，建设社会主义物质文明。毫不动摇地巩固和发展公有制经济，毫不动摇地鼓励、支持、引导非公有制经济发展；发挥市场在资源配置中的决定性作用，建立完善的宏观调控体系；统筹城乡发展、区域发展、经济社会发展、人与自然和谐发展、国内发展和对外开放；以科学发展为主题，以转变经济发展方式为主线，把推动发展的立足点转到提高质量和效益上来；坚持走中国特色新型工业化、信息化、城镇化、农业现代化道路，促进"四化"同步发展。

(二) 中国特色社会主义政治建设

它是指中国共产党领导人民发展社会主义民主政治。其基本内涵是：坚持党的领导、人民当家作主、依法治国有机统一，走中国特色社会主义政治发展道路，建设社会主义政治文明。扩大社会主义民主，健全社会主义法制，建设社会主义法治国家，巩固人民民主专政；把制度建设摆在突出位置，充分发挥我国社会主义政治制度优越性，积极借鉴人类政治文明有益成果，绝不照搬西方政治制度模式；坚持和完善人民代表大会制度、中国共产党领导的多党合作和政治协商制度、民族区域自治制度以及基层群众自治制度；发展更加广泛、更加充分、更加健全的人民民主，发展全过程人民民主，切实保障人民管理国家事务和社会事务、管理经济和文化事业的权利；尊重和保障人权，广开言路，建立健全民主选举、民主决策、民主管理、民主监督的制度和程序；完善中国特色社会主义法律体系，加强法律实施工作，实现国家各项工作法治化。

## （三）中国特色社会主义文化建设

它是指中国共产党领导人民发展社会主义先进文化。其基本内涵是：坚持走中国特色社会主义文化发展道路，建设社会主义精神文明和文化强国。实行依法治国和以德治国相结合，提高全民族的思想道德素质和科学文化素质，为改革开放和社会主义现代化建设提供强大的思想保证、精神动力和智力支持；加强社会主义核心价值体系建设，坚持马克思主义指导思想，树立中国特色社会主义共同理想，弘扬以爱国主义为核心的民族精神和以改革创新为核心的时代精神，倡导社会主义荣辱观；增强民族自尊、自信和自强精神，抵御资本主义和封建主义腐朽思想的侵蚀，扫除各种社会丑恶现象，努力使我国人民成为有理想、有道德、有文化、有纪律的人民，对党员还要进行共产主义远大理想教育；大力发展教育、科学、文化事业，丰富人民精神文化生活，弘扬民族优秀传统文化，积极吸收和借鉴外国优秀文化成果，繁荣和发展社会主义文化，增强文化整体实力和竞争力。

## （四）中国特色社会主义社会建设

它是指中国共产党领导人民构建社会主义和谐社会。其基本内涵是：坚持走中国特色社会主义社会建设道路，建设社会主义社会文明。按照民主法治、公平正义、诚信友爱、充满活力、安定有序、人与自然和谐相处的总要求和共同建设、共同享有的原则加强社会建设；以保障和改善民生为重点，解决好人民最关心、最直接、最现实的利益问题，使发展成果更多、更公平惠及全体人民，努力形成全体人民各尽其能、各得其所而又和谐相处的局面；严格区分和正确处理敌我矛盾与人民内部矛盾这两类不同性质的矛盾；加强社会治安综合治理，依法坚决打击各种危害国家安全和利益、危害社会稳定和经济发展的犯罪活动与犯罪分子，保持社会长期稳定。

## （五）中国特色社会主义生态文明建设

它是指中国共产党领导人民建设社会主义生态文明。其基本内涵是：坚持走中国特色社会主义生态文明发展道路，建设社会主义生态文明，树立尊重自然、顺应自然、保护自然的生态文明理念；坚持节约资源和保护环境的基本国策，坚持节约优先、保护优先、自然恢复为主的方针；坚持生产发展、生活富裕、生态良好的文明发展道路；着力建设资源节约型、环境友好型社会，努力建设美丽中国，实现中华民族永续发展。

这是中国共产党对"实现什么样的发展、怎样发展"这一重大战略问题的科学回答，体现了我们党对中国特色社会主义的认识达到新境界。"五位一体"总布局与社会主义初级阶段总依据、实现社会主义现代化和中华民族伟大复兴总任务有机统一，进一步明确中国特色社会主义发展方向。"五位一体"总体布局是相互联系、相互促进、相辅相成的统一整体。"五位"是各自独立的小系统，经济建设是基础，政治建设是前提，文化建设是灵魂，社会建设是保障，生态文明建设是条件。"五位"更是"一体"，统一于社会主义建设的完整系统；"一体"是"五位"的关键、根本，是"五位"的核心、全局。"五位"之间相辅相成、互为补充、互相促进，共同服务于社会主义建设这个"一体"。同时，"五位"又必须在结构分化的基础上实现功能耦合，通过创造条件，促使"五位"与"一体"实现辩证统一，进而发挥出"整体大于部分之和"的整体效应。

## 二 "五位一体"总体布局形成的历史考察

"五位一体"总体布局的形成不是一蹴而就的，而是经历逐步完善的过程。这个总体布局是中国共产党领导中国特色社会主义事业发展长期探索形成的经验结晶。作为发展中大国，我们一开始首先是要解决几亿人口的吃饭问题，所以集中发展经济是首要的选择。在发展经济过程中，要保证正确的发展方向，保证经济发展的目标能够真正使广大人民群众享受到实惠，保证广大人民群众在推进经济发展中能够有足够的生产积极性，就需要精神文明的发展。

为此，邓小平同志明确提出"两个文明一起抓""两手都要硬"，这成为我们促进经济社会发展的指导方针。党的文献中首次明确提出总体布局这一概念，是在党的十二届六中全会上。这次会议通过的《中共中央关于社会主义精神文明建设指导方针的决议》指出，我国社会主义现代化建设的总体布局是以经济建设为中心，坚定不移地进行经济体制改革，坚定不移地进行政治体制改革，坚定不移地加强精神文明建设，并且使这几个方面互相配合、互相促进。[1]随着经济社会的发展，社会主义民主法治建设越来越被放在突出位置。特别是社会主义市场经济建立以后，经济的发展对法治的要求越来越高。市场经济是法治经济，没有健全完善的法治保障，市场经济就不可能健康发展。于是，我们党提出建设社会主义法治国家的目标，政治文明成为我们发展整体布局的重要组成部分。在社会主义市场经济发展过程中，社会的利益格局、组织形式逐步发生巨大变化，原来计划经济条件下形成的社会管理体系、社会保障体系、社会服务体系已经不能适应市场经济条件下社会建设和发展的需求，必须建立健全与市场经济相适应的社会管理、社会保障、社会服务体系。社会建设进一步成为我们整体布局的又一个重要组成部分。同时，像一切建设现代化的国家在发展工业化过程中遇到的问题一样，我们在发展工业化过程中也遇到了资源、环境等问题，甚至更为严重，如大气污染、生态保护、资源短缺、环境恶化等。如果不把生态文明建设的任务提上重要议程，经济社会发展造福于民的目的就很难完全实现。于是，生态文明成为中国特色社会主义建设总体布局的组成部分，由此形成"五位一体"的总体布局。从时间上看，这样一个布局的形成前后历时 30 多年，是实践经验的总结。邓小平同志首先提出物质文明、精神文明的"两个文明"建设。此后，我们党在此基础上提出经济、政治、文化建设的"三位

---

[1] 中共中央文献研究室编：《十二大以来重要资料选编（下）》，人民出版社 1988 年版，第 1173 页。

一体"。在科学发展观与和谐社会的理念提出后，我们党将以改善民生为重点的社会建设提上重要日程。在党的十七大上，我党将经济、政治、文化、社会建设"四位一体"的中国特色社会主义事业总体布局写入党的章程。党的十八大又提出"五位一体"总布局。

### 三 "五位一体"总体布局与社会主义现代化建设奋斗目标相关联

中国特色社会主义建设的总体布局与现代化建设的奋斗目标是相互对应的两个范畴。新中国成立以来，围绕如何把贫穷落后的农业国迅速改变为强大的社会主义现代化国家这个主题，我们党先后提出工业化、"四个现代化"、富强民主文明和谐的现代化强国和中华民族伟大复兴中国梦这些既相联系又有区别的总目标与总任务。与此相对应，建设中国特色社会主义的总体布局也在实践中不断展开和推进。

以毛泽东同志为核心的党的第一代中央领导集体确立了"四个现代化"的奋斗目标，突出强调现代农业、现代工业、现代国防和现代科学技术在国民经济建设中的重要地位。以邓小平同志为核心的党的第二代中央领导集体在改革开放新时期，将"四个现代化"作为最大的政治，并鲜明指出了现代化建设的任务是多方面的、各个方面需要综合平衡的要求。党的十二大提出党在新时期的总任务是："团结全国各族人民，自力更生，艰苦奋斗，逐步实现工业农业国防和科学技术现代化，把我国建设成为高度文明高度民主的社会主义国家。"[1] 在此基础上，党的十三大使用了"富强民主文明"这样的概念，提出为把我国建设成为"富强民主文明的社会主义现代化强国而奋斗"的宏伟目标，从而正式取代过去一直使用的"四个现代化"奋斗目标的提法。以江泽民同志为核心的党的第三代中央领导集体，在全面总结建党以来我们追求与探索中国现代化的历

---

[1] 中共中央文献研究室编：《十一届三中全会以来重要文献选读（上册）》，人民出版社1982年版，第476页。

程时，首次提出建设有中国特色的社会主义经济、政治和文化这样三个概念，并用这三个概念对富强民主文明的基本目标做了进一步阐释和说明。此后，党的十四大把发展社会主义市场经济建设、社会主义民主政治和精神文明三者并列，作为建设有中国特色社会主义的三大目标，进一步深化富强民主文明的社会主义现代化强国的基本内涵。党的十六大以来，以胡锦涛同志为总书记的党中央，从新世纪新阶段党和国家现代化事业发展的全局出发，贯彻落实科学发展观，在继承党的三代中央领导集体探索社会主义现代化战略目标理论和实践成果的基础上，明确提出社会和谐是我们党不懈奋斗的目标，从而把社会主义现代化奋斗目标从富强民主文明进一步拓展为富强民主文明和谐。党的十七大明确提出要建设社会主义市场经济、社会主义民主政治、社会主义先进文化、社会主义和谐社会，建设富强民主文明和谐的社会主义现代化国家。党的十八大坚持了"富强民主文明和谐"的现代化强国的提法，明确提出在新中国成立一百周年的时候建成富强民主文明和谐的现代化国家。党的十九大进一步提出建设富强民主文明和谐美丽的社会主义现代化强国的目标。

## 第二节 "四个全面"战略布局

"四个全面"是习近平总书记在党的十八大后逐步提出的中国发展的战略布局，是党在新形势下治国理政的总方略。2014年12月，习近平总书记在江苏调研时首次提出包括全面建成小康社会、全面深化改革、全面依法治国、全面从严治党的"四个全面"。2017年10月，党的十九大提出，新时代中国特色社会主义事业战略布局是"四个全面"。2020年10月底，随着全面建成小康社会取得决定性进展，党的十九届五中全会对"四个全面"战略布局作出新的表述，将"全面建成小康社会"调整为"全面建设社会主义现代化国家"。"四个全面"战略布局，确立了新时代党和国家各项工作的战略目标和战略举措，为实现中华民族伟大复兴的中国梦、建设富强民主文明和谐美丽的社会主义现代化强国提供了重要保障。

习近平总书记坚持问题导向和科学思维，以当代中国共产党人的全局视野和战略眼光，坚定中国自信，立足中国实际，总结中国经验，针对中国难题，提出"四个全面"战略布局，第一次将全面建成小康社会，定位为"实现中华民族伟大复兴中国梦的关键一步"；第一次将全面深化改革的总目标，确定为"完善和发展中国特色社会主义制度、推进国家治理体系和治理能力现代化"；第一次将全面依法治国，论述为全面深化改革的"姊妹篇"，形成"鸟之两翼、车之双轮"；第一次为全面从严治党标定路径，要求"增强从严治党的系统性、预见性、创造性、实效性"，锻造我们事业更加坚强的领导核心。"四个全面"战略布局不是凭空提出的，其提出和形成既是现实的需要，也是实践的要求。2015年2月11日，习近平总书记在各民主党派中央、全国工商联负责人和无党派人士代表共迎新春的讲话中指出："'四个全面'战略布局是从我国发展现实需要中得出来的，从人民群众的热切期待中得出来的，也是为推动解决我们面临的突出矛盾和问题提出来的。"[①]"两个得出来、一个提出来"正是对"四个全面"战略布局社会历史条件和时代背景的精辟阐述与高度概括。"四个全面"战略布局要解决的不仅仅是实践层面的问题，而是事关长远、事关根本、事关全面的大问题。同时，其涉及的也不仅仅是实现近期目标的事情，而且是实现中华民族伟大复兴中国梦进程中的长远布局、长远之策。"四个全面"战略布局具有内在逻辑，相辅相成，相互促进，有机统一。从全面建设社会主义现代化国家到全面深化改革，再到全面推进依法治国、全面从严治党，是层层递进、渐次铺陈的全局性长期性战略谋划和部署。全面建设社会主义现代化国家是全面深化改

---

[①] 中共中央宣传部：《习近平总书记系列重要讲话读本》，学习出版社、人民出版社2016年版，第42页。

革、全面依法治国、全面从严治党的战略目标；全面深化改革是全面依法治国、全面建设社会主义现代化国家的重要动力，也是全面从严治党的动力之源；全面依法治国是全面建设社会主义现代化国家、全面深化改革的可靠保证，也是依规依法全面从严治党的重要保证；全面从严治党是全面建设社会主义现代化国家、全面深化改革、全面依法治国的根本保证。"四个全面"战略布局统一于中国特色社会主义伟大实践。

**一　"四个全面"战略布局是新时代大国治理的施政纲领和总体方略**

党的十八大以来，以习近平同志为核心的党中央所要实现的近期战略目标，是全面建成小康社会。这是大国治理首先必须考虑的根本性、全局性问题。如何才能实现这一战略目标？这既要破解发展进程中的种种矛盾和难题，通过"破"消除障碍，还要建立健全治国理政的基本方略和良性社会秩序，通过"立"为实现全面建成小康社会战略目标开辟道路。[①] 前者需要全面深化改革，后者需要全面依法治国。无论是全面建成小康社会，还是全面深化改革和全面依法治国，都需要强化党的领导这个政治保证，也就需要把党建设得坚强有力，必须全面从严治党。由此，全面建成小康社会是以习近平同志为核心的党中央大国治理所要实现的阶段性战略目标，全面深化改革、全面依法治国是实现这一战略目标的两条根本路径，全面从严治党则为顺利实现这一战略目标提供强有力的领导主体。这样，全面建成小康社会（现在的全面建设社会主义现代化国家）、全面深化改革、全面依法治国和全面从严治党，就构成以习近平同志为核心的党中央大国治理的施政纲领。

"四个全面"战略布局既有战略目标又有战略举措。全面建成小康社会和全面建设社会主义现代化国家是战略目标，全面深化改

---

① 韩庆祥：《运用哲学思维把握"四个全面"战略布局》，《学习时报》2015 年 11 月 9 日第 A3 版。

革、全面依法治国和全面从严治党是三大战略举措。这三大战略举措是为了保证战略目标的实施和实现。"四个全面"战略布局既有全局又有重点；既表现为"四个全面"之间（第一个"全面"是全局，后三个"全面"各有重点），又表现为在每个"全面"里既有全局也有重点，是全局和重点的统一。"四个全面"之间的关系，是谁也离不开谁，一个也不能少，少一个都不能构成有机整体。它们相辅相成、相互促进、相得益彰。就"四个全面"的功能而言，如果说全面深化改革和全面依法治国是鸟之两翼，那么全面建成小康社会和全面建设社会主义现代化国家则是鸟之主体，全面从严治党是鸟之头脑。它们的有机构成就是一个生命鲜活的鸟体。"四个全面"中的每一个"全面"，都具有重大战略意义。其中，全面建成小康社会是实现社会主义现代化和中华民族伟大复兴中国梦的阶段性战略目标，是党的十八大后一段时期党和国家事业发展的战略统领。全面深化改革是实现战略目标的关键方法和根本路径，全面依法治国是实现战略目标的基本方式和可靠保障，全面从严治党是发挥党的坚强领导核心作用、为实现战略目标提供坚强组织保证的根本前提。可以说，"四个全面"战略布局是党中央治国理政的总框架，是实现"两个一百年"奋斗目标、走向中华民族伟大复兴中国梦的"路线图"，是坚持和发展中国特色社会主义道路、理论、制度的战略抓手。

"四个全面"战略布局在大国治理实践中发挥着总抓手的关键作用，是大国治理的总体方略。它紧紧抓住党与国家事业发展中根本性、全局性、紧迫性的"四个"关键方面，有机耦合，形成系统化战略布局，在党中央治国理政科学体系中占据关键地位，发挥统领作用。"四个全面"战略布局是新时代大国治理论的主干内容，是事关党和国家长远发展的总战略，指明实现社会主义现代化和中华民族民族复兴的根本路径与方式，确立了新的历史条件下党和国家各项工作的战略目标与战略举措，为实现"两个一百年"奋斗目标、实现中华民族伟大复兴的中国梦提供重要保障。党的十八大以来，习近平总书记深入探索新形势下治国之道、理政之要，谋划反映中国新发展实践要求的战略布局。经过党的十八届三中、四中、五中全会的步步推进和层层深化，对协调推进"四个全面"战略布局完成顶层设计。

党的十九届五中全会对"四个全面"内涵作出新概括，以"全面建设社会主义现代化国家"替代"全面建成小康社会"，这反映了我们党在实现第一个百年奋斗目标后继续为社会主义现代化而奋斗的连贯性。

**二　"四个全面"战略布局抓住新时代大国治理的"牛鼻子"**

"四个全面"战略布局立足治国理政全局，抓住改革发展稳定关键，统领中国发展总纲，确立了新形势下党和国家各项工作的战略方向、重点领域、主攻目标。"四个全面"战略布局是因应治国理政时代使命的战略布局，是破解治国理政时代难题的战略布局，是完善和发展中国特色社会主义制度、推进国家治理体系和治理能力现代化的战略布局。"四个全面"战略布局的提出，直指当前我们面临的突出矛盾和问题，抓住党和国家各项工作的"牛鼻子"。习近平总书记在论述"四个全面"战略布局提出的战略思考时，就是以此进行问题分析和理论阐释的。他在中央政治局第二十次集体学习时强调，面对复杂形势和繁重任务，首先要有全局观，对各种矛盾做到心中有数，同时又要优先解决主要矛盾和矛盾的主要方面，以此带动其他矛盾的解决。我们提出要协调推进全面建成小康社会、全面深化改革、全面依法治国、全面从严治党，是当前党和国家事业发展中必须解决好的主要矛盾。我们既要注重总体谋划，又要注重牵住"牛鼻子"。这个战略布局，从马克思主义的哲学观点看，就是新形势下党治国理政的主要矛盾和"牛鼻子"。[①]

---

[①] 曲青山：《"四个全面"战略布局是党治国理政的"牛鼻子"》，《光明日报》2015年7月13日第1版。

"四个全面"战略布局的提出，是为了全面把握当前和今后很长一个时期我国改革发展进程中的主要矛盾、根本问题和工作重点，旨在解决我国改革发展进程中工作上的片面化、碎片化、枝节化和模糊化问题。它把改革发展稳定有机统一起来，把活力与和谐、动力与秩序有机统一起来。"四个全面"战略布局中的每一个"全面"，都是治国理政的重点方面。全面建成小康社会和全面建设社会主义现代化国家，是我们党对历史、民族、人民的庄严承诺。全面深化改革，是更好发挥制度优势、增强治理效能的基本途径。全面依法治国，建设法治国家、法治政府、法治社会，是国家治理领域一场广泛而深刻的革命。全面从严治党，锻造治国理政坚强核心，强化治国理政关键要素，协调推进"四个全面"战略布局，本身就表明这一战略布局反映治国理政内在规律，是一个具有整体性、协调性的治理框架。"四个全面"体现了治国理政的目标指向、动力机制、制度基础、政治保证的有机统一。同时，"四个全面"不是孤立存在的，而是纳入党中央一系列治国理政新理念、新思想、新战略，总体协调，系统运转，共同驱动。

### 三 "四个全面"战略布局引领民族复兴

"四个全面"战略布局是一个有机联系、相互贯通的完整体系，为实现中国梦擘画出清晰路线图。从战略目标上讲，"四个全面"战略布局目标指向是实现"两个一百年"奋斗目标和中华民族伟大复兴中国梦，科学回答了"实现什么宏伟目标"的问题。这一战略布局，把全面建成小康社会以及全面建设社会主义现代化强国这一奋斗目标、深化改革这一发展动力、依法治国这一重要保障、从严治党这一政治保证有机联系和科学统筹起来，每个方面都强调"全面"，并注入新的丰富内涵，提出新的更高要求，明确了新形势下治国理政的总方略、总框架、总抓手，最终指向中华民族伟大复兴的中国梦。"四个全面"战略布局作为有机联系、相互贯通的顶层设计，科学回答了"怎么实现宏伟目标"的问题。全面建成小康社会是奋斗目标，是我们实现社会主义现代化和中华民族伟大复兴中国梦的阶段性目标，具有战略统领和目标牵引作用。全面深化改革与全面依法治国共同支撑和推动奋斗目标的实现。全面深化改革是实现奋斗目标的根本路径、关键一招、强大动力，全面依法治国是实现奋斗目标的基本方式和可靠保障。中国共产党是中华民族伟大复兴的领导核心，全面从严治党具有全局性、根本性，只有通过全面从严治党，才能使我们党坚强起来，在全面建设社会主义现代化国家、全面深化改革、全面推进依法治国的进程中发挥领导核心作用，因而，全面从严治党是实现前三个"全面"的坚强保证。"四个全面"战略布局作为相辅相成、相互支撑、内在统一的整体，共同托举起实现"两个一百年"奋斗目标和中华民族伟大复兴中国梦。

"五位一体"总体布局与"四个全面"战略布局是辩证统一的，它是中国特色社会主义事业的整体布局，统领"四个全面"战略布局；"四个全面"战略布局是推进中国特色社会主义事业总布局的战略抓手，深化了对中国特色社会主义总布局的认识，它是"五位一体"总体布局的根本、本质。全面建设社会主义现代化国家是"五位一体"所实现的目标；全面深化改革是实现"五位一体"的根本动力；全面依法治国是实现"五位一体"的法治保障；全面从严治党是实现"五位一体"的领导主体。这"四个全面"，分别讲的是实现"五位一体"的目标、动力、保障和主体。"五位一体"总体布局明确了伟大事业的基本领域，构成中国特色社会主义建设全面推进的主体内容，而"四个全面"战略布局则明确了"五位一体"总体布局的发展目标、战略重点与根本保证，每一领域的建设都包含、贯彻并必须体现"四个全面"战略布局的要求。总体而言，"两大布局"是辩证统一的关系，既有联系，也有区别。两者都是在探索实现社会主义现代化和中华民族伟大复兴的大背景下提出来的，都立足中国实际，总结中国经验，针对中国问题，回应了中国人民的关切期待，为开创中国特色社会主义事业新局面、实现"两个一百年"的奋斗目标提供了理论支撑。"五位一体"总体布局和"四个全面"战略布局，统一于中国特色社会主义伟大事业之中，都以"四个自信"为精神动力，共同构成新时代中国特色社会主义的鲜明特色。

党的十八大以来，以习近平同志为核心的党中央，始终坚持统筹推进"五位一体"总体布局和协调推进"四个全面"战略布局，采取一系列重大举措，如坚持稳中求进的总基调，加快推进结构调整和发展方式转变，着力解决经济运行中的突出矛盾和深层次问题，加快全面建成小康社会和全面建设社会主义现代化国家步伐；坚持全面深化改革，创新发展理念，加大供给侧结构性改革力度；坚持全面依法治国，全面从严治党，切实加强政治建设；坚持更加注重和不断改善民生，优质服务，加速和谐社会建设进度；坚持引领风尚，以文化人，加速文化建设进度，推动文化发展大繁荣，加快文化强国建设；发展绿色经济，节约利用资源，大力推进生态文明建设，加快美丽中国建设；等等。"五位一体"总体布局和"四个全面"战略布局有条不紊铺展开来，不断开辟大国治理新境界。

"五位一体"总体布局和"四个全面"战略布局，构成新时代大国治理的"两大布局"。这"两大布局"覆盖经济、政治、文化、社会、生态各领域，包含全面建设社会主义现代化国家、全面深化改革、全面依法治国和全面从严治党等各项重大战略，对改革发展稳定、内政外交国防、治党治国治军等社会主义事业，从纵向到横向进行顶层设计、深度整合和系统性构建，可谓新时代中国特色社会主义建设总方略的"四梁八柱"，是党和国家各项工作的着力点。"两大布局"集中体现了新时代大国治理论，构成坚持和发展中国特色社会主义基本方略的重要内容。以习近平同志为核心的党中央，统筹推进"五位一体"总体布局和协调推进"四个全面"战略布局，为中国特色大国治理现代化布局定纲，使党和国家事业取得历史性成就、发生历史性变革，开辟中国特色大国治理体系与治理能力现代化的新境界。

# 第七章

# 新时代大国治理结构论

新时代中国大国治理是一个复杂的系统,其内部存在一定的层次结构。新时代大国治理结构论主要回答新时代大国治理的层次结构问题。透析当今世界种种乱象,症结所在,集中在政党治理、国家治理、全球治理这三大世界性的治理难题上。从根本上讲,新时代大国治理论旨在破解三大难题,即政党治理、国家治理以及全球治理。以习近平同志为核心的党中央构建了执政党治理、国家治理、全球治理"三合一"的治理格局。在大国治理这个大系统中,政党治理、国家治理、全球治理是相互联系、有机统一的结构,其中政党治理是核心层,国家治理是中间层,全球治理是外围层。政党治理是国家治理、全球治理的前提,牵引国家治理、全球治理;国家治理是根本,只有实现对中国这样超大型国家的良好治理,才能保证长治久安,确保"两个一百年"奋斗目标如期达成,实现中华民族伟大复兴的中国梦。只有把国家治理好,才能为政党治理创造条件,助推全球治理;全球治理是基石,为政党治理、国家治理提供外部环境保障。

## 第一节 政党治理

办好中国的事，关键在中国共产党。[①] 打铁必须自身硬。治国必治党，治国先治党。中国共产党是国家治理的最高政治领导力量，中国共产党的自我治理既是保持党内组织肌体健康纯洁的必然要求，也是巩固党的执政能力及合法性基础的必要条件。在当代中国，中国共产党是唯一且长期执政的党，所谓政党治理，就是对中国共产党自身的治理。在"四个伟大"的大国治理格局中，党的建设伟大工程发挥着决定性作用。围绕新时代党的建设伟大工程，以习近平同志为核心的党中央坚持问题导向，以全面从严治党为主题，围绕为什么要全面从严治党、如何全面从严治党、由谁来全面从严治党这一基本问题，形成一系列管党治党的新理念、新思想、新战略，为增强党的自我治理能力、改进党的领导方式和执政方式、提高党治国理政水平、为国家治理锻造坚强领导核心提供了基本遵循。

### 一 明确的治党目标

全面从严治党是为什么治？习近平总书记明确指出，全面从严治党要瞄准一个目标，那就是加强和巩固党的领导地位与执政地位，使党能够长期执政并且执好政。具体来讲，可以从两个维度分析：从党组织的维度来看，治党的目标是通过全面加强党的建设，努力把党建设成为始终走在时代前列、人民衷心拥护、勇于自我革命、经得起各种风浪考验、朝气蓬勃的马克思主义执政党[②]，使党始终成为中国特色社会主义事业的坚强领导核心；从党组织成员的

---

[①] 习近平：《在庆祝中国共产党成立95周年大会上的讲话》，人民出版社2016年版，第22页。

[②] 习近平：《决胜全面建成小康社会 夺取新时代中国特色社会主义伟大胜利——在中国共产党第十九次全国代表大会上的报告》，人民出版社2017年版，第62页。

维度来看，治党的目标是通过为全体党员补钙壮骨，解决世界观、人生观、价值观这个"总开关"问题，着力打造具有铁一般信仰、铁一般信念、铁一般纪律、铁一般担当的党员干部队伍，保持党的先进性、纯洁性，不断提高党的执政能力和领导水平。

## 二 清晰的治党路径

全面从严治党需如何治？全面从严治党是一项关系全局、十分复杂的系统工程，必须找准切入点、突破口，找到合适的路径。在治党路径上，习近平总书记坚持问题导向，针对一段时间以来管党治党实际上存在的宽松软现象和党的建设缺失、党的领导弱化，以及党内政治生活随意化、平淡化、庸俗化、娱乐化等问题，特别是群众反映强烈的"四风"问题，立足于治，坚持以作风建设为切入点，以政治建设为统领，以制度建设为关键，以思想建设为根本，以纪律建设为保障，坚持标本兼治，形成由破到立、以上率下、由关键少数到全体党员、从集中整治突出问题到对党员进行常态化教育管理监督的清晰的管党治党路径。

## 三 鲜明的治党要求

世情、国情、党情的新变化对党的建设提出新要求。全面从严治党是新时代党的建设的主题、主线，蕴含着鲜明的治党要求，就是要以"全面""从严"为基本遵循，在这两个方面发力。"全面"强调的是广度，"从严"着眼于力度。"全面"讲的是路径，回答的是治党从哪些方面着力的问题。从横向看，要把从严治党的要求体现在党的各项建设和工作中。从纵向看，"全面"体现在不仅要从中央抓起、从中央政治局抓起，还要向基层延伸；不仅抓住关键少数，还要覆盖全体党员。"从严"讲的是要求，回答的是"怎么治"的问题。习近平总书记提出"六个从严"，即"管党从严""执纪从严""作风从严""治吏从严""思想从严""反腐从严"。这两个基本要求中，"全面"是基础，"从严"是关键。以习近平同志为核心的党中央关于全面从严治党的一系列决策部署，都是以"全面"和"从严"这两个基本要求为遵循展开的，"全面"和"从严"的要求贯穿全面从严治党的方方面面。

### 四 崭新的治党模式

党的十八大以来，以习近平同志为核心的党中央在深刻洞悉反腐败斗争规律的前提下，提出"不敢、不能、不想"的反腐新思路，时刻保持高压反腐态势，使干部心存畏惧、不敢腐败；把权力关进制度的笼子，让权力在阳光下运行，使干部在受约束和监督下工作，不能腐败；坚持理想信念教育常态化，使干部主观世界不断改造，在内心深处不想腐败。这有利于形成"思想建党、制度治党、纪律管党"多管齐下、有效衔接的治党新模式，进一步夯实思想建党这个根基，促进政党治理长效化；进一步强化制度治党这个根本，促进政党治理规范化；进一步加固纪律管党这个保障，促进政党治理长效化。这一崭新的治党模式坚持标本兼治的原则，遵循了新时代管党治党规律，为政党治理探索了新路。

### 五 系统的治党布局

大国治理需要谋篇布局，大党治理同样如此。在治党布局上，以习近平同志为核心的党中央提出新时代党的建设新要求，坚持抓住重点、统筹兼顾，全面推进党的政治建设、思想建设、组织建设、作风建设、纪律建设，把制度建设贯穿其中。在政治建设方面，把坚持党中央权威和集中统一领导作为党的政治建设的首要任务，要求坚定执行党的政治路线，严格遵守政治纪律和政治规矩，同党中央在政治立场、政治方向、政治原则、政治道路上保持高度一致，永葆共产党人的政治本色。在思想建设方面，把坚定理想信念作为党的思想建设的首要任务，教育引导全党牢记党的宗旨，解决好世界观、人生观、价值观这个"总开关"问题，自觉做共产主义远大理想和中国特色社会主义共同理想的坚定信仰者与忠实践行者。在组织建设方面，建设高素质专业化干部队伍，按照新时代好干部标准选好用好干部，以提升组织力为重点加强基层组织建设，把基层党组织建设成为宣传党的主张、贯彻党的决定、领导基层治理、团结动员群众、推动改革发展的坚强战斗堡垒。在作风建设和纪律建设上，坚持持之以恒正风肃纪，巩固拓展落实中央八项规定精神成果，始终保持党同人民群众的血肉联系。重点强化政治纪律和组织纪律，同时兼顾廉洁纪律、群众纪律、工作纪律、生活纪律，让党员干部知敬畏、存戒惧、守底线。在制度建设方面，坚持依规治党，加强党内法规制度建设，形成包括一系列规则、规定、办法、细则等较为完备的党内制度体系，健全权力运行制约和监督体系，把权力关进制度的笼子。①

### 六 显著的治党效果

执政党治理在大国治理布局中发挥着引领作用。在引领国家治理现代化方面，通过实施全面从严治党的执政党治理方案，实现党的组织与权力运作的制度化、规范化，提升党的执政能力，使党在治国理政实践中实现对多元协同治理主体的有效整合与领导，形成国家治理合力，取得优良治理绩效，进而实现国家治理能力的整体优化。②党的十八大以来，全面从严治党开辟了管党治党的新境界。从理论层面看，基于新时代全面从严治党思想，构建了中国特色社会主义党建理论体系，深刻揭示了执政党建设规律特别是共产党建设规律，丰富和发展了马克思主义党建思想；从实践层面看，以习近平同志为核心的党中央在大国治理实践中，将党的建设伟大工程纳入"四个伟大"框架，将全面从严治党纳入"四个全面"战略布局，凸显了党的建设特别是管党治党在党和国家事业全局的突出

---

① 习近平：《决胜全面建成小康社会 夺取新时代中国特色社会主义伟大胜利——在中国共产党第十九次全国代表大会上的报告》，人民出版社2017年版，第62—67页。
② 肖贵清、田桥：《政党治理引领国家治理：中国共产党治国理政的逻辑理路》，《中国特色社会主义理论》2017年第12期。

地位，彰显了以治党引领治国、通过推进党的建设科学化达到国家治理现代化的治理思路，为实现国家长治久安找到现实道路。在反腐方面，形成并持续巩固反腐败斗争的压倒性态势，进而取得压倒性胜利，为实现"干部清正、政府清廉、政治清明"的目标开辟了光明前景。

## 第二节　国家治理

这里的国家治理是从狭义上讲的，它是大国治理系统中的一个子系统，是新时代大国治理论在国家各领域的具体展开，主要包括经济治理、政治治理、文化治理、社会治理、生态治理、军队治理。这些领域的治理是国家治理的重要组成部分，在国家治理中发挥着各自的作用，并且相互影响、相互制约。

### 一　经济治理：以新发展理念引领经济高质量发展

经济基础决定上层建筑，发展是党执政兴国的第一要务，推动经济持续健康发展是实现国家长治久安的物质基础。经济治理在国家治理中居于基础地位。习近平总书记围绕经济新常态下经济治理"怎么看""怎么干"的问题形成一系列新理念、新主张，成为习近平经济思想，为通往经济治理现代化的道路打下一块块理论基石。习近平总书记关于经济治理的思想是习近平经济思想的核心内容，其主要内涵是：在经济发展思路、发展方向上，提出新发展理念，坚持社会主义市场经济的改革方向，坚持质量第一、效益优先的原则，构建现代化经济体系；在经济治理目标上，推动更高质量、更有效率、更加公平、更可持续的发展；在经济治理路径上，以转变发展方式、优化经济结构、转换增长动力为主攻方向，以供给侧结构性改革为主线，着力构建现代化的经济体系。

## 二 政治治理：坚持中国特色社会主义民主政治发展道路

政治治理是对政治领域的治理，聚焦于政治发展，为国家治理提供制度保障。党的十八大以来，从"五位一体"总体布局出发，以习近平同志为核心的党中央高度重视政治建设，积极稳妥推进政治体制改革，形成当代中国政治建设的基本方略。为坚持和发展中国特色社会主义谋划政治建设的顶层设计，构成政治建设发展的新蓝图；在党的执政理念上赋予人民主体地位全新的含义，构成政治建设发展的新思想；以全面深化改革总体部署推进政治体制改革，构成政治建设发展的新格局；在政治发展方向上，习近平总书记强调坚定对中国特色社会主义政治制度的自信，坚持发展社会主义民主政治，体现人民意志，保障人民权益，激发人民创造活力，用制度体系保证人民当家作主；在政治发展道路上，强调推进中国特色社会主义政治发展道路，坚持党的领导、人民当家作主、依法治国有机统一。[①]

## 三 文化治理：以文化振兴支撑民族复兴

文化是一个国家、一个民族的灵魂。实现文化发展与国家治理现代化有机结合，是当代世界各国实现国家有效治理的战略选择。文化治理在国家治理中发挥着导航引路的作用。习近平总书记在推进国家治理体系和治理能力现代化的过程中，非常重视文化的功能作用，强调文化兴国运兴，文化强民族强，将文化自信视为更基础、更广泛、更深厚的自信，并将其融入"四个自信"。围绕文化治理的道路、方向、焦点、基础等，习近平总书记提出一系列新思想、新理念、新战略，形成新时代文化治理观。

在文化治理的根本方向上，坚持中国特色社会主义文化发展道

---

① 习近平：《决胜全面建成小康社会 夺取新时代中国特色社会主义伟大胜利——在中国共产党第十九次全国代表大会上的报告》，人民出版社2017年版，第36页。

路，强调发展中国特色社会主义文化，即坚持以马克思主义为指导，坚守中华文化立场，立足当代中国现实，结合当今时代条件，发展面向现代化、面向世界、面向未来的，民族的科学的大众的社会主义文化，推动社会主义精神文明和物质文明协调发展。[1] 在文化治理的原则上，强调"三个坚持"，即坚持为人民服务、为社会主义服务，坚持百花齐放、百家争鸣，坚持创造性转化、创新性发展；在文化治理的焦点和着力点方面，牢牢掌握意识形态工作领导权，落实意识形态工作责任制，培育和践行社会主义核心价值观，加强思想道德建设等；在文化治理的目标上，习近平总书记强调增强文化创新创造活力。此外，文化自信、对优秀传统文化的创造性转化和创新性发展、繁荣发展社会主义文艺等理念，也是新时代文化治理观的重要组成部分。这些内容构成一个相对完整的系统，呈现出新时代社会主义文化治理的特征。

**四 社会治理：打造共建共治共享的社会治理格局**

社会治理是国家治理的基石，为国家治理提供依托。党的十八大以来，习近平总书记提出一系列加强和创新社会治理的新思想、新观点、新论断，推动社会治理现代化水平持续提升。加强和创新社会治理，是中共十八届三中全会以来中央全面深化改革的重要举措之一。党的十九大报告不仅重申了这一重要举措，而且从格局、体制、制度、水平、机制、政策等方面作出全面部署，将社会治理的认识提到一个新的高度，形成全面深化改革整体框架中关于社会治理的系统观点和相对完整的思想体系，构建中国特色社会主义的社会治理理论。

新时代中国特色社会主义社会治理理论，基本内容包括以党的领导为核心、以人民为中心、以民生为根本、以公平正义为价值取

---

[1] 习近平：《决胜全面建成小康社会 夺取新时代中国特色社会主义伟大胜利——在中国共产党第十九次全国代表大会上的报告》，人民出版社2017年版，第41页。

向、以基层治理为基础、以德治法治相结合为手段、以体制机制创新为保障等。在社会治理的根本目标上，突出提高保障和改善民生水平；在社会治理格局上，着力打造共建共治共享的社会治理格局，提高社会治理的社会化、法治化、智能化、专业化水平；在社会治理布局上，形成教育优先、就业为要、医疗卫生为基础、脱贫攻坚为底线、国家安全为保障等各领域全覆盖的总体布局，为打造崭新社会治理格局夯实基础。此外，提出形成现代社会治理格局的战略目标、进一步就发挥社会组织在社会治理中的积极作用等理念，部署了社会治理机制建设的任务，把新时代社会治理提升到更高水平，不断朝着形成有效的社会治理、良好的社会秩序，使人民获得感、幸福感、安全感更加充实、更有保障、更可持续的目标迈进。

### 五 生态治理：实现人与自然和谐共生

生态安全关系到民族的长远发展，也关系到国家的长治久安。生态治理是国家治理的重要内容。习近平总书记高度重视生态治理，将生态治理纳入国家治理体系和治理能力现代化的整体布局。他强调，生态治理，道阻且长，行则将至，既要有只争朝夕的精神，更要有持之以恒的坚守。习近平总书记围绕生态治理，提出一系列新理念、新思想、新战略，形成习近平新时代生态治理观。作为习近平生态文明思想的重要组成部分，习近平新时代生态治理观的主要内涵是：在生态治理目标导向上，提出实现人与自然和谐共生、建设美丽中国的愿景；在生态治理理念上，强调树立人与自然生命共同体意识，树立绿水青山就是金山银山理念，倡导绿色发展；在生态治理机制上，倡导绿色、低碳、循环、可持续的生产生活方式，引领全球气候治理。

党的十八大以来，以习近平同志为核心的党中央，顺应人民群众对美好生活的期待，开展一系列根本性、开创性、长远性工作，作出打好污染防治攻坚战的重大战略部署，如大力推进生态环保机构和管理体制改革。2018年两会通过国务院机构改革方案，组建了生态环境部，进一步优化生态环境保护职能的机构设置，有助于突出责任、提高效率。同时，建立中央和省级环境保护督察、问责和追责机制，以督促各级地方政府解决突出的环境污染问题。此外，还建立了河长制和湖长制，由各级党政主要负责人担任"河长"或"湖长"，负责组织领导相应河湖的管理和保护工作。再如，制定更加完备和有力度的政策体系。在战略与规划方面，不仅加强国家"十二五""十三五""十四五"规划中的生态环保约束指标设置，还出台了一系列生态环境专项治理规划以及绿色产业发展规划。在立法方面，主要是修订环境保护相关法规，同时形成更加完整的环境保护法律体系。2014年修订通过的《中华人民共和国环境保护法》，被称为史上最严的环保法。在行政管理措施方面，主要是健全环境绩效考核制度，如设立《绿色发展指标体系》，实施中央环境保护督察；同时，加强国际承诺，如发表《中美气候变化联合声明》，发布《中国落实2030年可持续发展议程国别方案》，向联合国交存《巴黎协定》批准文书等。在经济政策措施方面，在全国范围实施一些重大政策，比较有影响的如2018年正式实施的环境保护税；正在试点实施一些重要制度，如碳排放权交易制度。同时，还在积极探索一些重大环境经济政策，如自然资源资产产权制度、编制自然资源资产负债表。这些改革举措，都是为了进一步完善生态环保的管理体制。污染治理力度之大、制度出台频度之密、监管执法尺度之严、环境质量改善速度之快前所未有，推动生态环境保护发生历史性、转折性、全局性变化。

**六 军队治理：以强军梦支撑强国梦**

军队是国家机器的重要组成部分，治理军队是国家治理的应有之义。军队治理为国家治理提供保障。习近平总书记围绕中国梦、强军梦，提出习近平强军思想，为治军强军提供基本遵循。习近平新时代军队治理思想是习近平强军思想的重要组成部分，其主要内涵是：以建设一支世界一流人民军队为目标，统筹推进政治建军、改革强军、依法治军、科技兴军。实施军民融合战略，坚持走中国特色强军之路，全面推进国防和军队现代化。在政治建军方面，注重发挥政治工作对强军兴军的生命线作用，重塑人民军队政治生态；在改革强军方面，围绕强军目标，深化军队和国防改革，全面实施改革强军战略，着力解决制约国防和军队建设的体制性障碍、结构性矛盾、政策性问题，形成军委管总、战区主战、军种主建新格局，推动军队组织形态现代化；在依法治军方面，抓住治权这个关键，加快构建中国特色军事法治体系，加快实现治军方式根本性转变，构建严密的权力运行制约和监督体系，织密扎紧制度的笼子，铲除腐败现象滋生蔓延的土壤；在科技兴军方面，着眼于抢占未来军事竞争战略制高点，充分发挥创新驱动作用，培育新的战斗力增长点，提高创新对战斗力增长的贡献率。坚持战斗力标准，聚集备战打仗，全面提高军事训练实战化水平。此外，把军民融合发展上升为国家战略，强调加快形成全要素、多领域、高效益的军民融合深度发展格局，开创经济建设和国防建设协调发展、平衡发展、兼容发展的局面。

## 第三节　全球治理

当今的中国已经是世界上举足轻重的大国，中国的发展与世界局势息息相关，世界不安宁太平，中国也不可能独善其身。不断开放的中国需要和平公正的国际新秩序。参与全球秩序建设，为国际社会提供更多、更优质的公共产品，这是大国自身发展的需要，也是中国这样的大国不可推卸的责任。维护世界和平和促进共同发展是我们党三大历史任务之一，统筹国内国际两个大局是中国共产党治国理政的重要经验。全球化、信息化时代的大国治理，必须放眼全球，树立世界眼光，把内部治理与外部治理相结合。尤其是在我国成为世界第二大经济体后，正前所未有地走进世界舞台的中心，我们更须积极参与全球治理。顺应和平发展、合作共赢的时代潮流，围绕建设更加美好的世界，以习近平同志为核心的党中央提出构建人类命运共同体的新理念，积极倡导和践行共商共建共享的全球治理观。新时代全球治理观是新时代大国治理论的有机组成部分，它赋予习近平新时代中国特色社会主义思想以世界品质。新时代全球治理观是一个内涵丰富、逻辑严密的科学体系。

### 一 参与全球治理的目的

党的十八大以来，以习近平同志为核心的党中央，两次围绕全球治理组织中央政治局集体学习。习近平总书记围绕全球治理所发表的讲话，为中国参与全球治理作出顶层设计，明确了目标和方向。他强调，我们参与全球治理的根本目的，就是服从服务于我们国家发展大局，也就是为实现社会主义强国服务。这指明了全球治理服从于国家治理、担负着为国家治理目标服务的任务。

### 二 全球治理的方向

中国不仅是人类命运共同体理念的倡导者，更是这一理念的践行者。党的十八大以来，以习近平同志为核心的党中央推出的一系列对外开放政策充分体现了这一理念，为全球治理的改革提供了新的路径。习近平总书记在国际国内重要场合100多次谈及人类命运共同体，就人类命运共同体的内涵、实践路径、路线图等做了详细阐述。2017年2月10日，人类命运共同体理念首次被写入联合国决议。3月17日，又首次被写入联合国安理会决议。人类命运共同体理念体现了中国作为负责任大国的担当，也是中国向世界提供的一项重要的公共产品。构建人类命运共同体，为全球治理变革指明了方向。

### 三 全球治理的核心理念：共商共建共享

从推动全球治理变革实践朝着更加公平合理方向发展的愿望

出发，习近平总书记提出以共商共建共享为核心的全球治理观。"共商"，即各国共同协商、深化交流，加强各国之间的互信，共同协商解决国际政治纷争与经济矛盾。"共建"，即各国共同参与、合作共建，分享发展机遇，扩大共同利益，从而形成互利共赢的利益共同体。"共享"，即各国平等发展、共同分享，让世界每个国家及其人民都享有平等的发展机会，共同分享世界经济发展成果。① 第七十一届联合国大会通过关于"联合国与全球经济治理"决议，将中国提出的"共商、共建、共享"原则纳入其中，这正是中国倡议转化成全球共识的最佳体现。全球治理新理念为破解当今人类社会面临的共同难题提供了新原则、新思路，为构建人类命运共同体注入了新动力、新活力，具有深远历史意义与重大现实意义。

### 四　新时代全球治理观的主要内容

新时代全球治理观的主要内容包括新发展观、新国际关系观、新安全观、正确义利观、新文明观。在发展观方面，强调以新发展理念为引领，推动经济全球化朝着更加开放、包容、普惠、平衡、共赢的方向发展。提出"一带一路"倡议，能够推动建设开放型世界经济，增添共同发展新动力，促进缩小南北发展差距。在国家关系方面，倡导国际关系民主化，提出建设坚持不冲突不对抗、相互尊重、合作共赢的新型大国关系和建设相互尊重、公平正义、合作共赢的新型国际关系。在安全方面，强调树立共同、综合、合作、可持续的新安全观。在义利观上，坚持义利并举、以义为先，讲信义、重情义、扬正义、树道义；反对你少我多、损人利己，不搞你输我赢、一家通吃。在文明观方面，提出尊重世界文明多样性，以文明交流超越文明隔阂、文明互鉴超越文明冲突、文明共存超越文

---

① 陈建中：《共商共建共享的全球治理理念具有深远意义》，《人民日报》2017年9月12日第7版。

明优越。① 此外，还提出以平等为基础、以开放为导向、以合作为动力、以共享为目标的全球经济治理观，建立多边、民主、透明的国际互联网治理体系的网络治理观等。

### 五 全球治理方案："一带一路"倡议

"一带一路"倡议是习近平总书记从推动全球治理变革朝着更加公平合理的方向发展而贡献给世界的中国方案。在治理目标上，这一方案推动实现人类社会利益共同体、责任共同体和人类命运共同体，打造各国的合作共享、共赢的共同愿景。治理理念上，倡导合作共赢新理念，以共赢取代独占，不搞零和博弈和赢者通吃，不搞冷战思维。在治理机制方面，这是一个开放的机制，不是排他的机制，主张共建、共享、共赢。"一带一路"与G20、APEC等，形成一种互补机制。在治理保障上，为推进"一带一路"，成立了丝路基金，发起了"亚投行"，设立了许多"走廊"，这些倡议、计划、走廊正在由理想变为现实。从治理模式上看，中国方案促进全球均衡发展，引领开放、包容、普惠、平衡、共赢的经济全球化。

### 六 全球治理布局

全球治理涉及领域众多，需要统筹布局。在全球治理的诸多领域中，习近平总书记着重强调了全球经济治理、全球安全治理、全球环境治理、全球网络治理，形成以经济治理为基础、以安全治理为保障、以环境治理和网络治理为重要内容的全球治理布局。在全球经济治理方面，习近平总书记强调，全球经济治理应以平等为基础，以开放为导向，以合作为动力，以共享为目标；指明了当前完善全球经济治理的重点：共同构建公正、高效的全球金融治理格局，共同构建开放、透明的全球贸易和投资治理格局，共同构建绿

---

① 习近平：《决胜全面建成小康社会　夺取新时代中国特色社会主义伟大胜利——在中国共产党第十九次全国代表大会上的报告》，人民出版社2017年版，第59页。

色、低碳的全球能源治理格局,共同构建包容、联动的全球发展治理格局;倡导推动建设开放、包容、普惠、平衡、共赢的经济全球化。① 在全球安全治理方面,提出"不能一个国家安全而其他国家不安全,一部分国家安全而另一部分国家不安全,更不能牺牲别国安全谋求自身所谓绝对安全"②,倡导共同、综合、合作、可持续安全的理念,强调将对话谈判作为解决热点问题的最优选择,主张构建一个公平、合作、共赢的国际核安全体系,推进全球核安全治理,为全球治理营造公道正义、共建共享的安全格局。在全球环境治理方面,提出"我们不能吃祖宗饭、断子孙路,用破坏性方式搞发展。绿水青山就是金山银山。我们应该遵循天人合一、道法自然的理念,寻求永续发展之路"③,倡导绿色治理观,构建合作共赢、公平合理的气候变化治理机制。作为最大的发展中国家,中国一直致力于国际的环保工作,积极推动《巴黎协定》生效,就实施涉及问题准备"中国方案",展现负责任的大国形象。中国生态文明建设的绿色理念已成为全球共识。在全球网络治理方面,提出推进全球互联网治理体系变革、世界各国共同构建网络空间命运共同体的政策主张,强调"国际社会应该在相互尊重和相互信任的基础上,加强对话合作,推动互联网全球治理体系变革,共同构建和平、安全、开放、合作的网络空间,建立多边、民主、透明的国际互联网治理体系"④。

以习近平同志为核心的党中央大国治理统筹兼顾改革发展稳定、内政外交国防、治党治国治军等诸多领域和方面,按照抓总、抓根本、抓关键的原则,以破解事关全局的政党治理、国家治理、全球治理三大难题为导向,形成由政党治理、国家治理、全球治理

---

① 何亚非:《中国的全球经济治理思想契合世界需求》,《人民日报》2017年7月20日第7版。
② 《习近平谈治国理政》,外文出版社2014年版,第354页。
③ 《习近平谈治国理政》第2卷,外文出版社2017年版,第544页。
④ 同上书,第532页。

构成的"三合一"新时代大国治理的层次结构。以习近平同志为核心的党中央以加强执政党治理为牵引，以深化国家治理为中枢，以参与全球治理为载体，保证党和国家的治理更好地融入全球治理平台。这不仅大大增强了治理的整体性，而且大大提升了国家治理水平与层次，放大了国家治理效能。

# 第八章

# 新时代大国治理保障论

治理我们这样一个地域辽阔、人口众多、发展不平衡且正处于整体转型期的大国,尤为需要安定、稳定的社会环境。新中国成立特别是改革开放以来,我们党始终重视营造安定团结的政治局面和稳定的社会环境,形成正确处理改革、发展、稳定关系的治国原则和经验,创造了社会长期稳定的奇迹。党的十八大以来,以习近平同志为核心的党中央,一手抓改革发展,一手抓安全稳定,形成新时代总体国家安全观,提出一系列维护安全稳定和防范化解风险的战略举措,为大国治理保驾护航。

## 第一节 法治保障

法者,治之端也。法治,就是用法律的准绳去衡量、规范、引导社会生活。法治是国家行驶在平稳发展轨道上的润滑油,也是推进社会健康发展的助力剂。一个现代国家,必须是一个法治国家;国家要走向现代化,必须走向法治化。在长期治国理政的实践中,习近平总书记深切认识到,法律是治国理政最大、最重要的规矩,推进国家治理体系和治理能力现代化,必须厉行法治。早在浙江工作时,他就提出建设"法治浙江"。在担任党的十八大报告起草组组长的时候,习近平同志就对依法治国这一重大课题有了深入的调研思考。党的十八大报告鲜明提出,依法治国是党领导人民治理国家的基本方略，法治是治国理政的基本方式，要更加注重发挥法治在国家治理和社会管理中的重要作用，全面推进依法治国，加快建设社会主义法治国家。全面依法治国作为国家治理的一场深刻革命，具有固根本、稳预期、利长远的保障作用，是中国特色社会主义进入新时代推进国家治理现代化的强大推力。

### 一　依法治国是我国古代宝贵治国经验

法家的代表著作《韩非子·有度》中写道："国无常强，无常弱。奉法者强则国强，奉法者弱则国弱。"东汉王符在《潜夫论·述赦》中也提出："国无常治，又无常乱，法令行则国治，法令弛则国乱。"两段论述都在强调法治的重要性。无论什么时候，无论什么国家，都必须依法治国，重视法治，一旦法令废弛，就意味着国家动乱的到来。历史经验教训启迪今日中国之治。历史是最好的老师。经验和教训使我们党深刻认识到，法治是治国理政不可或缺的重要手段。在习近平总书记看来，依法治理是最可靠、最稳定的治理，这已被人类社会发展的事实所证明。法治兴则国家兴，法治衰则国家乱。什么时候重视法治、法治昌明，什么时候就国泰民安；什么时候忽视法治、法治松弛，什么时候就国乱民怨。这是我们党总结国际范围内社会主义兴亡的历史教训作出的重大决策。

推进国家治理现代化离不开法治。当今中国，正处于"两个一百年"历史交汇期。全面建成小康社会已经实现，"第二个百年"目标日渐接近，中华民族伟大复兴进入不可逆转的历史进程。同时，我们面临的国际国内形势复杂多变，面对的改革发展稳定任务之重前所未有。全面深化改革这艘航船，需要法治的护航；中国特色社会主义市场经济这条奔腾不息的河流，需要法治堤坝的保护；改革开放40多年的发展成果，需要法治的守卫。

### 二　运用法治思维和法治方式推进国家治理现代化

进入改革开放新时期，我们党在治国理政实践中，逐步形成依法治国的理念。党的十一届三中全会强调，必须加强社会主义法治建设，有法可依，有法必依，执法必严，违法必究，以此来保障人民民主，使民主制度化、法律化。随着改革开放的不断推进和法治理论的逐渐深入，党的十五大第一次提出依法治国、建设社会主义法治国家的基本方略，鲜明地突出法治的理念和方向；党的十六大提出"推进政治体制改革，发展民主，健全法制，依法治国，建设社会主义法治国家，保证人民行使当家作主的权力"的目标；党的十八大强调依法治国是党领导人民治理国家的基本方略，法治是治国理政的基本方式，要更加注重发挥法治在国家治理和社会管理中的作用，全面推进依法治国，加快建设社会主义法治国家；党的十九大报告中明确指出，要推进科学立法、民主立法、依法立法，以良法促进发展、保障善治。这为我们在新时代推进国家治理现代化指明前进的方向。以习近平同志为核心的党中央，提出运用法治思维和法治方式推进国家治理现代化的理念，强调法治是治国理政的基本方式，逐步把国家治理现代化纳入法治化轨道，从而为国家治理提供有力的法治保障。法治思维强调思想转变，突出党对法治的理念态度，在思想层面对国家治理提出明确要求；法治方式是行为准则，在操作执行层面对国家治理提出明确要求。法治是国家治理体系和治理能力的基础性机制，是治国理政的基本方式。国家治理法治化是国家治理体系和治理能力的必由之路，它具体表现为治理体系和治理能力的法治化、治理方式方法的法治化、治理行动的法治化。

党的十八大至今，在习近平总书记治国理政的思路中，"依法治国"贯穿其中。无论是改革还是反腐，都要在法治的框架下进行。在司法实践方面，习近平总书记要求，"让人民群众在每一个司法案件中都能感受到公平正义"。司法体制改革正在进行中。党的十八届四中全会通过的《中共中央关于全面推进依法治国若干重大问题的决定》，从"全面推进依法治国"的角度对如何推进国家治理体系和治理能力现代化做了比较详细的描述，并将"全面推进依法治国"视为"推进国家治理体系和治理能力现代化"的"重要保证"。从法理上看,它确立了"依法治国"与"国家治理体系和治理能力现代化"之间的"必要条件"关系,实质上是提出了"国家治理体系和治理能力现代化首先是法治化"的命题。也就是说,没有国家治理体系和治理能力的"法治化",也就没有"国家治理体系和治理能力现代化"。

立善法于天下,则天下治;立善法于一国,则一国治。党的十八届四中全会审议通过的《中共中央关于全面推进依法治国若干重大问题的决定》中明确指出:"法律是治国之重器,良法是善治之前提。建设中国特色社会主义法治体系,必须坚持立法先行,发挥立法引领和推动作用。"党的十九大报告强调,"以良法促进发展、保障善治"。科学立法是处理改革和法治关系的重要环节。以习近平同志为核心的党中央,不断完善党对立法工作的领导,健全有立法权的人大主导立法工作,使之反映人民的意志,适应时代发展的需要;发扬社会主义民主,保障人民通过多种途径参与立法活动;加强重点领域立法,编纂民法典,制定电子商务法,修改促进科技成果转化法……不断建立健全符合发展规律要求的法律制度,为经济社会持续健康发展提供法治支撑和保障。制定国家安全法、反间谍法、反恐怖主义法、境外非政府组织境内活动管理法、网络安全法、国家情报法;依法惩治颠覆国家政权犯罪,用法律手段清朗网络空间……法治成为维护国家安全、社会安全的强大屏障。

法律的生命在于实施,实施的关键在于执法。以习近平同志为核心的党中央着力推进严格、文明、公正执法。习近平总书记指出:"全面推进依法治国,必须坚持严格执法。法律的生命力在于实施。如果有了法律而不实施,或者实施不力,搞得有法不依、执法不严、违法不究,那制定再多法律也无济于事。"[①]在习近平总书记看来,严格、文明、公正执法是一个整体,要全面贯彻。文明执

---

[①]《习近平关于全面依法治国论述摘编》,中央文献出版社2015年版,第4页。

法、公正执法要强调，严格执法也要强调，不能畸轻畸重。

公正是法治的生命线，司法是维护社会公平正义的最后一道防线。"一次不公正的审判，其恶果甚至超过十次犯罪。因为犯罪虽是无视法律——好比污染了水流，而不公正的审判则毁坏法律——好比污染了水源。"① 英国哲学家培根的名言，深刻揭示了司法公正的重要意义。在习近平总书记看来，全面推进依法治国，必须坚持公正司法，他鲜明提出"努力让人民群众在每一个司法案件中都感受到公平正义"的要求，并从公正司法的重要性、价值目标、任务要求等方面进行深刻阐述。党的十八大以来，司法体制改革深入推进，从党的十八大提出"进一步深化司法体制改革"，到党的十九大要求"深化司法体制综合配套改革"，以习近平同志为核心的党中央从全面推进依法治国，实现国家治理体系和治理能力现代化的高度，擘画司法体制改革宏伟蓝图，加快建设公正、高效、权威的社会主义司法制度。立案登记制改革为群众"找法院说理"敞开大门，司法责任制改革实现"让审理者裁判、由裁判者负责"，以审判为中心的刑事诉讼制度改革筑牢防范冤假错案堤坝，阳光司法机制让公平正义看得见、摸得着。

法治的真谛，在于全体人民的真诚信仰和忠实践行。民众的法治信仰和法治观念，是依法治国的内在动力，更是法治中国的精神支撑。法国启蒙思想家卢梭说过，"一切法律之中最重要的法律既不是刻在大理石上，也不是刻在铜表上，而是铭刻在公民的内心里"②。党的十八届四中全会强调，法律的权威源自人民的内心拥护和真诚信仰。习近平总书记强调，要"深入开展法制宣传教育，在全社会弘扬社会主义法治精神"。以习近平同志为核心的党中央，大力开展普法教育和法治宣传，让广大人民群众知道法、认识法、了解法、尊崇法，提高法律的知晓度和公信力，加强法律知识的学

---

① 《培根哲理美文集》，安徽文艺出版社1997年版，第94页。
② ［法］卢梭：《社会契约论》，何兆武译，商务印书馆2003年版，第70页。

习和普及，提升人民群众的法律意识和法治思维，让法律成为一种信仰，牢牢扎根在人们的心底。

### 三 为推进改革发展稳定营造良好法治环境

做好改革发展稳定各项工作离不开法治，改革开放越深入，越要强调法治。在习近平总书记看来，全面依法治国为全面建成小康社会及实现中华民族伟大复兴的新征程营造了良好的法治环境，提供了有力的法治保障。不全面依法治国，国家和社会生活就不能良性运行，就难以实现社会和谐稳定。党的十八大之后，习近平总书记把依法治国纳入"四个全面"战略布局，强调法治国家、法治政府、法治社会一体建设。这是他着眼于实现中华民族伟大复兴中国梦、实现党和国家长治久安的长远考虑而提出的治国方略。以习近平同志为核心的党中央，将法治视为治国理政的基本方式，把全面依法治国作为党领导人民治理国家的基本方略，以良好的法治环境保障改革、稳定、发展三者的协调关系。党的十九大报告将"坚持全面依法治国"明确作为新时代坚持和发展中国特色社会主义的基本方略之一，进一步凸显法治在大国治理棋局中的独特地位，以建设法治中国为大国治理筑牢法治保障。

#### （一）坚持改革与法治双轮驱动

如何在改革与法治之间达到一种动态平衡，既以改革推动经济社会向前发展，又保障法律秩序稳定，是新时代治国理政必须面对的重要理论与实践问题。在习近平总书记看来，改革和法治相辅相成、相伴而生，要着力处理好改革和法治的关系。党的十八大以来，以习近平同志为核心的党中央，在大国治理实践中，注重摆正法治与改革的关系，坚持改革与法治同步推进，在法治下推进改革，在改革中完善法治，使改革与法治的辩证统一达到新的高度，运用法治思维和法治方式推进改革，从而不断破解改革新难题，开创法治新局面，为全面深化改革提供强有力的法治支持和保障。党的十八届四中全会通过的全面推进依法治国的决定，与党的十八届三中全会通过的全面深化改革的决定形成姊妹篇。以习近平同志为核心的党中央,坚持改革决策和立法决策相统一、相衔接,做到重大改革于法有据、立法主动适应改革发展需要。强调以法治凝聚改革共识、规范发展行为、促进矛盾化解、保障社会和谐,做到在法治框架下对各种利益依法、公正、合理调整;又善于通过授权暂时调整或暂时停止适用法律的部分规定、执法裁量、法律解释等法治方法,为改革实践保留试验空间,最大限度地激发社会活力。更加注重培养各级领导机关和领导干部运用法治思维与法治方式的能力,努力掌握以法治方式推进改革的本领,带头依法办事、遵守法律,为深化改革、扩大开放、促进发展提供有力法治保障。

(二)坚持依法治国与以德治国相结合

2016年12月9日,中共中央政治局进行主题为"我国历史上的法治和德治"的第37次集体学习,习近平总书记主持学习并发表重要讲话。讲话深刻揭示了法治与德治的辩证关系,丰富和发展了马克思主义关于法律与道德关系的理论,阐明了在新的历史条件下如何坚持依法治国和以德治国相结合,为我们坚定不移走中国特色社会主义法治道路指明方向。习近平总书记深刻指出,法律的有效实施有赖道德支持,道德践行也离不开法律约束。法律难以规范的领域,道德可以发挥作用,而道德无力约束的行为,法律则可以惩戒。在新的历史条件下,我们要把依法治国基本方略、依法执政基本方式落实好,把法治中国建设好,必须坚持依法治国和以德治国相结合,使法治和德治在国家治理中相互补充、相互促进、相得益彰,推进国家治理体系和治理能力现代化。习近平总书记指出,治理国家、治理社会必须一手抓法治、一手抓德治,既重视发挥法律的规范作用,又发挥道德的教化作用,实现法律和道德相辅相成、法治和德治相得益彰。坚持依法治国和以德治国相结合,体现出社会主义法治的鲜明中国特色。中国历史上有一些盛世的形成有一个基本特征,那就是道德法律共同治理。道德引导民心、导民向善,法律规制社会、调整行为。

习近平总书记指出，中国特色社会主义法治道路要体现法律和道德相结合，体现法治和德治相结合，扎根中国现实，弘扬民族优秀传统，既是对历史规律的科学总结，也是当代中国实现民族复兴的必由之路。

(三) 依法治国与依规治党相统一

依法治国，既要求党依据宪法和法律治国理政，也要求党依据党内法规管党治党。中国共产党取得执政地位后，国家法律和党内法规共同成为党治国理政、管党治党的重器，二者具有内在统一性。邓小平同志指出，没有党规党法，国法就很难保证。习近平总书记高度重视依规治党、制度管党，他创造性地提出"以法治思维和法治方式反对腐败"这一全新的法治反腐思想，开创一条中国特色反腐败道路，形成反腐败的中国模式，树立了依规治党和依法治国结合的典范。党的十八大以来，党中央高度重视党内法规制度建设，制定或修订一系列党内法规，将加强党内法规制度建设作为全面从严治党的长远之策、根本之策，坚持依法治国与制度治党、依规治党统筹推进和一体建设，同时更加注重运用法律手段惩治腐败，法治对全面从严治党的保障作用进一步凸显。同时，出台《中共中央关于加强党内法规制度建设的意见》，以改革创新精神加快补齐党建方面的法规制度短板，提出力争到建党100周年时形成比较完善的党内法规制度体系，为提高党的执政能力和领导水平、推进国家治理体系和治理能力现代化、实现中华民族伟大复兴的中国梦提供有力的制度保障。党的十八届四中全会把加强和完善党的领导作为全面推进依法治国的核心内容，把依规治党纳入依法治国的体系，赋予融依法治国和依规治党为一体的中国特色社会主义"法治"的全新概念；党的十八届六中全会进一步加强党内法规制度建设，站在治党治国相统一的政治高度，提出国家监察体制改革的重大战略部署，强化党对反腐败斗争的集中统一领导，推动形成"党内党外反腐败全覆盖、无禁区，依法治国与依规治党统筹推进、一体建设"的全新政治局面。这是推进国家治理体系和治理能力现代化的伟大实践，是我们党长期执政和国家长治久安的根本保障。党内法规体系日趋完善，约束"关键少数"标准更严，使广大党员、干部将法治内化于心，外践于行。

## 第二节　安全保障

"安而不忘危，存而不忘亡，治而不忘乱。"自古失国之主，皆为居安忘危，处治忘乱，所以不能长久。国家安全是安邦定国的重要基石。在学习贯彻党的十九大精神研讨班开班式上，习近平总书记引用典故"备豫不虞，为国常道"来深入阐述增强忧患意识，防范风险挑战要一以贯之的重大问题。增强忧患意识，居安思危，是我们党治国理政的重要原则。进入新时代，以习近平同志为核心的党中央高度警惕安全风险，深刻认识到当前"国家安全内涵和外延比历史上任何时候都要丰富，时空领域比历史上任何时候都要宽广，内外因素比历史上任何时候都要复杂"。党的十八大以来，以习近平同志为核心的党中央在国家安全方面做出一系列战略性布局，其中最主要的是以"中央国家安全委员会"为标志的国家安全体制机制的健全，以"总体国家安全观"为内容的国家安全思想理论的创新，以新《国家安全法》为基准的国家安全法律体系的形成，以《国家安全战略纲要》为框架的国家安全方略谋划的完善，以"国家安全教育日"为载体的国家安全宣传教育工作的推进。从成立中央国家安全委员会到提出总体国家安全观，从明确国家安全战略方针和总体部署到全面实施国家安全法、设立全民国家安全教育日等扎实举措，再到提出新时代强军目标，实施强军战略，强固中国梦的安全基石，为强国提供可靠安全保障。

### 一　新时代我国面临的安全形势

党的十八大以来，习近平总书记深刻分析世界安全形势的新特点和新趋势，作出了"三个更加突出"的精辟概括，即"安全问题的联动性更加突出"：安全问题同政治、经济、文化、民族、宗教等问题紧密相关，非传统安全威胁和传统安全威胁相互交织；"安全问题的跨国性更加突出"：安全问题早已超越国界，任何一个国家的安全短板都会导致外部风险大量涌入，形成安全风险洼地，任何一个国家的安全问题积累到一定程度又会外溢成为区域性甚至全球性安全问题；"安全问题的多样性更加突出"：全球安全问题的内涵和外延正在不断拓展，借助互联网和新媒体的电信诈骗、金融诈骗、网络攻击、网络窃密等新型犯罪大量滋生，各种安全问题相互交织、相互作用，解决起来难度更大。

2019年发布的《新时代的中国国防》白皮书第一部分，对国际安全形势作出全面阐释。白皮书指出，总的来看：国际安全面临的不稳定性、不确定性更加突出，世界并不太平；具体来看：国际战略格局深刻演变。国际力量加快分化组合，新兴市场国家和发展中国家力量持续上升，战略力量此消彼长、更趋均衡，促和平、求稳定、谋发展已成为国际社会的普遍诉求，和平力量的上升远远超过战争因素的增长。但是，霸权主义、强权政治、单边主义时有抬头，地区冲突和局部战争持续不断，国际安全体系和秩序受到冲击。国际战略竞争呈上升之势。美国调整国家安全战略和国防战略，奉行单边主义政策，挑起和加剧大国竞争，大幅增加军费投入，加快提升核、太空、网络、导弹防御等领域能力，损害全球战略稳定。北约持续扩员，加强在中东欧地区军事部署，频繁举行军事演习。俄罗斯强化核、非核战略遏制能力，努力维护战略安全空间和自身利益。欧盟独立维护自身安全的倾向增强，加快推进安全和防务一体化建设。全球和地区性安全问题持续增多。国际军控和裁军遭遇挫折，军备竞赛趋势显现。防止大规模杀伤性武器扩散形势错综复杂，国际防扩散机制受到实用主义和双重标准危害，面临新的挑战。极端主义、恐怖主义不断蔓延，网络安全、生物安全、海盗活动等非传统安全威胁日益凸显。伊朗核问题解决出现波折，叙利亚问题政治解决仍面临困难。各国安全的交融性、关联性、互动性不断增强，没有哪一个国家能够独立应对或独善其身。

白皮书对亚太安全面临的挑战作出如下分析：一是世界经济和战略重心继续向亚太地区转移，亚太地区成为大国博弈的焦点，给地区安全带来不确定性。美国强化亚太军事同盟，加大军事部署和干预力度，给亚太安全增添复杂因素。美国在韩国部署"萨德"反导系统，严重破坏地区战略平衡，严重损害地区国家战略安全利益。日本调整军事安全政策，增加投入，谋求突破"战后体制"，军事外向性增强。澳大利亚持续巩固与美国的军事同盟，强化亚太地区军事参与力度，试图在安全事务中发挥更大作用。二是地区热点和争议问题依然存在。朝鲜半岛局势有所缓和但仍存在不确定因素，南亚形势总体稳定但印巴冲突不时发生，阿富汗国内政治和解和重建艰难推进。部分国家之间的领土和海洋权益争端、民族宗教矛盾等问题仍然存在，地区安全热点问题时起时伏。

白皮书指出了新时代中国面临的多元复杂的安全威胁和挑战，主要是：第一，反分裂斗争形势更加严峻，民进党当局顽固坚持"台独"分裂立场，拒不承认体现一个中国原则的"九二共识"，加紧推行"去中国化""渐进台独"，图谋推动"法理台独"，强化敌意对抗，挟洋自重，在分裂道路上越走越远。"台独"分裂势力及其活动始终是台海和平稳定的最大现实威胁，是祖国和平统一的最大障碍。第二，境外"藏独""东突"等分裂势力活动频繁，对国家安全和社会稳定构成威胁。第三，国土安全依然面临威胁，陆地边界争议尚未彻底解决，岛屿领土问题和海洋划界争端依然存在，个别域外国家舰机对中国频繁实施抵近侦察，多次非法闯入中国领海及有关岛礁邻近海空域，危害中国国家安全。第四，中国海外利益面临国际和地区动荡、恐怖主义、海盗活动等现实威胁，驻外机构、海外企业及人员多次遭到袭击。第五，太空、网络安全威胁日益显现，自然灾害、重大疫情等非传统安全问题的危害上升。

以习近平同志为核心的党中央，对国际安全形势和我国所面临的安全挑战进行深刻分析和科学把握，为新时代大国治理科学制定和有效实施应对安全风险的政策与战略提供了基本遵循。

## 二　全面贯彻总体国家安全观

党的十八大以来，习近平总书记高度重视国家安全，以实现中华民族伟大复兴为历史使命，统筹国内国际两个大局，统筹发展安全两件大事，深刻总结国家安全的基本经验，科学把握国家安全的内在规律，敏锐洞察国家安全形势的新变化、新特点、新趋势，创造性地提出总体国家安全观，形成新时代大国安全新方略，深刻揭示了中国国家安全的本质，实现我们党在国家安全理论上的历史性飞跃。总体国家安全观，是习近平新时代中国特色社会主义思想的重要组成部分，是中国国家安全理论的最新成果，是新形势下维护和塑造中国特色大国安全的有力思想武器。党的十九大报告指出："坚持总体国家安全观。统筹发展和安全，增强忧患意识，做到居安思危，是我们党治国理政的一个重大原则。必须坚持国家利益至上，以人民安全为宗旨，以政治安全为根本，统筹外部安全和内部安全、国土安全和国民安全、传统安全和非传统安全、自身安全和共同安全，完善国家安全制度体系，加强国家安全能力建设，坚决维护国家主权、安全、发展利益。"[①] 以习近平同志为核心的党中央，全面贯彻落实总体国家安全观，坚持走中国特色国家安全道路，努力开创新时代国家安全工作新局面，为实现"两个一百年"奋斗目标、实现中华民族伟大复兴的中国梦提供牢靠安全保障。

坚持总体国家安全观，强调以政治安全为根本，就是始终坚持党的领导和中国特色社会主义制度不动摇，把维护制度安全、政权安全放在国家安全的首位，坚决反对一切削弱、歪曲、否定党的领导和中国特色社会主义的言行。强调以人民安全为宗旨，就是要保障人民利益，坚持国家安全一切为了人民、一切依靠人民，不断提

---

① 习近平：《决胜全面建成小康社会　夺取新时代中国特色社会主义伟大胜利——在中国共产党第十九次全国代表大会上的报告》，人民出版社2017年版，第24页。

高人民的安全感、获得感、幸福感，为人民安居乐业、幸福生活提供坚强保障。强调坚持国家利益至上，就是把维护国家利益作为国家安全的准则，不回避矛盾和问题，不惹事不怕事，不做交易不吞苦果，坚决维护国家主权、安全、发展利益。强调发展和安全并重，就是坚持发展和安全都是硬道理，发展是安全的基础、安全是发展的条件，以发展促安全、以安全促发展，两手都要抓、两手都要硬。强调科学统筹的根本方法，就是要统筹外部安全和内部安全、国土安全和国民安全、传统安全和非传统安全、自身安全和共同安全，坚持立足当前与着眼长远相统一、整体推进与突出重点相统一、重维护与重塑造相统一、原则性与策略性相统一，不断丰富完善国家安全体系。

党的十八大以来，我们党切实维护重点领域国家安全，以政治安全为根本统筹推进各项安全工作，建立健全跨部门跨地区联合工作机制，严密防范和坚决打击各种渗透颠覆破坏活动、暴力恐怖活动、民族分裂活动、宗教极端活动。完善国家安全制度体系，提高国家安全法治化水平，充分运用法律手段维护国家安全。贯彻落实《国家安全法》，在颁布实施《反间谍法》《反恐怖主义法》《境外非政府组织境内活动管理法》《网络安全法》《核安全法》等国家安全法律法规的基础上，加快形成一套立足基本国情、体现时代特点、适应战略安全环境，内容协调、程序严密、配套完备、运行有效的中国特色国家安全法律制度体系。

贯彻总体国家安全观，就要增强驾驭风险本领。习近平总书记特别提醒全党，今后一个时期，可能是我国发展面临的各方面风险不断积累甚至集中显露的时期。我们面临的重大风险，既包括国内的经济、政治、意识形态、社会风险以及来自自然界的风险，也包括国际经济、政治、军事风险等。我们必须把防风险摆在突出位置，"图之于未萌，虑之于未有"，力争不出现重大风险或在出现重大风险时扛得住、过得去，确保党和国家各项工作顺利推进。他强调，要增强风险防控意识，坚持底线思维，与时俱进地认识和把握各种现实的与潜在的重大风险，守住不发生系统性、颠覆性风险的底线，从最坏处着眼，争取最好的结果。牢牢掌握主动权，既要有防范风险的先手，也要有应对和化解风险挑战的高招；既要打好防范和抵御风险的有准备之战，也要打好化险为夷、转危为机的战略主动战。提高风险防控能力，完善风险防控机制，抓重点、补短板、强弱项，严防风险传导叠加升级，善于解决复杂问题、处理复杂矛盾、驾驭复杂局面。党的十九大提出了增强八个方面的执政本领，其中之一就是增强驾驭风险本领。习近平总书记强调，要健全各方面风险防控机制，善于处理各种复杂矛盾，勇于战胜前进道路的各种艰难险阻，牢牢把握工作主动权。只有时刻保持头脑清醒，认清形势，把握大势，切实增强本领，才能做到不为风险所惧，不为干扰所惑，"任凭风浪起，稳坐钓鱼船"，在攻坚克难中不断把事业发展推向新境界。

### 三　建设巩固国防和强大军队

强国必须强军，军强才能国安。我们在发展经济、加强经济建设的同时，必须建设强大国防、强大的军队，这样才能够使经济建设得到有力的安全保障。这是一个基本规律，也是我们党在长期的实践中得出的科学结论。没有一支强大的军队，没有一个巩固的国防，中华民族伟大复兴的中国梦就难以真正实现。军事安全在国家安全中占有极为重要的地位，军事手段在维护国家安全中发挥着至关重要的作用。尽管当今国际体系发生深刻变革，与传统的少数大国主导国际事务的"丛林政治"国际体系相比，军事权力在国际体系中的地位、作用及其运行方式都发生了深刻变化，但不可否认，军事力量在国际体系中依然具有十分重要的地位和作用。军事力量既作为硬实力的重要组成部分，成为一个国家综合国力的重要标志，同时又是国家软实力的重要支撑，是世界强国地位的核心标识，是大国外交的重要战略支撑。当代中国正处于由大向强发展的关键阶段，国防和军队建设必须为实现中华民族伟大复兴的中国梦提供坚强力量保证。我们要通过加强国防和军队建设为经济建设、中华民族伟大复兴提供强大的力量支撑与安全保障，这是对国防军队建设赋予的新的历史使命。

习近平总书记强调，维护和用好我国发展的重要机遇期，实现"两个一百年"奋斗目标和中华民族伟大复兴的中国梦，军事力量是保底手段。以习近平同志为核心的党中央，坚持富国和强军相统一，坚定不移推进国防和军队现代化，努力建设同我国国际地位相称、国家安全和发展利益相适应的巩固国防和强大军队，为实现中国梦提供重要力量支撑和坚强安全保证。习近平总书记着眼实现中华民族伟大复兴的中国梦，紧紧围绕新时代建设一支什么样的强大人民军队、怎样建设强大人民军队，深入进行理论探索和实践创造，形成习近平强军思想，为实现党在新时代的强军目标、把人民军队全面建成世界一流军队提供了科学指南和行动纲领。

在战略目标上，明确国防和军队建设的根本目的是实现中华民族的伟大复兴。实现中华民族伟大复兴，是中国人民的伟大梦想，国防和军队建设必须服从服务于这个最高利益。习近平总书记从政治高度和国家利益全局观察与思考军事问题，科学统筹富国和强军两大战略任务，提出党在新形势下的强军目标，突出国防和军队建设的战略地位。

在战略安排上，将国防和军队建设与国家现代化的进程相一致。党的十九大对中国特色社会主义事业的下一步发展做了战略安排，到2020年、2035年、2050年都有明确的目标和指标。与之相对应，国防和军队建设也作出了相应安排，提出了在2020年前达到什么样的标准和要求，到2035年、2050年要达到什么样的标准和要求。这实际上就是要求国防和军队建设与国家的现代化进程和中华民族伟大复兴的进程要高度一致，就是要通过国防和军队建设三个阶段的战略安排，为国家相应历史阶段的目标实现提供安全支撑。

在安全需求上，根据国家发展需要不断提升保障能力。根据实现国家治理体系和治理能力现代化进程中提出的安全需求，根据中华民族伟大复兴这个历史进程中遇到的各种情况和需求，习近平总书记对国防和军队建设作出特殊的安排和规划。在不同的历史阶段，只要是民族复兴、国家现代化建设有哪些需求，国防和军队建设就要有相应的能力，能够提供这种保证。比如，随着"一带一路"倡议的实施，对海外利益和侨民的保护就提上日程，军队就要在这些方面有相应的力量、手段作出回应。这也是为中华民族伟大复兴提供安全保障、力量保障不可缺少的部分。

## 第三节 外部环境保障

当今时代，治国理政的一个显著特点就是开放性。中国梦是和平、发展、合作、共赢的梦，实现中国梦必须有和平安宁的国际环境。坚持走和平发展道路和促进世界和平，这是新时代大国治理重要的外部环境保证。党的十八大以来，习近平总书记深刻把握新时代大国治理所面临的外部环境，积极主动运筹外交全局，谋划中国特色大国外交的宏伟蓝图，提出构建以合作共赢为核心的新型国际关系和构建人类命运共同体的思想，倡导构建不冲突不对抗、相互尊重、合作共赢的新型大国关系，推动全球治理体系改革与完善，促进和而不同、兼收并蓄的文明交流，按照亲、诚、惠、容理念推进周边外交，为治国理政创造良好的外部环境。

### 一 新时代我们面临更加复杂的外部环境

当今世界又一次处于百年未有之大变局中。对我国而言，这个世界既充满机遇，也存在挑战。国际秩序正处在历史转折点上，旧序与新序并存，传统与变革交织，大国战略博弈全面加剧，国际体系和国际秩序深度调整，新兴市场国家和发展中国家的影响力持续增强，美国等一些发达国家则图谋通过制定新规则维护主导权，秩序演变中的南北矛盾、东西矛盾有所上升，地缘政治、经济竞争加剧。在深度调整的世界格局中，我国发展面临的外部环境更加复杂严峻。

(一) 经济环境复杂多变

国际金融危机深层次影响在相当长时期依然存在，世界经济复苏和金融市场走势的不确定性增加。随着我国金融市场对外开放程度不断提高，风险跨境传染的可能性增大。全球经济贸易增长乏力，保护主义抬头，各种高风险的非经济因素对世界经济稳定的冲击增大。美国政府奉行经济民族主义政策，图谋以"美国优先"重构对外经贸关系，高举贸易保护主义大棒，危及多边贸易体制和自由贸易秩序。中国在多个产业领域面临激烈的国际竞争，装备制造与互联网信息等产业的核心技术、关键设备和零部件对外依赖度依然较高，引进先进技术受到多重因素制约。西方一些国家以维护所谓国家安全为名，以透明度、规则、标准为抓手，动用多种手段对中国进行制约。随着国际力量对比发生新变化，国际经济规则制定主动权之争日趋激烈，国际经济秩序面临新调整。

(二) 政治秩序不确定性增加

西方一些国家自身治理乱象丛生，民粹主义、极端主义、保守主义、分离主义、排外主义、反全球化思潮涌动，党争加剧，社会分化。一些发展中国家也不稳定，时常爆发冲突动荡。某些外部势力对中国颠覆破坏的图谋不改，在意识形态上加紧渗透，甚至想发动"颜色革命"，颠覆中国共产党领导，颠覆中国社会主义制度，对我国政治安全构成重大现实威胁。霸权主义仍然顽固，美国希望通过重振经济与军事实力，巩固世界和地区霸权，旧式冷战思维和零和博弈思维抬头，对中国推动构建新型大国关系构成挑战。

(三) 安全威胁不容轻视

传统安全与非传统安全挑战相互交织。大国战略博弈加剧，地区局部冲突时有发生。国际反恐形势严峻，国际恐怖主义向全球化、长期化、高技术化、多样化、分散化方向发展。恐怖主义、分裂主义、极端主义"三股势力"对我国安全构成严重威胁。周边安全隐患仍存，地区热点问题难解。非传统安全问题凸显，网络安全威胁加剧，一些网络技术发达的国家着手酝酿"先发制人"打击政策，维护网络安全已成为各国普遍面临的重大议题。

（四）文化环境纷繁复杂

世界范围内文化交流交融交锋日益频繁，维护文化安全任务更加艰巨。某些别有用心的外部势力加紧对我国进行思想文化渗透，对党史、国史、民族史等进行恶意解构，在青少年中宣扬拜金主义、享乐主义、极端个人主义，对一些党员领导干部传播消极颓废文化，意识形态较量更为激烈。一些西方媒体对中国的制度、发展模式等仍然存在不少误解和偏见，"中国威胁论"不时出现，对中国进行曲解、污蔑和抹黑的言论时有耳闻。

## 二 新时代党中央积极营造良好外部环境

坚持和发展中国特色社会主义，实现中华民族伟大复兴中国梦，需要和平的内外部环境。在习近平总书记看来，中国要聚精会神搞建设，需要两个基本条件：一是和谐稳定的国内环境，二是和平安宁的国际环境。中国越是发展，就越需要稳定的地区环境与和平的国际环境。当今世界格局和秩序正在调整，进而引发各种矛盾和冲突，中国崛起以及其他重要因素引发各国关系尤其是大国关系的重组或调整。经过改革开放40多年的快速发展，中国经济总量已经位居世界第二，日益走进世界舞台的中心。随着中国经济体量的迅速增长，外部成长空间的自然拓展不可避免地受到反弹和挤压。面对中国的块头不断变大，有些人开始担心，也有一些人总是戴着有色眼镜看中国，认为中国发展起来必然是一种"威胁"。中国共产党治国理政面临严峻外部环境的考验。国际环境复杂多变，如何抓住稍纵即逝的发展机遇和窗口，尽快实现经济社会的成功转轨转型，是作为执政党的中国共产党在新时期面临的重大考验。面对纷繁复杂的世情，习近平总书记未雨绸缪，锁定主要目标、果断应对，阐释了他的外交战略新思路。其基本内容包括：和平发展愿景与合作共赢理念、文明交融期望与亲诚惠容姿态、打造命运共同体和拓展全球治理新渠道、维护国家主权和确保国家安全。通过多项顶层设计和一系列战略谋划的实施，开辟了我国对外交往的新局面，营造了我国开放发展的和平环境。

面对恐怖主义、难民危机等问题，习近平总书记指出地缘冲突这一深层症结，提出化解冲突的根本之策；面对经济全球化过程中出现的问题，他指出搞保护主义如同把自己关进黑屋子没有出路，要积极推动建设开放、包容、普惠、平衡、共赢的经济全球化；面对世界经济发展问题，他开出扩大开放、改革创新、互联互通、包容发展等治本良方；面对全球治理格局的深刻变化，他提出推动国际秩序朝着更加公正合理的方向发展，倡导国际关系民主化；面对发展失衡等问题，他提出并推动实施"一带一路"倡议，推动各国共建和平、繁荣、开放、创新、文明之路。有海外学者感言，中国主动参与设置议程，为世界发展贡献前瞻性、原创性思想，展现了一个大国的责任担当。

党的十八大以来，以习近平同志为核心的党中央统筹国内国际两个大局、统筹发展安全两件大事，坚持独立自主的和平外交方针，坚定不移走和平发展道路，坚定不移维护世界和平、促进共同发展，推动构建以合作共赢为核心的新型国际关系，打造人类命运共同体，提出一系列大国外交新理念、新思想、新战略，形成习近平外交思想的科学体系，为新时代中国特色大国外交提供了根本遵循和行动指南。习近平外交思想的基本内容是：在战略目标上，突出服从和服务于实现"两个一百年"奋斗目标、实现中华民族伟大复兴；在美好愿景上，提出构建命运共同体；在根本路径上，强调和平发展；在合作平台上，提出"一带一路"倡议。这些理念和主张既是对国际社会关注中国发展走向的积极回应，也是营造良好外部环境的行动指南。

坚持走和平发展道路，推动构建人类命运共同体。与西方漫长的穷兵黩武式的崛起道路不同，中国开辟了一条和平发展道路。中国坚持和平发展道路,"不是权宜之计,更不是外交辞令,而是从历史、现实、未来的客观判断中得出的结论,是思想自信和实践自觉的有机统一"①。面对"世界百年未有之大变局"和"世界怎么了,我们怎么办?"的时代之问,习近平总书记创造性地提出"构建人类命运共同体"这一中国方案。中国秉持你好、我好、大家好的发展理念,推进开放、包容、普惠、平衡、共赢的经济全球化,坚持共商共建共享的全球治理观和共同、综合、合作、可持续的新安全观,营造公平正义、共建共享的安全格局,构建客观、公正、合理的全球治理体系,为人类破解和平赤字、发展赤字、治理赤字等难题指明方向和路径。

---

① 习近平:《在德国科尔伯基金会的演讲》,《人民日报》2014年3月30日,第1版。

# 第九章

# 新时代大国治理方法论

工欲善其事，必先利其器。中国优秀传统文化素有"处心有道，行己有方""奉上之诚，率下有方"之说。"方"指方向和前途，比喻人有能力实现既定正确目标及相应的途径、步骤和方法。科学的思想方法和工作方法，是对我们党有效治国理政是十分必要、至关重要的"利器"。治理我们这样一个拥有超大规模人口和具有复杂国内外环境的发展中大国，尤为需要科学方法。科学方法论是中国共产党人所独有的"看家本领"。中国共产党几代领导人，都是饱吮中国优秀文化精华，又以马克思主义基本理论作为导向，紧密结合、互相渗透，正确地指导并解决了党的思想方法和工作方法问题。毛泽东同志的著名哲学著作《实践论》《矛盾论》，孕育了数以千万计的共产党人。他的《关心群众生活，注意工作方法》，更成为中国在特定具体环境下运用马克思主义科学方法论的传世经典。邓小平同志坚持实践是检验真理的唯一标准，他在改革开放启动之初排除阻力障碍之时，为解决当时一系列热点、难点问题都作出方法论的回答，如"猫论""摸着石头过河"等浅显的比喻，广为传播，深入人心。党的十八大以来，在大国治理实践活动中，习近平总书记多次提出领导干部要学习马克思主义哲学，掌握好科学世界观、方法论。习近平总书记关于治国理政的一系列重要论述，不仅有鲜明的理论观点、深刻的思想内涵，而且蕴含着马克思主义政治家的辩证思维、战略思维、历史思维、底线思维等一系列治国理政的科学思想方法和工作方法。这些思想方法和工作方法贯穿新时代大国治理论之中。

## 第一节　运用哲学思维治国理政

马克思主义哲学是科学的世界观和方法论，为中国共产党治国理政提供了有力武器。学哲学、用哲学是我们党的优良传统，党的几代领导人在治国理政的实践中，注重将马克思主义与我国具体实际相结合，从哲学高度提出一系列治国方法，不断推进中国特色社会主义治理实践有序开展。在新的时代条件下，习近平总书记高度重视马克思主义哲学的指导作用，特别强调用科学思想方法去观察、思考、分析问题，自觉接受马克思主义哲学的智慧滋养，要求各级干部掌握马克思主义哲学这一看家本领。习近平总书记运用哲学思维分析治国理政的方略问题，提出了历史思维、辩证思维、系统思维、战略思维、创新思维、底线思维等哲学思维方式，为有效治理大国提供了有力工具。其关于坚持和发展中国特色社会主义、从大国迈向强国、适应并引领经济发展新常态、推进国家治理现代化、解决思想分化、参与全球治理和构建人类命运共同体、全面从严治党等思想，都是在运用哲学思维解决矛盾和问题过程中形成的。

### 一　历史思维与鉴古知今

唯物史观揭示了历史规律，即社会发展规律，要求我们树立历史思维，用历史的眼光看问题，把握历史的必然性，注重以史为鉴。历史思维，是指运用马克思主义唯物史观从历史视野和发展规律中思考分析问题、把握前进方向、指导现实工作的科学思维。历史思维重历史过程、历史阶段、历史必然和历史合理性，要求在对历史规律和历史发展趋势的把握中认识现实、开创未来。习近平总书记具有深远的历史眼光、深厚的历史智慧和深邃的历史思维。他善于运用历史思维分析现状、认清趋势、把握未来。在他看来，历史、现实、未来是相通的。这是一种从宏观到微观，把过去、现实和未来联系起来考察问题并作出决策的大历史观。这种大历史观，是我们立足中国、借鉴国外，挖掘历史、把握当代，关怀人类、面向未来，发展中国特色社会主义的大视角和方法论。

在大国治理实践中，以习近平同志为核心的党中央坚持以史为鉴治国理政的科学方法论。习近平总书记一再强调，中国的今天是从中国的昨天和前天发展而来的。要治理好今天的中国，需要对我国历史和传统文化有深入了解，也需要对我国古代治国理政的探索和智慧进行积极总结。习近平总书记特别重视对党史国史的学习、研究，将中国革命历史视为最好的营养剂，将中国共产党的历史视为丰富生动的教科书，强调不忘本来，注重汲取历史经验和教训，在历史传承中推进国家治理现代化。新时代大国治理论注重站在中华人民共和国的历史、中国共产党的历史、中华民族的历史、社会主义的历史、人类社会的历史的高度，思考和谋划今天中国的发展大势和人类发展走向，历史思维贯穿其中。比如，习近平总书记提出的中国梦就是站在历史的维度用伟大梦想将中华民族的昨天、今天、明天联通起来；他关于世界社会主义五百年的分析，关于改革开放前后两个30年关系的阐释，关于如何评价党的历史和历史人物的论述，特别是关于中国道路的历史性审视与汲取中国历史智慧的阐述，都体现了深邃的历史思维。[1] 又如，对时代新方位的判断体现了历史思维。习近平总书记在党的十九大报告中明确提出，党中央治国理政新的历史方位是中国特色社会主义新时代。这一重大政治判断既有历史依据，也有现实依据，是在历史与现实的结合中得出的结论。其历史依据是改革开放40年的成就，其现实依据是党的十八大以来的历史性成就。习近平总书记强调新时代的历史继承性和连续性，把新时代看作继往开来、与时俱进的时代。这一重

---

[1] 赵玉洁：《习近平治国理政的科学思维方式》，《理论学习》2017年第2期。

大政治判断把过去、现在、未来联系起来，体现了中国特色社会主义事业的接力性和连续性。再如，对时代新课题的把握体现了历史思维。习近平总书记在党的十九大报告中指出，进入新时代，党和国家面临的时代课题是"坚持和发展什么样的中国特色社会主义、如何坚持和发展中国特色社会主义"。习近平新时代中国特色社会主义思想就是对这一时代新课题的系统解答。在这一新课题中，中国特色社会主义是关键词，彰显了这一时代课题，同时也是历史任务，需要接续奋斗。

新时代大国治理论蕴含的历史思维贯通着历史唯物主义。习近平总书记十分重视马克思主义哲学，不仅重视学习辩证唯物主义，而且重视学习历史唯物主义。在组织中央政治局集体学习时，先学的就是历史唯物主义。他对中国传统文化包括对孔子的分析和评价，坚持的是历史唯物主义；他对近代以来中华民族复兴历史的分析和评价，坚持的是历史唯物主义；他对中国共产党历史包括对毛泽东的分析和评价，坚持的是历史唯物主义；他对改革开放以来包括对改革开放前后历史的分析和评价，坚持的是历史唯物主义。

## 二 辩证思维与善抓矛盾

事物的普遍联系和永恒发展源于事物自身的矛盾。唯物辩证法是研究事物矛盾的学说，其实质和核心是矛盾规律，即对立统一规律。对立统一规律要求我们树立辩证思维，运用矛盾分析法，把握主要矛盾和次要矛盾、矛盾主要方面和次要方面之间的关系，坚持"两点论"与"重点论"相结合，分清主次、轻重、缓急，在分析和解决矛盾的过程中不断推动社会发展。辩证思维要求唯物辩证法观察事物、分析问题、解决问题，注重"两面性"看问题，既讲重点论，又讲两点论，反对片面性和走极端。

习近平总书记在新时代大国治理实践中，突出强调问题意识，并通过问题找到其背后隐藏的矛盾。他指出："要有强烈的问题意识，以重大问题为导向，抓住关键问题进一步研究思考，着力推动解决我国发展面临的一系列突出矛盾和问题。"① 习近平总书记在新时代大国治理实践中反复强调要不断增强辩证思维能力，承认矛盾、分析矛盾、解决矛盾，善于抓住关键、找准重点，洞察事物发展规律；善于处理局部和全局、当前和长远、重点和非重点的关系，在权衡利弊中趋利避害，作出最为有利的战略抉择。作为大国领导人，习近平总书记站在战略家的高度，以辩证思维进行战略谋划，提出统筹推进"五位一体"总体布局、协调推进"四个全面"战略布局。他基于中国历史发展的"过去、现在和未来"，在战略上进行辩证思考，在中国特色社会主义进入新时代的历史关键期，提出"两个阶段""两步走"的战略安排，回应了时代的呼唤、人民的期待。以习近平同志为核心的党中央运用对立统一规律，坚持矛盾分析法，形成善抓主要矛盾的治国方法论。

（一）善于发现问题，抓住根本问题、主要矛盾

以习近平同志为核心的党中央在大国治理实践中，特别重视把握主要矛盾，善于在纷繁复杂的事务及关系中抓住本质和关键环节。关于新时代我国社会主要矛盾的新变化，就是习近平总书记坚持运用矛盾分析法，在深入分析我国发展本质特征的基础上得出的重大政治判断。在全面建成小康社会这一伟大进程中，抓住农村脱贫致富这一主要矛盾；关于全面深化改革，面对改革的复杂形势和繁重任务，习近平总书记提出要牵住改革的"牛鼻子"，既抓重要领域、重要任务、重要试点，又抓关键主体、关键环节、关键节点，特别是提出了以完善和发展中国特色社会主义制度、推进国家治理体系和治理能力现代化作为改革的总目标，体现了对改革方向和改革重点这些根本问题的把握；在化解经济领域的突出问题时，抓住供给侧结构性改革这个主要矛盾；关于全面从严治党，习近平总书记敏锐发现了"四风"这一人民群众反映强烈的突出问题，以抓作风建设为突破口和切入点，可以说找到了问题的症结所在并对

---

① 《习近平谈治国理政》，外文出版社2014年版，第74页。

症下药；在推进各项工作中，抓住领导干部这个少数。以上都体现了习近平总书记善于抓住主要矛盾、抓住关键、找准重点，洞察事物发展规律的方法论。

（二）坚持"两点论"和"重点论"，辩证分析矛盾

辩证分析矛盾就要坚持"两点论"与"重点论"相结合。习近平总书记强调，在任何工作中，既要讲两点论，又要讲重点论。新时代大国治理论处处体现辩证思维的"重点论"和"两点论"。比如，关于"四个全面"战略布局的谋划，就充分体现了抓两点与抓重点的关系。再如，关于当前和长远的关系，注重树立正确的政绩观、事业观，既要注重显绩，又要注重潜绩，把当前与长远联系起来，既要做好当前工作，又要有长远眼光；关于重点和一般的关系，既要讲两点论，又要讲重点论，强调不能没有主次，眉毛胡子一把抓；关于务虚和务实的关系，既要重务实，又要善务虚，把务实与务虚有机结合起来，也就是把登高望远与脚踏实地结合起来；关于继承和创新的关系，把继承与创新相结合，始终坚持在继承中创新，在创新中发展。这些论述都是辩证思维的实际运用。

（三）运用科学方法，有效解决主要矛盾

在大国治理实践中，以解决主要矛盾为导向，以习近平同志为核心的党中央提出一系列有的放矢的战略举措。如"四个全面"战略布局，就是为解决制约实现社会主义现代化和中华民族伟大复兴中国梦的主要矛盾而提出的。在全面建成小康社会方面，按照全面建成小康社会的要求，在找准短板的基础上，部署防范和化解风险、精准扶贫、污染防治三大攻坚战，精准发力，精准施策；在全面深化改革方面，着眼于解决我国发展面临的一系列突出矛盾和问题，以破除体制机制障碍和打破利益固化的樊篱为切入点，不断深化改革；在全面依法治国方面，重点解决执法不规范、不严格、不透明、不文明以及不作为、乱作为等突出问题；针对司法体制改革，主要致力于解决司法不公、司法公信力不高的问题；在全面从严治党方面，着力解决人民群众反映最强烈、对党的执政基础威胁

最大的突出问题，特别是"四风"问题。

### 三 系统思维与统筹兼顾

系统思维就是注重事物构成的基本要素、结构和整体功能，注重各基本要素之间的协同、配合和最优，注重对事物的整体协同思考。[①] 系统是事物普遍联系的一种重要形式，系统性是事物的基本属性。马克思主义经典作家明确使用系统概念，还自觉将系统分析法运用于自然界和人类社会的分析中。马克思在《资本论》中深刻剖析了资本主义社会系统的内部结构，揭示了生产力和生产关系、思想上层建筑与政治上层建筑、人口因素与自然地理环境这些社会子系统之间的相互联系，揭示了资本主义社会系统的运动规律。恩格斯指出："关于自然界所有过程都处在一种系统联系中的认识，推动科学到处从个别部分和整体上去证明这种系统联系。"[②] 马克思主义哲学关于事物的普遍联系原理，要求我们运用系统思维去认识和解决问题。以习近平同志为核心的党中央在大国治理实践中，将系统思维与具体工作相结合，提出统筹兼顾的原则，并将其贯彻于各领域、各方面。

（一）用统筹兼顾的原则和方法统揽"四个伟大"实践

"四个伟大"是党的十八大以来党中央治国理政的总体框架，集中反映了大国治理的大逻辑、大格局。"四个伟大"是一个有机整体，是一个大系统：伟大梦想是目标，伟大事业是基础，伟大斗争是抓手，伟大工程是保证。其中，每一个"伟大"都自成系统，关乎党和国家事业全局。在新时代大国治理实践中，以习近平同志为核心的党中央将"四个伟大"结合起来一体推进，体现了统筹兼顾的方法论。

（二）用统筹兼顾的原则和方法推进总体布局和战略布局

党的十八大以来，以习近平同志为核心的党中央站位全局，从

---

① 韩庆祥：《用哲学思维把握四个全面战略布局》，《思想政治工作研究》2016 年第 2 期。
② 《马克思恩格斯选集》第 3 卷，人民出版社 1995 年版，第 376 页。

战略高度谋划"五位一体"总体布局和"四个全面"战略布局，找到了四个事关中华民族伟大复兴和社会主义现代化的根本问题，抓住了治国理政的牛鼻子，形成大国治理的总方略。"五位一体"总体布局涵盖中国特色社会主义广义上的社会建设的各个领域，体现了大国治理的系统性、整体性。作为大国治理总方略的"四个全面"战略布局，就是习近平总书记在中国特色社会主义事业"五位一体"总布局的基础上，运用系统思维，从战略和全局高度系统设计，把目标与举措、路径与方法等进行集成和综合创新，使之形成相互联系、相辅相成的有机整体。"四个全面"的每一个"全面"，同样体现着系统思维。比如，关于全面深化改革，将经济、政治、文化、社会、生态、党建、军队等领域当作一个大系统，把各方面关联起来进行顶层设计，加以整体推进。关于全面从严治党，根据党的建设伟大工程的系统性，把政治建设、思想建设、组织建设、作风建设、纪律建设、制度建设各个环节与各个要素相关联，使之相互协调、相互补充，汇聚建党合力，增强整体效能。

（三）用统筹兼顾的原则和方法处理大国治理中的重大关系

在对新时代大国治理若干重大关系的处理上，以习近平同志为核心的党中央，在新时代大国治理论中提出一系列统筹兼顾、系统治理的原则。关于国内与国际的关系，强调统筹两个大局，学会利用两个市场、两种规则，既要利用良好外部环境努力发展自己，又要以自身发展为世界发展作出贡献；关于人与自然的关系，强调树立人与自然和谐共生理念，辩证对待金山银山与绿水青山的关系，树立绿水青山就是金山银山的理念，践行绿色发展理念；关于全面深化改革，提出正确处理好"解放思想和实事求是的关系"等五对重大关系，集中体现了系统的科学方法论。习近平新时代中国特色社会主义思想中的生命共同体、民族命运共同体、人类命运共同体等一系列"共同体"思想，也体现了系统思维。此外，习近平总书记还提出推进社会治理、生态治理系统化等思想，大国治理一系列重大战略包括区域协调发展战略、军民融合发展战略等，都彰显了系统思维。

**四 战略思维与统揽全局**

战略思维就是对根本性、全局性、长远性问题和关系进行科学谋划的思想方法。战略思维的基本要求是：以整体、全局、长远的眼光看问题，它致力于解决根本性问题，从整体上把握事物发展趋势和方向。[①] 唯物辩证法关于事物普遍联系和永恒发展的观点，要求我们在普遍联系和运动发展中把握事物的总体及趋势，就必须把系统思维和创新思维结合起来，不断提高战略思维能力。战略思维是习近平总书记反复强调的重要思维方法。他深刻指出："战略问题是一个政党、一个国家的根本性问题。战略上判断得准确，战略上谋划得科学，战略上赢得主动，党和人民事业就大有希望。"[②] 习近平总书记提出的推进国家治理体系和治理能力现代化，体现了登高望远的战略眼光。他还特别强调要保持战略定力，一方面在制定政策时要冷静观察、谨慎从事、谋定后动，始终保持头脑清醒，不为各种错误观点左右，牢牢把握改革的领导权和主动权；另一方面，在繁杂多变的国际局势中要平心静气、静观其变，有足够的战略定力和战略自信，不因一时一事或某些人、某些国家的言论而受到影响，更不能掉入别人故意设置的各种陷阱，使我们长期致力的和平环境受到破坏。以习近平同志为核心的党中央在大国治理实践中，注重运用战略思维对事关党和国家事业全局的根本性问题进行战略谋划。

（一）运用战略思维对强国方略进行科学谋划

在中国整体转型升级中实现社会主义现代化和中华民族伟大复兴，推进大国治理走向现代化，实现由大国到强国的飞跃，进而实现国家长治久安，本身就是一个大战略问题，战略问题就需要运用

---

① 赵玉洁：《习近平治国理政的科学思维方式》，《理论学习》2017年第2期。
② 习近平：《在纪念邓小平同志诞辰110周年座谈会上的讲话》，《人民日报》2014年8月21日第2版。

战略思维来分析。新时代大国治理论的核心要义就是指导中国由大国成为强国。以习近平同志为核心的党中央对强国目标和强国方略进行了战略谋划。在强国目标上，不仅从宏观上提出全面建设社会主义现代化强国，还提出"科技强国""质量强国""航天强国""网络强国""交通强国""海洋强国""文化强国""人才强国"等一系列具体目标；在强国方略上，提出"两步走"的战略安排，明确了时间表、路线图和施工图。

（二）运用战略思维对坚持和发展中国特色社会主义进行战略谋划

习近平总书记站在党和国家事业长远发展的高度，坚持继承和创新相结合，坚持不忘本来与开创未来相结合，对坚持和发展中国特色社会主义进行战略擘画。习近平新时代中国特色社会主义思想，就是对新时代如何坚持和发展中国特色社会主义基本问题的解答，就是运用战略思维对新时代如何坚持和发展中国特色社会主义进行理论分析的成果。其提出的"十个明确"的核心内容和"十四个坚持"的基本方略，为坚持和发展中国特色社会主义提出思想指南和行动纲领。

（三）运用战略思维统筹国内国际两个大局

作为一个发展中大国，中国要在全球化时代进行大国治理，实现和平崛起，必须把握国内大局和国际大局，并使之紧密联系起来。习近平总书记运用战略思维审视我国发展和世界发展的关系，统筹国内国际两个大局，提出开放发展理念，坚持走和平发展道路，坚持开放的发展、合作的发展、共赢的发展，通过争取和平国际环境发展自己，又以自身发展维护和促进世界和平。对内以"四个全面"为总方略，构建战略布局，坚定不移走自己的路；对外树立世界眼光，以"一带一路"为抓手，推动战略对接，实现内外联动，更好把国内发展与对外开放统一起来，把中国发展与世界发展联系起来，把中国人民利益同各国人民共同利益结合起来，在与世界各国良性互动、互利共赢中开拓前进。

**五 创新思维与突破陈规**

唯物辩证法的发展观要求我们在实践中,坚持发展的观点看问题,树立创新思维,坚持推陈出新、破旧立新。创新思维就是要打破迷信经验、迷信本本、迷信权威的惯性思维,摒弃不合时宜的旧观念,以思想认识的新飞跃打开工作的新局面。这种创新思维本质上是与解放思想、实事求是相通的。解放思想、实事求是,既是马克思主义的精髓,也是毛泽东思想与中国特色社会主义理论体系的灵魂;既是中国共产党人思想路线、思想方法的核心,更是新时代大国治理论赖以形成并始终坚持的根本方法论原则。在大国治理实践中,习近平总书记坚持解放思想与实事求是相统一,实现解放思想与实事求是的内在交融。习近平总书记在大国治理实践中高度重视创新思维,他将创新思维与改革相联系,提出"惟改革者进、惟创新者强、惟改革创新者胜"。在习近平总书记看来,改革的本质就是创新。他强调:"把创新摆在国家发展全局的核心位置,不断推进理论创新、制度创新、科技创新、文化创新等各方面创新,让创新贯穿党和国家一切工作,让创新在全社会蔚然成风。"① 从创新形成的机制与规律看,习近平总书记的创新思维方法论思想特别强调作为创新活动的两大方面,即理论创新和实践创新之间应始终保持辩证互动,强调实践创新是理论创新的基础,理论创新是实践创新的先导。创新思维贯穿新时代大国治理论的方方面面。

(一) 创新思维体现在对马克思主义的发展上

习近平总书记深谙马克思主义与时俱进的理论品质,强调要不断实现理论创新和实践创新良性互动,在这种统一和互动中发展21世纪中国的马克思主义。习近平新时代中国特色社会主义思想,就是习近平总书记对马克思主义创新发展的理论成果,成为党的十八大以来创新成果的集大成者。其中,关于中国梦、"四个全面"战

---

① 《习近平谈治国理政》第2卷,外文出版社2017年版,第198页。

略布局、国家治理体系与治理能力现代化、经济发展新常态、新发展理念、人类命运共同体、"一带一路"倡议等新思想，都是在坚持解放思想与实事求是内在统一的方法论原则下沿着思维创新的正确道路取得的重要理论成果。这些理论成果实现了对马克思主义的发展与丰富，推进了马克思主义的中国化、时代化、大众化。

（二）创新思维体现在对中华优秀传统文化的传承和弘扬上

习近平总书记高度重视中华优秀传统文化之于国家治理现代化的独特作用，注重挖掘中华优秀传统文化的时代价值，强调坚持古为今用、推陈出新，实现对中华优秀传统文化的创造性转化和创新性发展，发挥中华优秀传统文化在大国治理中的滋养作用。一方面，他认识到没有继承，就没有发展，强调在继承中发展，在发展中继承；另一方面，他要求对传统文化进行创造性转化，赋予其新的时代内涵和表现形式。习近平总书记提出的"深入挖掘和阐发中华优秀传统文化讲仁爱、重民本、守诚信、崇正义、尚和合、求大同的时代价值，使中华优秀传统文化成为涵养社会主义核心价值观的重要源泉"等重要论述，就是创新思维在文化传承中的具体运用。

（三）创新思维体现在对全面深化改革的顶层设计上

在全面深化改革上，创新思维集中体现在敢于突破思想樊篱，敢于打破陈规陋习。在改革的目的上，在习近平总书记看来，改革不是为了改革而改革，它是由问题倒逼的，是为了解决实际问题。坚持问题导向是习近平总书记创新思维方法论的鲜明特色。他指出："问题是创新的起点，也是创新的动力源。只有聆听时代的声音，回应时代的呼唤，认真研究解决重大而紧迫的问题，才能真正把握住历史脉络，找到发展规律，推动理论创新。"[①] 在改革的方法论上，习近平总书记强调，坚持处理好解放思想与实事求是的关系，他指出："解放思想不是脱离国情的异想天开，也不是闭门造

---

① 习近平：《在哲学社会科学座谈会上的讲话》，《人民日报》2019年5月19日第2版。

车的主观想象，更不是毫无章法的莽撞蛮干。解放思想的目的在于更好实事求是。要坚持解放思想和实事求是的有机统一，一切从国情出发、从实际出发，既总结国内成功做法又借鉴国外有益经验，既大胆探索又脚踏实地，敢闯敢干。"①

要实现思维创新，关键在于得法，也就是要自觉把握与运用科学的创新思维方法。创新是辩证思维的必然本性与固有品格。唯物辩证法为思维创新提供了一系列基本方法，这些辩证思维方法包括矛盾分析法、系统思维方法、分析与综合的统一、归纳与演绎的配合、历史与逻辑的结合等。从习近平总书记的系列重要讲话中，我们可以发现逆向思维、联想思维、演绎思维、发散思维等一系列现代科学创新思维方法的运用。这些方法论是习近平总书记创新思维方法论的重要组成部分，构成对唯物辩证法的有效补充。

### 六 底线思维与防范风险

所谓底线思维，就是以底线为基本导向，调控事物朝着预定目标发展的一种思维方法。② 底线思维是适度原则的体现。唯物辩证法质量互变规律，要求我们掌握适度原则，坚守底线。

毛泽东同志一贯主张"在最坏的可能性上建立我们的政策""把工作放在最坏的基础上来设想"。邓小平同志讲，中国不能乱，这个是底线。中国的问题，压倒一切的是稳定。这个问题要反复讲、放开讲。这是他从 1978 年到 1997 年思考中国问题的起点。党的十八大以来，习近平总书记十分注重对这一哲学方法论的把握和运用，并在此基础上提出底线思维。他强调："要善于运用底线思维的方法，凡事从坏处准备，努力争取最好的结果，做到有备无

---

① 习近平：《在庆祝海南建省办经济特区 30 周年大会上的讲话》，《人民日报》2018 年 4 月 14 日第 2 版。
② 李军：《把底线思维贯穿于各项工作中——学习习近平总书记关于底线思维重要论述》，《光明日报》2017 年 9 月 11 日第 11 版。

患、遇事不慌，牢牢把握主动权。"① 习近平总书记将底线思维广泛应用于经济发展和治国理政的重大实践之中，强调坚守底线和防范风险，并把防范风险摆在突出位置，要求提高应对重大风险的能力。

（一）为大国治理行稳致远划定一系列底线

为确保党长期执政和国家长治久安，习近平总书记在事关党和国家事业的原则性问题上，划定了诸多不容逾越的底线。在政治建设上，强调绝不能在根本性问题上出现颠覆性错误，要求旗帜鲜明讲政治，保持政治定力，坚持政治路线，坚定政治立场、政治方向，坚守政治纪律和政治规矩；在经济发展上，坚持稳中求进的总基调，"稳"就是底线，把精准脱贫作为全面建成小康社会的底线，同时，确保不发生系统性金融风险；在社会建设上，强调社会保障保基本，做好兜底工作，"基本"和"兜底"就是底线，强调全面深化改革以促进公平正义为核心价值取向，将让国家变得更加富强、让社会变得更加公平正义、让人民生活变得更加美好作为改革的底线和目标；在生态文明建设上，强调要守住发展和生态两条底线，划定生态保护红线、永久基本农田、城镇开发边界三条控制线，加大生态系统保护力度；在国家主权、安全和发展利益上，强调"绝不允许任何人、任何组织、任何政党、在任何时候、以任何形式、把任何一块中国领土从中国分裂出去"；在军队国防方面，把军事手段作为捍卫和平、维护安全、慑止战争的保底手段，把军队的战斗力视为生命力，要求强化忧患意识，坚持底线思维，全部心思向打仗聚焦，各项工作向打仗用劲，确保在党和人民需要的时候拉得出、上得去、打得赢；在党的建设上，坚持高标准与守底线相结合，在以德治党方面提出道德高线，在依规依纪治党方面划清纪律底线，明确对腐败行为零容忍，也就明确了清廉是为官从政的

---

① 中共中央宣传部：《习近平总书记系列重要讲话读本》，学习出版社、人民出版社2016年版，第288页。

底线，要求党员干部知敬畏、存戒惧、守底线。这为党员干部划定了政治底线、纪律底线、道德底线等。

（二）将防范和化解风险作为大国治理的重大原则

党的十八大以来，以习近平同志为核心的党中央高度重视防范和化解风险工作，防风险成为大国治理的关键词之一。党的十九大更是把防范化解重大风险放在三大攻坚战之首。在学习贯彻党的十九大精神专题研讨班上，习近平总书记强调，增强忧患意识、防范风险挑战要一以贯之，要牵住防范化解重大风险的"牛鼻子"，足见防范和化解风险在新时代大国治理大棋局中的重要性。

在大国治理实践中，以习近平同志为核心的党中央重点关注了以下几个领域的风险问题。一是金融领域。把防范和化解金融风险作为防范重大风险的重点，并在组织层面成立国务院金融稳定发展委员会，进一步加强金融监管，确保守住不发生系统性金融风险的底线。二是国家安全领域。针对防范和化解国家安全风险，提出总体国家安全观，成立了国家安全委员会。三是生态领域。防范和化解生态风险。实施大气环境网格化管理、开展大气污染防治的专项督查、实施建设用地污染风险防范行动。此外，提出要有效防范化解债务风险，绷紧防范化解债务风险这根弦等。

总之，历史思维观大势，辩证思维抓关键，系统思维重统筹，战略思维谋全局，创新思维求突破，底线思维防风险，这些为大国治理提供了科学思维方法。

## 第二节 治国理政之思想方法和工作方法

治国理政的各类主体特别是党政主体哲学思维水平的高低，在于能否把马克思主义哲学转换为实际工作的方式方法，并解决实际问题。这是实现哲学之"道"向工作之"术"的转换，也是哲学思维的真谛。在大国治理实践中，习近平总书记注重从马克思主义哲学的唯物论、辩证法、认识论、历史观等基本内容出发，提炼其中所蕴含的哲学思维方式，并进一步转化为思想方法和工作方法，有效解决治国理政"桥或船"的问题，为我们认识问题、分析问题、解决问题提供了有效的方法"钥匙"。

## 一 实事求是的方法

实事求是既是我们党的思想路线，也是思想方法和工作方法。习近平总书记指出："实事求是，是马克思主义的根本观点，是中国共产党人认识世界、改造世界的根本要求，是我们党的基本思想方法、工作方法、领导方法。不论过去、现在和将来，我们都要坚持一切从实际出发，理论联系实际，在实践中检验真理和发展真理。"[①] 坚持实事求是的思想路线，基本要求是做到三个坚持，即坚持一切从实际出发，坚持理论联系实际，坚持在实践中检验和发展真理。习近平总书记的这一论断，深刻揭示了实事求是的科学内涵和基本要求，体现了实践、认识、再实践、再认识循环往复与无限发展这一认识和把握客观规律的根本途径，是对马克思主义认识论和党建理论的丰富与发展。

在当代中国，坚持实事求是，最根本的是要清醒认识和正确把握我国仍处于并将长期处于社会主义初级阶段的基本国情，坚持从中国实际出发。习近平总书记指出，走什么样的道路、建设什么样的国家，是由一个国家的基本国情决定的，既不能罔顾国情、东施效颦，也不能因循守旧、墨守成规，更不能超越阶段，而要坚定不移走好走稳自己的路。当代中国的伟大社会变革，不是简单延续我国历史文化的母版，不是简单套用马克思主义经典作家设想的模板，不是其他国家社会主义实践的再版，也不是国外现代化发展的翻版。

进入新时代，以习近平同志为核心的党中央治国理政的一个鲜

---

① 习近平：《在纪念毛泽东同志诞辰120周年座谈会上的讲话》，《人民日报》2013年12月27日第2版。

明特点就是务实。他多次强调,"空谈误国,实干兴邦""谋事要实、创业要实、做人要实"……习近平总书记这些言简意赅的论断所彰显的就是一个"实"字,进一步在全党形成实事求是、求真务实的思想作风和工作作风。在治国理政的实践活动中,习近平总书记始终坚持实事求是的思想方法和工作方法。新时代大国治理论体现着实事求是的马克思主义品质。比如,在对新时代党中央治国理政历史方位的把握上,一方面,习近平总书记作出了中国特色社会主义进入新时代的重大政治判断;另一方面,他始终强调新时代是社会主义初级阶段大方位的阶段性特征:"社会主义初级阶段是当代中国的最大国情、最大实际。我们在任何情况下都要牢牢把握这个最大国情,推进任何方面的改革发展都要牢牢立足这个最大实际。"[1] 当然,实事求是还要求我们要把握初级阶段的阶段性变化,比如要科学认识新常态的要求,"新常态是一个客观状态,是我国经济发展到今天这个阶段必然会出现的一种状态,是一种内在必然性,并没有好坏之分,我们要因势而谋、因势而动、因势而进。"[2]

## 二 群众路线的方法

群众路线是马克思主义群众观点的方法论,是党的根本领导方法和工作方法。习近平总书记指出:"学习和掌握马克思主义方法,必须学习和掌握群众路线的工作方法。一切为了群众、一切依靠群众,从群众中来、到群众中去的群众路线,是马克思主义历史唯物主义基本原理在实践工作中的具体体现,也是我们党始终坚持的根本工作路线和根本工作方法。"[3] 在习近平总书记看来,群众路线是我们党的生命线和根本工作路线。"不论过去、现在和将来,我们

---

[1] 《论党性修养》,中共中央党校出版社 2014 年版,第 425 页。
[2] 习近平:《在省部级主要领导干部学习贯彻党的十八届五中全会精神专题研讨班上的讲话》,《人民日报》2016 年 5 月 10 日第 2 版。
[3] 习近平:《在纪念毛泽东同志诞辰 120 周年座谈会上的讲话》,《人民日报》2013 年 12 月 27 日第 2 版。

都要把党的正确主张变为群众的自觉行动,把群众路线的工作方法贯彻到治国理政全部活动之中。"① 领导和群众间的关系构成群众路线的基本问题。习近平总书记的贡献在于,指出了领导在与群众的矛盾中始终处于主要方面,这是我们党始终告诫党员干部要牢记群众路线的重要原因。他说:"在领导和群众的矛盾中,如果领导方面是错误的,群众方面是正确的,毫无疑问,领导是主要矛盾方面;如果群众方面是错误的,领导方面是正确的,矛盾的主要方面也在领导,在于领导对群众的说服教育工作没有到位,在于领导的工作措施不适应于群众。"② 习近平总书记在治国理政实践中,提出了要始终坚持人民是历史创造者的根本观点,尊重人民主体地位,发挥人民首创精神;要坚持以人民为中心,一切为了人民,一切从人民利益出发;要从群众中来,到群众中去。这一系列关于群众观点和群众路线的新思想、新阐述,进一步丰富和发展了我们党的群众观点和群众路线。

党的十八大以来,以习近平同志为核心的党中央领导开展党的群众路线教育实践活动,就是新时代坚持群众路线的生动实践。为实现党的作风建设常态化、长效化,习近平总书记抓住制度建设这个重点,不断巩固党的群众路线教育实践活动的成果。以习近平同志为核心的党中央,注重建立健全立体式、全方位的制度体系,以刚性的制度约束、严格的制度执行、强有力的监督检查、严厉的惩戒机制,不断强化制度的执行力,切实遏制各种违规违纪违法现象,真正使践行群众路线成为党员干部的行动自觉。在大国治理实践中,针对群众工作的新形势、新变化,习近平总书记提出通过网络走群众路线的新理念。在他看来,网民来自老百姓,老百姓上了网,民意也就上了网。他喊话各级党政机关和领导干部"经常上网看看,潜潜水、聊聊天、发发声","让互联网成为我们同群众交流

---

① 习近平:《在哲学社会科学工作座谈会上的讲话》,《人民日报》2016年5月19日第2版。

② 习近平:《干在实处 走在前列》,中共中央党校出版社2006年版,第532页。

沟通的新平台,成为了解群众、贴近群众、为群众排忧解难的新途径,成为发扬人民民主、接受人民监督的新渠道。"①

**三 调查研究的方法**

坚持实事求是、求真务实,坚持群众路线,有一个重要环节不能忽视,那就是加强调查研究。重视调查研究工作,善用调查研究方法,是中国共产党一以贯之的优良传统。习近平总书记一贯高度重视调查研究工作,将调查研究作为群众路线的基础性环节,注重调查研究方法的时代性、科学性、系统性。早在地方工作期间,习近平总书记多次强调,当县委书记一定要跑遍所有的村,当地(市)委书记一定要跑遍所有的乡镇,当省委书记一定要跑遍所有的县市区。习近平总书记是这样说的,更是这样做的。他在河北正定工作期间,就很少待在县委机关,一年大部分时间都在基层调研,跑遍了正定的每一个村。他经常让县委干部走上街头搞随机问卷调查,有时自己还在大街上支起桌子听取群众意见。他在宁德任地委书记时,倡导开展"四下基层",并以身作则三进下党乡。后来在福州工作时,又大力推动"进万家门、知万家情、解万家忧、办万家事"。到浙江工作后,他用一年多时间就跑遍了全省90多个县(市、区)。到中央工作后,他的足迹已遍及全国31个省(自治区、直辖市)。党的十八大以来,习近平总书记率先垂范,足迹走遍全国,可谓调查研究工作的光辉典范。2014年1月,习近平总书记主持中共中央政治局会议,提出在全党大兴调查研究之风,健全领导干部带头改进作风、深入基层调查研究机制。在习近平总书记看来,调查研究不仅是一种工作方法,而且是关系党和人民事业得失成败的大问题。他认为,没有调查,就没有发言权,更没有决策权。研究、思考、确定全面深化改革的思路和重大举措,刻舟求剑不行,闭

---

① 习近平:《在网络安全和信息化工作座谈会上的讲话》,《人民日报》2016年4月26日第1版。

门造车不行,异想天开更不行,必须进行全面深入的调查研究。

在调查研究的方法上,他强调:"在运用我们党在长期实践中积累的有效方法的同时,要适应新形势新情况特别是当今社会信息网络化的特点,进一步拓展调研渠道、丰富调研手段、创新调研方式,学习、掌握和运用现代科学技术的调研方法","逐步把现代信息技术引入调研领域,提高调研的效率和科学性。"①

**四 抓落实的方法**

实践观点是马克思主义哲学首要的、基本的观点,实践标准是检验认识正确与否的唯一标准。列宁讲:"一步行动,胜过一打纲领。"具有刚性的执行力尤为关键。务实是"决胜于千里之外"的实践。抓落实是领导工作一个极为重要的环节。习近平总书记指出,要学习掌握认识和实践辩证关系的原理,坚持实践第一的观点,不断推进实践基础上的理论创新。坚持实践第一的观点,就必须坚持实践标准,务求实效,关键在于落实,做改革的"促进派""实干家"。"落实"二字,频频出现于习近平总书记的讲话中,在大国治理实践中,习近平总书记反复强调"崇尚实干、狠抓落实"。在他看来,如果不沉下心来抓落实,再好的目标,再好的蓝图,也只是镜中花、水中月。

针对以往我们存在的"执行力"问题,党的十八大以来,党中央要求领导干部树立"功成不必在我"的理念,注重"一分部署、九分落实";要具有钉钉子精神,要抓铁有痕、踏石留印;要少提口号,行动至上,做到讲实话、干实事,敢作为、勇担当,言必信、行必果,促使工作落细、落小、落实,具有刚性的执行力。这种刚性执行力,就是要树立"真抓"的工作作风,学会"会抓"的本领方法,在落实的认识上讲求"深",在落实的要求上讲求"新",在落实的步骤上讲求"韧",在落实的举措上讲求"实"。

---

① 习近平:《谈谈调查研究》,《学习时报》2011年11月23日第1版。

在抓落实的重要性方面，他强调实干兴邦。在他看来，抓落实，是党的政治路线、思想路线、群众路线的根本要求，也是衡量领导干部党性和政绩观的重要标志；在抓落实的态度上，他认为，抓落实来不得花拳绣腿，光喊口号、不行动不行，单单开会、发文件不够，必须落到实处。他强调，要有真抓的实劲、敢抓的狠劲、善抓的巧劲、常抓的韧劲，抓铁有痕、踏石留印抓落实。在谁来抓落实的问题上，习近平总书记认为，要明确抓落实的主体，一把手是关键；中央政治局的同志要带头崇尚实干、狠抓落实；领导干部特别是一把手要亲自抓、亲自管；党政主要负责同志是抓改革的关键，要亲自抓、带头干，还要勇于挑最重的担子、啃最硬的骨头，做到重要改革亲自部署、重大方案亲自把关、关键环节亲自协调、落实情况亲自督察，扑下身子，狠抓落实。在抓落实的方法上，习近平总书记强调，一是要抓住突出短板和薄弱环节，分清轻重缓急；二是要有时间表，一项一项抓落实；三是将制定目标和狠抓落实结合起来；四是强化主体责任，主动作为、形成合力。

**五 抓关键少数的方法**

抓关键少数是新时代大国治理的重要方法论。党的十八大以来，习近平总书记抓"关键少数"，不断抓常抓严、抓实抓细；不仅"言传"，更重"身教"。他指出："正人必先正己，正己才能正人。群众看领导，党员看干部。领导带头，层层示范，是做好各项工作的重要方法。"[①] 习近平总书记认为，各项工作要抓出成效，就必须抓住领导干部这个"关键少数"。抓工作，习近平总书记始终强调"从人抓起""关键在人"，抓住领导干部这个"关键少数"，就等于抓住了"牛鼻子"。要改造客观世界，首先要改造主观世界。改造主观世界，首先是改造关键少数人即领导干部的主观世界。

---

① 《习近平总书记重要讲话文章选编》，中央文献出版社、党建读物出版社2016年版，第122页。

针对脱贫攻坚，他强调，"党政一把手要当好扶贫开发工作第一责任人"；针对深化改革，他强调，"党政主要负责同志要亲力亲为，扑下身子抓落实"；针对从严治党，他强调，"关键是要抓住领导干部这个'关键少数'，从严管好各级领导干部"。

"关键少数"抓什么？首先是抓管住权力。通过的中央八项规定，要求领导干部带头改进工作作风。多项党内法规相继制定修订，针对"关键少数"作出许多"硬约束"。其次，抓信念是重要一环。党的十八大以来，中央先后部署多次专题性党内教育，让党员干部不断"回炉锤炼"，实现"自我净化、自我完善、自我革新、自我提高"。再次，非常注重抓学习。习近平总书记强调，"好学才能上进"，要求"大兴学习之风"。习近平总书记对领导干部说，"为官避事平生耻"，干部就要有担当。最后，最终落在抓责任，超常规动员抓责任。

"关键少数"怎么抓？一是抓住中央政治局，为全党做表率。习近平总书记常说，"己不正，焉能正人"，他将中央委员会、中央政治局、中央政治局常委会的组成人员视为关键。他说，把这部分人抓好了，能够在全党作出表率，很多事情就好办了。纵观习近平总书记抓"关键少数"的重要部署，无论是抓制度、抓信念，还是抓学习、抓责任，他都要求中央政治局首先做好。二是重锤常擂，落实主体责任。习近平总书记深知，抓"关键少数"贵在经常，久久为功，才能保持长效。要防止问题反弹，就必须重锤常擂，让领导干部的思想之弦时刻紧绷。三是坚持问题导向，不断抓实抓细。习近平总书记讲治党管党，通常都是结合案例讲，带着问题讲，指向性非常明确。他多次用重大典型案例警示领导干部，要引以为戒、举一反三。在中纪委六次全会上，他强调家风问题，告诫领导干部不要"护犊子"。与县委书记座谈，他特别提醒"各种诱惑、算计都冲着你来，各种讨好、捧杀都对着你去"。对省部级一把手，习近平总书记又重点提了防范被利益集团"围猎"。针对领导干部加强自律的问题，他特别指出，"关键是在私底下、无人时、细微处能否做到慎独慎微",并提出4个"定力"、3个"不"等一系列要求。

抓好关键少数的治国理政方法,是我们党从中国特色社会主义现代化建设实际出发,把马克思主义唯物辩证法原理与历史主体论原理运用于中国社会现实,在精准把脉中国国情与突出问题基础上,在治国理政生动实践中探索、认识和把握到的规律性认识,是推进国家治理体系和治理能力现代化的重要创举,体现了治国理政的中国印记与独特的中国智慧,也彰显出中国共产党以自我革命的勇气,敢于自我开刀、刮骨疗伤、祛病强身的一种有责任、敢担当的政治魄力与治理理念,也是吸取其他社会主义国家及政党的经验教训而得出的方法论智慧。在纷繁变化的国际政治体系中,执政党如何加强国家治理,这是目前世界各国政党普遍面临的世纪难题,发展中国家多数处于现代化爬坡期,执政党作为"关键少数"能否自觉强化自我治理,在自我净化中实现自我超越、自我完善,对于国家整体向上突破更是必不可少的。当今世界面临的治理危机,表面上看是经济、社会、政治乃至全方位的治理危机,而实质上折射出的则是深层次的政党危机,即政党治理危机。在此意义上,中国共产党抓全面从严治党、抓干部和领导干部这一"关键少数"的治国理政经验与方法,无疑是有效破解政党治理危机的政治创新之举,是政党治理的中国方案,对世界政党治理具有方法论借鉴意义与普遍价值。

## 六 坚持注重顶层设计与摸着石头过河相结合的方法

坚持顶层设计与摸着石头过河相结合,是一切成功社会实践的经验总结和基本规律。坚持顶层设计与摸着石头过河相结合,既是新时代全面深化改革的科学方法论,也是国家治理的科学方法论。党的十八届三中全会公报和《中共中央关于全面深化改革若干重大问题的决定》,在讲到我国改革开放的成功实践为全面深化改革提供了重要经验时均强调,必须"加强顶层设计和摸着石头过河相结合"。在习近平总书记看来，摸着石头过河和加强顶层设计是辩证统一的。"摸着石头过河，是富有中国特色、符合中国国情的改革方法。摸着石头过河就是摸规律，从实践中获得真知。"①

坚持顶层设计与摸着石头过河相结合，必须把握好二者的动态平衡。其精要和紧要在于，实践者要演好再平衡的角色，以砝码的增减保持二者的平衡和互补。摸着石头过河与顶层设计对应不对立，是相辅相成的辩证统一关系，体现的是实践—认识—再实践—再认识的逻辑过程，既具有认识实践论的意义，又具有认识能动性的作用，是实践创新和理论创新的结合体。

党的十八大以来，以习近平同志为核心的党中央，坚持将顶层设计与摸着石头过河相结合的科学方法论，对治国理政的总方略"四个全面"战略布局进行顶层设计，统筹规划部署改革方略，同时鼓励地方和人民群众自主探索改革的路径与具体政策举措。在顶层设计方面，针对发展进入转型期、改革进入"深水区"、国际环境错综复杂的新阶段、新形势、新特点，特别是针对长期以来国家在顶层设计上的缺陷和战略规划上的不足，以前瞻性的思维、强烈的问题导向，站在顶层的高度，进行整体谋划、系统设计，切实把治国理政思想、思路、方略理清楚，把前进道路上的问题、矛盾、挑战弄明白，增强各项改革发展举措的关联性、系统性、协同性，形成统分结合、举纲张目、前后贯通的整体解决方案，进而从根上解决制度政策条块分割、各自为政，甚至前后矛盾、相互博弈的问题，防止政策空转、走冤枉路、花冤枉钱、资源浪费、来回折腾等顽症危害全局发展，探索走出一条立足顶层设计，谋定而后动，最大限度释放宏观政策效能的治国之路。顶层设计与摸着石头过河相结合的基本操作模式是，中央授权地方开展改革试点，取得试点经验后纳入顶层设计，在更大范围内复制推广。以试点的方式推动改革一方面可以降低创新的不确定性，另一方面也有利于搁置争议、

---

① 《习近平谈治国理政》，外文出版社2014年版，第68页。

寻求共识,广泛调动各层级、各部门和社会力量参与改革,寻求改革的最大公约数。党的十八届三中全会以来,党中央部署开展了一系列重大改革试点,探索了一批可复制、可推广的经验,对推动全局性改革起到示范、突破和带动作用。自由贸易试验区试点、国家监察体制改革试点、全面创新改革试点、司法体制改革试点、深化党和国家机构改革等,一项项重大改革从易到难、从小到大、从外围到核心、从增量到存量积极稳妥推进,"凡改必试"已经成为党中央治国理政的一条基本经验。通过顶层设计与基层探索相结合,全面深化改革各项决策部署进展顺利,分散了社会风险,减少了决策阻力,降低了治理成本,形成了示范效应。

**七 坚持稳中求进的方法**

"纷繁世事多元应,击鼓催征稳驭舟。"稳中求进是以习近平同志为核心的党中央一再强调的治国理政的重要原则,也是做好经济工作和其他各项工作的方法论。习近平总书记指出:"我们做工作就要以稳求进、以进固稳,经济发展是这样,社会发展也是这样。我国40年改革开放是全面的也是渐进的,摸着石头过河,坚持试点先行,取得经验后再在面上推开。这就是稳中求进的历史经验。"[①] 党的十九大报告把"坚持稳中求进工作总基调"纳入新时代坚持和发展中国特色社会主义的基本方略。

"稳中求进"中的稳,就是要保持宏观经济政策基本稳定,保持经济平稳较快发展,保持物价总水平基本稳定,保持社会大局稳定。"稳中求进"中的进,就是要继续抓住和用好中国发展的重要战略机遇期,在转变经济发展方式上取得新进展,在深化改革开放上取得新突破,在改善民生上取得新成效。稳定是发展的基石,行稳是致远的前提。习近平总书记指出,中国是14亿人口的大国,

---

① 习近平:《稳中求进是当前和今后一个时期党和国家工作总基调 我们做工作要以稳求进以进固稳》,《解放日报》2019年1月29日第1版。

稳定是重中之重。中国的管理、治理、发展必须牢记"治大国若烹小鲜"的古训，把"稳"放在首位。在习近平总书记看来，我国是一个大国，绝不能在根本性问题上出现颠覆性错误，一旦出现就无法挽回、无法弥补。全面深化改革涉及面广，将不可避免触及深层次社会关系和利益矛盾，牵动既有利益格局变化。特别是重大改革举措可能牵一发而动全身，必须慎之又慎。在越来越深的水中前行，遇到的阻力必然越来越大，面对的暗礁、潜流、旋涡可能越来越多。现阶段推进改革，必须识得水性、把握大局、稳中求进。2018年中央经济工作会议提出，继续做好"六稳"（稳就业、稳金融、稳外贸、稳外资、稳投资、稳预期），将稳中求进视为当前和今后一个时期党和国家工作总基调。2019年1月21日，在省部级主要领导干部坚持底线思维着力防范化解重大风险专题研讨班开班式上，习近平总书记进一步对做好"六稳"工作提出明确要求。

在"稳"与"进"的辩证关系上，以习近平同志为核心的党中央，坚持以稳求进、以进固稳。一方面，将"稳"作为主基调和大局，稳稳当当谋发展、搞建设；另一方面，把"进"作为硬道理和方向，在稳的前提下有所进取，在把握好度的前提下有所作为。

方法是手段，是用来为目的服务的。正如邓小平同志所说：党是人民的工具，而不是把人民作为自己的工具。理所当然，我们的思想方法、工作方法、领导方法乃至由此延伸出来这样和那样的具体方式方法都要以此为基准，并无其他。新时代大国治理论中的思想方法和工作方法，说到底是为实现人民过上美好生活的奋斗目标服务的。习近平总书记有关思想方法和工作方法的论述，运用辩证唯物主义和历史唯物主义世界观与方法论，既部署了"过河"的任务，又指导如何解决"桥或船"的问题，为新时代的大国治理提供了重要方法论保障。

第 十 章

# 新时代大国治理核心论

《中国共产党章程》规定，中国共产党是工人阶级先锋队，是中国人民和中华民族的先锋队，是中国特色社会主义事业的领导核心。在中国，党政军民学，东西南北中，中国共产党是领导核心。中国共产党的领导地位和核心作用决定了其在推进国家治理过程中承载着非常重要的使命和担当，它成为引领国家治理行为的核心和中坚力量。党的十八大以来，习近平总书记高度重视发挥党的领导核心作用。在他看来，在国家治理体系的大棋局中，党中央是坐镇中军帐的"帅"，即是核心。围绕锻造治国理政的坚强领导核心，习近平总书记提出坚持党的全面领导、加强和改善党的领导、全面加强党的建设、全面从严治党等思想，形成新时代大国治理核心论，在理论上解答了大国治理由谁来领导以及如何建设世界上最强大政党，为大国治理提供坚强领导核心和根本政治保证的问题。

## 第一节　中国共产党是新时代大国治理的领导核心

中国共产党领导核心地位绝不是机缘巧合，而是具有不容置疑的合法性，但这种核心角色不是与生俱来的，也不是一劳永逸的，而是经历历史的选择和时代的检验。这种领导核心地位，是深深植根于中国实际，在马克思主义中国化道路上探索不息、奋斗不止的结果，既是历史的选择，也是时代的要求，更是中国共产党自身特质所决定的,是历史逻辑与现实逻辑相统一的结果。

## 一 中国共产党领导核心地位确立的逻辑

(一) 历史逻辑

中国共产党在国家治理体系中领导核心地位的合法性首先来源于历史,这是被长期实践证明了的,是历史的选择。我们党在艰苦卓绝的奋斗和艰难曲折的探索过程中,先后取得新民主主义革命和社会主义革命的胜利,并且取得了改革开放新的伟大革命的成功,为实现大国崛起打下坚实基础,把一个积贫积弱的落后国家改造成经济总量世界第二的社会主义发展中大国,迎来中华民族从站起来、富起来到强起来的伟大飞跃,取得了举世瞩目的历史性成就。这些成就得益于中国共产党这个坚强领导核心。所以,邓小平同志强调指出:"在中国这样的大国,要把几亿人口的思想和力量统一起来建设社会主义,没有一个由具有高度觉悟性、纪律性和自我牺牲精神的党员组成的能够真正代表和团结人民群众的党,没有这样一个党的统一领导,是不可能设想的。"[1]

(二) 现实逻辑

中国共产党的领导核心地位是历史形成的,其在国家治理体系中的领导核心地位更是中国共产党70多年治国理政的基本经验和基本事实。当今中国大国治理的现实逻辑迫切需要中国共产党这一当仁不让的核心。我们党在马克思主义发展史乃至人类政治文明发展史上,第一次明确提出推进国家治理体系和治理能力现代化的历史任务,这是一项复杂的系统工程,需要先进政党的正确领导和顶层设计。党的领导是推进国家治理现代化的重要政治保证。

1. 坚持党的领导是当今中国特殊政治形态的内在要求

一方面,中国共产党与国家治理具有紧密相连的内在关系。与大多数西方国家政党与国家之间存在的松散、间接、分离的关系不

---

[1] 《邓小平文选》第2卷,人民出版社1994年版,第341—342页。

同，当代中国政治呈现独特政治形态，中国共产党是唯一且长期执政的党，党与国家之间密不可分，党的领导是国家存续的根本。另一方面，中国共产党在多党合作制度中居于领导地位，是其他各党派的领导核心。当今中国实行的是中国共产党领导的多党合作制度，中国共产党是唯一的执政党，各民主党派作为参政党，是建设中国特色社会主义的重要促进力量。中国共产党与其他党派之间的关系不是执政党与在野党之间的关系，而是执政党与参政党之间的关系。在长期共存、互相监督、肝胆相照、荣辱与共的方针指导下，中国共产党与各民主党派形成世界政党政治中独一无二的新型政党关系。这种带有中华传统文化中"和为贵"、商量办事等浓郁特色的制度设计，是我们党将传统文化与现代政治融合的"天才创意"，也是中国共产党长期执政的秘密所在，是对人类政治文明的一大贡献。中国共产党领导的多党合作和政治协商制度保障了优秀人才与社会英才向执政党汇聚，形成实现共同目标的合力。因此，在中国大国治理实践进程中，执政党建设得如何，直接关系和影响到国家与社会，政党治理成为国家治理的前提。

2. 坚持党的领导是当今中国大国治理的根本原则

党领导一切，是马克思主义的一个重要原则。我们党的几代领导人都高度关注这个问题，始终强调坚持党的领导核心地位。抗日战争时期，我们党就明确提出党应该领导一切其他组织。执掌全国政权后，毛泽东同志进一步指出，我们党要成为"社会主义建设的核心力量"，并强调"工、农、商、学、兵、政、党这七个方面，党是领导一切的"[①]。在改革开放新时期，邓小平同志非常重视社会主义现代化的领导力量问题。在论述立国之本时，他强调中国共产党的领导是四项基本原则的核心。他将坚持党的领导核心地位与社会主义事业伟大任务联系起来，强调中国社会主义现代化建设由共产党领导这个原则不能动摇。

---

① 《毛泽东文集》第8卷，人民出版社1999版，第305页。

党的十八大以来，以习近平同志为核心的党中央不断巩固党的核心地位，突出强调完善党和国家领导体制，坚持民主集中制，充分发挥党的领导核心作用。党的十九大把"坚持党对一切工作的领导"，作为新时代坚持和发展中国特色社会主义基本方略的第一条，并将其写入党章。《中共中央关于党的百年奋斗重大成就和历史经验的决议》在提出的十条经验中，将"坚持党的领导"放在第一位。

3. 坚持党的领导是大国治理保持正确方向的根本保证

大国治理必须确保正确方向，这是事关国家前途命运的大问题。在改革进程中因为弱化甚至放弃党的领导导致失败的惨痛教训相当深刻。苏联就是具有代表性的例子。苏联解体后，戈尔巴乔夫在接受中国记者采访谈到苏共垮台时说："改革时期，加强党对改革进程的领导，是所有问题的重中之重……如果党失去对社会和改革的领导，就会出现混乱，那将是非常危险的。"[1] 苏联垮台的教训从反面警醒我们，全面深化改革、推进大国治理现代化，必须在党的领导下进行。全面深化改革、推进国家治理体系和治理能力现代化绝不能削弱党的领导，正如邓小平同志在《党和国家领导制度的改革》中所指出的："改革党和国家的领导制度，不是要削弱党的领导，而正是为了坚持和加强党的领导。"[2] 在新的历史条件下，习近平总书记也强调，中国这个大国不能出现颠覆性错误。所谓颠覆性错误就是指方向性错误。正是从这个意义上说，全面深化改革，必须加强和改善党的领导，充分发挥党总揽全局、协调各方的领导核心作用。[3]

## 二　中国共产党具备优秀特质和独特领导优势

（一）中国共产党具备优秀特质

中国共产党是具备优秀特质的先进政党，这些优秀特质是中国

---

[1] 杨政：《戈尔巴乔夫后悔了》，《环球人物》2006年第5期。
[2] 《邓小平文选》第2卷，人民出版社1994年版，第341页。
[3] 朱继东：《全面深化改革为何必须加强和改善党的领导》，《党建》2013年第12期。

共产党成为领导核心的内在因素。一是具有人民性特质。人民性是中国共产党最核心的特质。这是中国共产党被人民选择、认同的最重要原因。中国共产党之所以能够成为中华民族的坚强领导核心，就在于成功地解决了为谁执政这一根本问题。党除了最广大人民的利益，没有任何自己的私利。二是具有理想性特质。中国共产党有远大理想追求，自成立之日就树立起共产主义的远大理想，致力于建立人的全面发展的理想社会。三是具有创新性特质。中国共产党具有与时俱进的精神，敢于解放思想，打破陈规，特别是注重理论创新，坚持科学理论引领。中国共产党从创立起就把马克思主义作为自己的指导思想，并在不同时期不断推进马克思主义的中国化、时代化、大众化。中国共产党的理论创新成果，成为引领党和人民实践的强大精神力量。四是具有纪律性特质。中国共产党从建党起就制定和执行严明的纪律，在不同时期逐步建立起各方面纪律和规矩。五是具有革命性特质。中国共产党始终保持一往无前的革命精神，不仅善于进行社会革命，而且勇于进行自我革命，不断在革命中实现自我锻造。正是中国共产党的这些特性，决定了中国共产党具备成为国家治理核心的资质、资格。

（二）中国共产党的领导具有独特优势

中国共产党是具有独特优势的执政党，这些独特优势是其成为领导核心的重要依据。中国共产党具有强大的政治优势和组织优势。其政治优势在于，党的领导制度不会随着领导人的变化而改变，而是会随着形势的变化得到坚持和完善，不会出现大政方针朝令夕改的现象；其组织优势在于，通过执行民主集中制这一党的根本组织原则，既能落实党要管党、从严治党的方针，进而保持和发展党的先进性、纯洁性，也能发扬党内民主，激发并增强各个党组织的创造活力，将其打造成能够发挥先锋模范作用的战斗堡垒。坚强的领导核心也可以保证党的集体领导与个人分工相结合的制度得到落实。此外，中国共产党还具有强大的执行力。"由于有了中国共产党，中国保持了对于一个有着如此规模和如此多样的发展中家来说确是令人惊叹的强大的行政能力。"① 所以，坚强的领导核心是中国共产党进行大国治理的独特优势。这一独特优势为大国治理提供了强大的政治资源和组织资源，能够统一意志和行动，达到既定目标，维护公共利益，取得良好治理绩效。

## 第二节 充分发挥党总揽全局协调各方的领导核心作用

坚持党总揽全局、协调各方的领导核心地位，这是我国社会主义政治制度优越性的一个突出特点。党总揽全局、协调各方领导核心作用的充分发挥，不仅关系党领导经济社会发展能力的提高，而且关系党的执政地位的巩固和增强。中国革命、建设和改革实践证明，充分发挥党的领导核心作用，是我们战胜风险挑战、不断夺取胜利、实现党的历史使命的关键所在。越是在历史发展的紧要关头，越是在纷繁复杂的形势下，越是要加强和改善党的领导，充分发挥党的领导核心作用。中国特色社会主义进入新时代，以习近平同志为核心的党中央十分重视发挥党的领导核心作用，致力于坚持和加强党的全面领导，把中国特色社会主义这个最本质特征更加鲜明地体现好，把这个最大优势更加充分地发挥好。习近平总书记强调，要从治国理政的战略高度，深刻认识发挥党的领导核心作用的重要性和紧迫性。习近平总书记对党的领导核心问题讲得非常鲜明、生动、具体，他强调：这就像"众星捧月"，这个"月"就是中国共产党。中央委员会、中央政治局、中央政治局常委会，这是党的领导决策核心。党中央作出的决策部署，党的各个部门要贯彻落实，人大、政府、政协、监察委、法院、检察院的党组织要贯彻落实，事业单位、人民团体等的党组织也要贯彻落实。以习近平同志为核心的党中央坚持思想建党和制度治党同向发力，依法治国与

---

① 李侃如：《治理中国：从革命到改革》，胡国成、赵梅译，中国社会科学出版社 2010 年版，第 246 页。

制度治党、依规治党统筹推进与一体建设，在坚持党中央权威和集中统一领导方面，进一步形成以民主集中制为核心，衔接配套、运行有效的制度体系，为确保党中央政令畅通，充分发挥总揽全局、协调各方的领导核心作用提供了重要制度保证。

## 一 坚持和加强党的全面领导

坚持和加强党的全面领导，是党始终总揽全局、协调各方的根本保障。习近平总书记反复强调，"中国特色社会主义最本质的特征是中国共产党领导，中国特色社会主义制度的最大优势是中国共产党领导，党是最高政治领导力量"；"党政军民学，东西南北中，党是领导一切的"；"必须坚持党的领导，坚持和完善民主集中制，坚持党领导各项工作的体制机制，确保党对一切工作的领导，确保党总揽全局、协调各方"。习近平总书记这些重要论述，深刻阐述了党的全面领导的重大意义、丰富内涵和实践要求，确保党始终把牢中国前进方向，始终成为中国特色社会主义事业的坚强领导核心。党的十八大以来，以习近平同志为核心的党中央旗帜鲜明地坚持和加强党的全面领导，把党的领导贯穿到治国理政全部活动中。中共中央政治局听取全国人大常委会、国务院、全国政协、最高人民法院、最高人民检察院党组汇报工作，进一步体现了党中央集中统一领导，对全党具有重要示范意义。党的十八大以来，党中央先后召开全国宣传思想工作会议、文艺工作座谈会、新闻舆论工作座谈会、网络安全和信息化工作座谈会、中央城市工作会议、中央统战工作会议、中央党的群团工作会议、全国国有企业党的建设工作会议、全国高校思想政治工作会议、全军政治工作会议、全国党校工作会议等。习近平总书记亲自出席会议并发表重要讲话，对各方面工作提出要求，就是加强党的全面领导的重要体现。以习近平同志为核心的党中央把保证全党服从中央、坚持党中央权威和集中统一领导作为政治建设的首要任务，采取了一系列重大举措：颁布《关于新形势下党内政治生活的若干准则》、健全和落实请示报告制度、各地区各部门党委（党组）加强向党中央报告工作、中央政治局同志向党中央和习近平总书记书面述职等。这充分发挥党总揽全局、协调各方的领导核心作用，从根本上保障了中国特色社会主义各项事业不断向前发展。

坚持和加强党的全面领导，坚持党对一切工作领导，关键在于坚持党中央的集中统一领导。坚持党中央集中统一领导，是马克思主义政党的本质属性，是我们党在长期实践中形成的优良传统和独特优势，是中国特色社会主义政治发展道路的历史必然，是推进新时代党和国家各项事业的根本原则。党中央的集中统一领导就是要发挥党中央对党和国家工作的全方位、全覆盖的领导作用。习近平总书记强调，在国家治理体系的大棋局中，党中央是坐镇中军帐的"帅"，车马炮各展其长，一盘棋大局分明。习近平总书记在省部级主要领导干部学习贯彻十八届六中全会精神专题研讨班开班式的重要讲话中强调，全党必须牢固树立"四个意识"，自觉在思想上、政治上、行动上同党中央保持高度一致，指出每一个党的组织、每一名党员干部，无论处在哪个领域、哪个层级、哪个部门和单位，都要服从党中央集中统一领导，确保党中央令行禁止。党的十八大以来，我们全面加强党的领导，校正了党和国家事业前进的航向，党的领导弱化、虚化的状况得到根本性扭转，大大增强党的凝聚力、战斗力、领导力和号召力。

## 二 提高党把方向、谋大局、定政策、促改革的能力和定力

"沧海横流显砥柱，万山磅礴看主峰。"党的领导是政治、思想和组织领导的统一。发挥党总揽全局、协调各方的领导核心作用，就要突出"牵头"和"抓总"，关键是要在把握方向、谋划全局、提出战略、制定政策、深化改革上下功夫。

把方向就是要高举中国特色社会主义伟大旗帜，坚持以习近平新时代中国特色社会主义思想为指导，以高度自觉推进社会革命和自我革命，一以贯之坚持和发展中国特色社会主义，一以贯之推进

党的建设新的伟大工程，一以贯之增强忧患意识，防范风险挑战。要进一步增强中国特色社会主义道路自信、理论自信、制度自信、文化自信，提高政治觉悟，保持战略定力，在大是大非面前旗帜鲜明，在大风大浪面前头脑清醒，始终坚定中国特色社会主义的正确方向。要进一步增强政治意识、大局意识、核心意识、看齐意识，坚持党中央权威和集中统一领导，坚定执行党的政治路线，严格遵守政治纪律和政治规矩，在政治立场、政治方向、政治原则、政治道路上同以习近平同志为核心的党中央保持高度一致。

谋大局，既体现了辩证唯物主义和历史唯物主义的思想方法与工作方法，也体现了中华优秀传统文化的思维方法，就是要牢固树立大局意识，自觉把工作放到大局中去思考、定位、摆布，做到正确认识大局、自觉服从大局、坚决维护大局。要善于牵"牛鼻子"，抓住主要矛盾和矛盾的主要方面，善于把局部利益放在全局利益中去把握，把眼前需要与长远谋划统一起来，把解决具体问题与解决深层次问题结合起来。要始终胸怀大局、把握大势、着眼大事，因势而谋、应势而动、顺势而为，不断增强工作的科学性、系统性、预见性。

定政策，就是要坚持以人民为中心，着眼解决人民日益增长的美好生活需要和不平衡不充分的发展之间的矛盾，抓住群众最关心、最直接、最现实的利益问题，制定切实管用的政策措施。就是要坚持实事求是，一切从实际出发，从群众中来到群众中去，广泛开展调查研究，具体问题具体分析，使政策决策、方案举措符合现实情况，反映客观规律，解决实际问题。要紧紧抓住决策这个重中之重，加强对世情、国情、党情、民情的分析研判，完善决策程序，增强法治意识，努力做到科学决策、民主决策、依法决策。

促改革，就是要大力弘扬改革创新和自我革命精神，推进思想再解放、改革再出发，在全面深化改革新起点上实现新突破。就是要着眼推进国家治理体系和治理能力现代化，适应我国经济已由高速增长阶段转向高质量发展阶段的基本特征，科学确定改革发展思路，制定改革发展措施，敢于担当、能为善为，在实践中开新局、闯新路。要鼓励基层创新，倡导敢闯敢试、敢为人先，加强对改革成功经验的深入挖掘、科学总结、宣传推广，推动形成更加浓厚、更有活力的创新创造氛围，凝聚起坚定不移推进改革开放的强大力量。

以习近平同志为核心的党中央，将提高党把方向、谋大局、定政策、促改革的能力和定力作为确保党始终总揽全局、协调各方的重要保障，采取一系列有效举措，包括锻造政治品格、强化责任担当、坚持走群众路线、加强对马克思主义看家本领的学习和掌握等，不断提升党把方向、谋大局、定政策、促改革的能力和定力。

### 三　不断完善和发展党的领导核心作用有效发挥的体制机制

党的十八大以来，党的领导体制机制进一步完善，党中央总揽全局、协调各方的领导作用得以充分发挥。

一是中央纪律检查委员会、中央书记处、全国人大常委会、国务院、全国政协、最高人民法院、最高人民检察院党组定期向中央政治局和政治局常委会报告工作。这是保证党的全面领导和集中统一领导的一项重要制度安排。

二是党中央领导议事和协调工作的机制更加健全。各个专门委员会广泛存在于党和国家政治运行过程中，发挥着议事、协调等功能，是党政系统常规治理方式之外的重要领导形式，拥有跨部门的协调权力，是党实现对国家和社会全面领导的重要机制。中央政治局常委分别兼任不同委员会的主任、副主任。习近平总书记亲自担任中央全面深化改革委员会、中央全面依法治国委员会、中央财经委员会、中央网络安全和信息化委员会、中央外事工作委员会、中央审计委员会等多个委员会的主任，从体制机制上保障了党总揽全局、协调各方，是坚持和加强党的全面领导的又一项重要制度安排。

三是坚持和完善请示报告制度。党的十八大以来，党中央高度重视请示报告制度建设。习近平总书记反复强调要严格执行请示报告制度，并采取一系列举措健全和落实请示报告制度。党的十九大后的第一次中央政治局会议，审议通过了《中共中央政治局关于加强和维护党中央集中统一领导的若干规定》，规定政治局成员要坚持每年向党中央和总书记书面述职。

四是颁布了《关于新形势下党内政治生活的若干准则》《中国共产党党内监督条例》《中国共产党地方委员会工作条例》《中国共产党党组工作条例》《中国共产党工作机关条例（试行）》，使党委（党组）总揽全局、协调各方的领导核心作用制度化水平进一步提高。

五是对部门和企事业单位党委、党组和基层组织的功能定位进行调整。党的十九大新修订的党章赋予党组领导机关和直属单位党组织的工作和讨论、决定基层党组织设置和发展、处分党员等重要事项的权力，明确国有企业党委（党组）发挥领导作用，并调整了基层组织和基层支部的职能，无疑是加强党的全面领导的重要体制性安排。党通过建立健全党的领导体制机制，有效协调国家机构之间的关系，有效统筹各领域各方面工作，使政策的制定和执行更加流畅、高效，有效克服西方国家分权体制下可能出现的相互否决、治理低效的弊端，彰显了中国共产党全面领导的巨大制度优势。党的十九届三中全会审议通过的《中共中央关于深化党和国家机构改革的决定》指出，深化党和国家机构改革，要以加强党的全面领导为统领。这明确将坚持和加强党的全面领导作为推进党和国家机构改革的核心任务、关键所在，要求把加强党对一切工作的领导贯彻到改革各方面全过程，建设总揽全局、协调各方的党的领导体系，为党的长期执政、国家长治久安提供坚强制度保障。

## 第三节　建设世界上最强大政党

"政党是治理国家不可缺少的工具"①，表明政党在现代国家治理体系中不可或缺。塞缪尔·亨廷顿认为："凡达到目前和预测到的高水平政治安定的发展中国家，莫不至少拥有一个强有力的政党……同有强大政党的政治体系相比，在没有强有力政党的政治体系中，更容易出现暴乱、骚动和其他形式的政治不安定。"②

办好中国的事情，关键在党。新时代实现中华民族伟大复兴中国梦的新使命更加需要发挥党的领导核心作用，新时代党情的新变化和党面临的伟大斗争迫切要求党在革命性锻造中进一步巩固核心地位。治国当先治党，强国应先强党，党强起来是国家强起来的必然进路。中国由大国而为强国，必然要以中国共产党由大党成为强党为必要条件。强国以强党为前提，强党以强国为目标。党的十八大以来，以习近平同志为核心的党中央，把对民族的责任、对人民的责任、对党的责任，落实到建设世界上最强大政党，使党始终成为中国特色社会主义事业的坚强领导核心上。针对过去一段时期以来实际上存在的党的领导弱化现象，以习近平同志为核心的党中央从统揽"四个伟大"实践出发，着眼于全面加强党的领导，以全面从严治党为推进党的建设伟大工程的鲜明主题，坚定推进全面从严治党，严字当头，狠抓思想从严、管党从严、执纪从严、作风从严、反腐从严，采取一系列新的举措管党治党，集中整饬党风，着力严明纪律，严厉惩治腐败，不断提高党的领导水平和执政能力，进一步锻造中国共产党这个坚强领导核心和巩固党的核心地位。

---

① ［美］罗杰·希尔斯曼：《美国是如何治理的》，曹大鹏译，商务印书馆1986年版，第327页。

② ［美］塞缪尔·亨廷顿：《变革社会中的政治秩序》，李盛平、杨玉生译，华夏出版社1988年版，第396—397页。

## 一　总体目标：把党建设成为世界上最强大政党

中国共产党是世界上最大的一个政党，也是在世界上最大的社会主义国家长期执政的政党。这么大一个政党，面临如此繁重而艰巨的战略任务，如何把自身建设好，成为坚强有力的政党，是一个历久弥新的重大课题。在新时代推进党的建设新的伟大工程实践进程中，习近平总书记明确提出"搞好自身建设，真正成为世界上最强大的一个政党"的目标。"最强大政党"表明以习近平同志为核心的党中央管党治党、兴党强党的决心和信心，明确了新时代党的建设的远大目标。强党引领强国。建设成为世界上最强大的政党，是理想所寄，使命所使，事业所需。[①] 这是由党的性质所决定的内在逻辑，也是历史和实践得出的科学结论。把党建设成为世界上最强大政党是锻造坚强领导核心的必然要求。"强大"集中体现在党的政治领导力、思想引领力、群众组织力、社会号召力等方面，还体现在党的创造力、战斗力、凝聚力上。成为最强大政党不仅要求政治过硬，还要求本领高强。习近平总书记在党的十九报告中指出全党要增强包括学习本领、政治领导本领等八项执政本领，为锻造最强大政党提供了有力支撑。

## 二　总体思路："打铁必须自身硬"

党的十八大提出"打铁还需自身硬"，党的十九大提出"打铁必须自身硬"。如果说党的十八大以来习近平总书记讲"打铁还需自身硬"主要是从道理逻辑的角度警醒中国共产党要"自身硬"的话，那么，在党的十九大报告中改为"打铁必须自身硬"，则宣示的是决心、意志，是更高标准。新时代我们党的党情集中起来就是：要打得"铁"很硬，而我们自身还不是很硬。我们党不仅面临"四种危险""四大考验"，还要应对重大挑战，抵御重大风险，克

---

① 何毅亭：《努力建设世界上最强大的政党》，《解放日报》2017年7月25日第9版。

服重大阻力，解决重大矛盾，特别是要在全面深化改革中啃硬骨头，破除体制机制弊端和利益固化藩篱等，即开展具有许多新的历史特点的伟大斗争。这就对党自身提出新的更高要求，党必须坚强有力才行。

正是基于"物必先腐，而后虫生"的深刻道理，心怀"腐败问题越演越烈，最终必然会亡党亡国"的忧患意识，习近平总书记清醒地认识到党面临的"四大考验""四种危险"。以习近平同志为核心的党中央针对党自身存在的突出问题，按照"打铁必须自身硬"的逻辑，把改造客观世界与改造主观世界结合起来，以全面从严治党为突破口，在重点解决党内存在的突出问题的同时，按照政治过硬、业务过硬、责任过硬、纪律过硬、作风过硬的要求，着力打造"铁一般信仰、铁一般信念、铁一般纪律、铁一般担当"的干部队伍。以"得罪千百人，不负十三亿"的使命担当，推动全党尊崇党章，要求增强"四个意识"；推进党的建设制度改革，完善党内法规制度体系；"打虎""拍蝇""猎狐""天网"，反腐败斗争从"腐败和反腐败呈胶着状态"到"压倒性态势正在形成"，从"压倒性态势已经形成"到"取得压倒性胜利"。党的纯洁性、先进性和长期执政能力建设得到加强，党内政治生态得到净化，我们党在新时代的革命性锻造中更加坚强有力，焕发出强大生机和活力。

### 三　根本路径：坚持思想建党与制度治党相结合

如何建设世界上最强大政党，锻造坚强领导核心？针对这一问题，习近平总书记指明了现实路径，一手抓思想建党，一手抓制度治党，使思想建党与制度治党同向发力、同时发力，用思想建党引领制度治党，用制度治党保障思想建党。

一方面，注重强化思想建党这个基础。思想建党是我们党的独特优势，是新时代全面从严治党的基础和前提。习近平总书记强调，我们党要搞好自身建设，真正成为世界上最强大的一个政党，首要任务是加强思想政治建设，关键是教育管理好党员、干部。一段时期以来，我们党的思想建设放松了、忽视了、弱化了，针对这个问题，以习近平同志为核心的党中央采取一系列强化党的思想建设的举措，包括抓住"坚定理想信念，加强理论武装"这个关键，突出增强"四个意识"，强化党性教育这个重点，夯实严肃党内政治生活这个基础，营造加强党内政治文化建设这个良好的环境，利用好"两学一做"常态化平台，抓住开展"不忘初心、牢记使命"主题教育的契机，补足党员干部理想信念之"钙"，使共产党人的先进性、纯洁性进一步增强。

另一方面，注重抓好制度治党这个根本。将加强党内法规制度建设作为全面从严治党的长远之策、根本之策，配合全面依法治国实践，按照党规严于国法的原则，开展对党内法规制度立、改、废的工作。围绕建成内容科学、程序严密、配套完备、运行有效的党内法规制度体系这个目标，不断健全和完善党内法规体系，把党长期以来管党治党的成功经验转化为制度成果，实现依法治国与依规治党有机统一，为管党治党立起明规矩，强化党内问责和监督，不断推进制度治党，依规治党。

思想建党和制度治党的紧密结合体现了依规治党与以德治党相统一。以德治党强调的是共产党人的道德品行、理想信念、精神追求，力图管好思想"总开关"，这正是思想建党的重要内容，是自律，是内因；依规治党强调的是制度意识的树立，规章制度的遵守，制度法规的执行，力图将权力关进制度的笼子，这正是制度治党的主旨要义所在，是他律，是外因。两者一柔一刚，同时同向发力，形成强大合力，筑牢全面从严治党的思想防线和制度防线。

### 四 关键任务：锻造坚强领导核心和建立高素质的干部队伍

"一个国家、一个政党，领导核心至关重要。"[①] 列宁指出：

---

[①] 《中国共产党第十八届中央委员会第六次全体会议公报》，《人民日报》2016年10月28日第1版。

"群众是划分为阶级的……在通常情况下，在多数场合，至少在现代的文明国家内，阶级是由政党来领导的；政党通常是由最有威信、最有影响、最有经验、被选出担任最重要职务而称为领袖的人们所组成的比较稳定的集团来主持的。这都是起码的常识。这都是简单明了的道理。"① 邓小平同志指出："任何一个领导集体都要有一个核心，没有核心的领导是靠不住的。"② 新加坡国立大学东亚研究所所长郑永年指出，中国的领导层可能是今天世界上少数几个最强有效的。西方的问题在于内部治理问题，而内部治理问题的核心在于一个有效政府。西方的困难在于形成不了一个有效政府，精英之间没有共识，党派之间互相否决，造成今天体制内外对峙的局面。中国具有一个稳定有效的领导核心层，有利于政治稳定。同样，社会经济的稳定和发展，也需要这样一个核心领导层来推动。中国共产党自成立起带领全国人民不断战胜艰难险阻，取得一系列胜利，一个重要原因就是在组织原则上形成符合中国革命、建设和改革实际的领导核心制度，这也是中国共产党不断发展壮大的政治优势。

今天的中国共产党是一个拥有9500多万名党员的世界第一大党，领导好、带领好这样一个巨型政党向着建设社会主义现代化强国和实现中华民族伟大复兴的中国梦迈进，向着伟大的共产主义目标迈进，必须有一个具有极高素质的中央领导核心。这一领导核心必须具备以下素质：第一，必须具有坚定的马克思主义信仰、高度的马克思主义理论水平以及与时俱进的理论创新能力，能够不断地推进马克思主义中国化、时代化和大众化。第二，必须具有高度的廉洁自律精神，堪为全党之表率，能够得到全党、全国人民的高度认同，具有强大的感召力和号召力。第三，必须具有强大的自觉学习和发展的能力，有远大的眼光、深刻的战略思维、较强的洞察能力，能够在治国理政中有效地规范国家治理的行为，纯洁各级管理

---

① 《列宁选集》第4卷，人民出版社1995年版，第151页。
② 《邓小平文选》第3卷，人民出版社1993年版，第310页。

队伍，及时严惩侵害国家利益、公众利益的行为，使公众尤其是基层公众不断增强对国家和政府的信任感。第四，必须具有立足基本国情，制定科学发展战略，带领政治组织、社会组织和社会公众脚踏实地地贯彻和落实，取得实实在在成效的意志和能力，特别是能够立足不同区域、不同民族发展等实际，处理好集权与分权、中央与地方、整体与局部、少数与多数、"先发"与"后发"的关系，以实现国家整体的协调发展和包容发展。①

我们这样的大国大党，要像习近平总书记强调的"大就要有大的样子"那样，在新时代凝聚全党、团结人民、战胜挑战、破浪前进，保证我们党始终成为中国特色社会主义的坚强领导力量，必须有坚强有力的领导核心。从党的历史看，正是1935年的遵义会议，确立了毛泽东同志在党中央和红军的领导地位，开始形成以毛泽东同志为核心的党的第一代中央领导集体，才挽救了党，挽救了红军，挽救了中国革命，从而使中国共产党成为一个把马克思主义理论同中国实际相结合的真正意义上的马克思主义政党。自此，全党、全国人民在以毛泽东同志为核心的中国共产党第一代中央领导集体的正确领导下，以毛泽东思想为指导，战胜重重艰难险阻，完成新民主主义革命，确立了社会主义制度，把一个一穷二白的旧中国建设成为拥有独立完整工业体系的东方大国。毛泽东同志逝世后，面对极为复杂的局面，我们党及时确立了邓小平同志的领导核心地位。自此，以邓小平同志为核心的中国共产党第二代中央领导集体，带领全党全国各族人民，承前启后，继往开来，坚持"一个中心，两个基本点"的基本路线，开启了中国特色社会主义改革开放的伟大实践。

正如党的十八届六中全会所指出的，一个国家、一个政党，领导核心至关重要。中国这样的大国、中国共产党这样的大党，要凝聚全党、团结人民、战胜挑战、破浪前进，保证党始终成为坚强有

---

① 杨兴林：《单一制国家结构视角下的大国治理》，《学习论坛》2018年第12期。

力的马克思主义执政党，始终成为中国特色社会主义的坚强领导力量，党中央、全党必须有一个核心。党的十八届六中全会明确提出习近平同志为党中央、全党的核心，正式提出"以习近平同志为核心的党中央"，党的十九大确立了习近平新时代中国特色社会主义思想的指导地位。习近平总书记作为党中央和全党的核心地位正式确立并得到巩固。确立习近平总书记核心地位是处于转型发展期的中国应对目前复杂战略环境、战胜多重风险挑战的现实需要，也是实现中华民族伟大复兴的需要，是历史的选择和人民的选择。

以习近平同志为核心的党中央，从治国理政全局的高度，着眼于锻造坚强领导核心，提出"两个维护"的重大战略思想，即坚决维护以习近平同志为核心的党中央权威和集中统一领导，坚决维护习近平总书记党中央的核心、全党的核心地位。"两个维护"是党的十八大以来我们党的重大政治成果和实践成果，体现了马克思主义建党学说的根本观点，传承了我们党历经革命性锻造而形成的独特优势，升华了党的十八大以来治党治国治军所取得的宝贵经验，凝聚了全党夺取新时代中国特色社会主义伟大胜利的共同意志和强大精神力量。党的十九届六中全会进一步提出"两个确立"的思想，即党确立习近平同志党中央的核心、全党的核心地位，确立习近平新时代中国特色社会主义思想的指导地位。"两个确立"与"两个维护"相辅相成。

决胜全面建成小康社会，开启全面建设社会主义现代化国家新征程，实现中华民族伟大复兴的中国梦，推进国家治理体系和治理能力现代化，实现国家长治久安，关键在党，关键在人。关键在党，就要确保党在发展中国特色社会主义历史进程中始终成为坚强领导核心；关键在人，就要建设一支高素质专业化干部队伍。针对干部队伍建设，习近平总书记发出"好干部三问"，即"怎样是好干部？怎样成长为好干部？怎样把好干部用起来？"以习近平同志为核心的党中央狠抓高素质干部队伍建设，正在清晰有力地回答"好干部三问"。针对什么是好干部，习近平总书记提出新时代好干部标准，即好干部要做到信念坚定、为民服务、勤政务实、敢于担当、清正廉洁，要做到"铁一般信仰、铁一般信念、铁一般纪律、铁一般担当"，概括了新时代高素质干部队伍的基本内涵。针对怎样成长为好干部，习近平总书记强调，成长为一个好干部，一靠自身努力，二靠组织培养。从干部自身来讲，个人必须努力，这是干部成长的内因，也是决定性因素。针对怎样把好干部选出来、用起来，习近平总书记亲自部署。推动干部人事制度改革。2014年1月，《党政领导干部选拔任用工作条例》在实施12年之后重新修订颁布，好干部标准在新条例中得到鲜明体现，树立起选人用人的正确导向。改进领导干部政绩考核、完善竞争性选拔、加强改进优秀年轻干部培养选拔等一系列制度和举措陆续出台，剑指干部工作存在的顽疾——唯票、唯分、唯GDP、唯年龄取人的"四唯"问题，严把选人用人政治关、品行关、能力关、作风关、廉洁关，坚决匡正选人用人风气。

党的十九大报告指出，"要建设高素质专业化干部队伍"，为新时代干部队伍建设给出明确导向。针对高素质，党的十九大报告强调：突出政治标准，提拔重用牢固树立"四个意识"和"四个自信"、坚决维护党中央权威、全面贯彻执行党的理论和路线方针政策、忠诚干净担当的干部。这首先就是从政治素质上要求党的干部，同时深刻揭示了政治素质高的内涵。针对专业化，习近平总书记在中共中央政治局第十次集体学习时强调，要把那些能力突出、业绩突出，有专业能力、专业素养、专业精神的优秀干部及时用起来。聚焦建设新时代高素质专业化干部队伍，以习近平同志为核心的党中央作出一系列战略部署，包括印发新修订的《党政领导干部选拔任用工作条例》《关于进一步激励广大干部新时代新担当新作为的意见》等党内法规制度，基本确立了高素质专业化干部队伍建设的"四梁八柱"制度框架，进一步推进干部选拔任用工作制度化、规范化、科学化，为新时代中国特色社会主义事业顺利发展提供坚强组织保证。

新时代大国治理核心论系统回答了新时代大国治理由谁来领导以及如何锻造坚强领导核心的问题，明确指明中国共产党在国家治理体系中的领导核心地位，并围绕锻造坚强领导核心进行顶层设计和系统部署，为新时代打造世界上最强大政党提供了基本遵循，为推进国家治理体系和治理能力现代化提供了根本政治保证。

# 结　　语

　　大国治理是一个既具有历史性又富有时代性的重大课题，也是一个兼具政治性和学术性的宏大命题。习近平总书记在新的时代条件下，对大国治理的基本问题进行深入研究和深刻思考，形成揭示治国理政规律和体现时代精神的重大思想理论成果：新时代大国治理论。作为习近平新时代中国特色社会主义思想中极富特色的组成部分，新时代大国治理论内容博大精深，涵盖改革发展稳定、内政外交国防、治党治国治军。本书重点阐释其主要内容。

　　本书主要内容和框架结构基于作者博士论文《习近平大国治理思想研究》而形成，是作者近年来集中研究习近平新时代中国特色社会主义思想的阶段性成果。本书立足新时代的大背景，抓住当今中国大国治理的典型特征，系统考察了新时代大国治理论和新时代党中央大国治理方略，力图展示其整体框架和核心内容。

　　新时代大国治理论是对"治理一个什么样的大国、如何治理大国"这一基本问题的科学解答。中国特色社会主义进入新时代，这是以习近平同志为核心的党中央治国理政的历史方位。新时代赋予这一代中国共产党人新使命，同时也提出新课题，即坚持和发展什么样的中国特色社会主义、如何坚持和发展中国特色社会主义。治理一个什么样的大国、如何治理大国，构建一个什么样国家治理体系、如何构建国家治理体系，是新时代坚持和发展中国特色社会主义的重中之重。正是在回应和解答上述基本问题的过程中，以习近平同志为核心的党中央提出和形成新时代大国治理论。

新时代大国治理论的基本内容主要由"十论"构成，即新时代大国治理方位论、新时代大国治理价值论、新时代大国治理目标论、新时代大国治理主体论、新时代大国治理基础论、新时代大国治理布局论、新时代大国治理结构论、新时代大国治理保障论、新时代大国治理方法论、新时代大国治理核心论。其中，新时代大国治理方位论回答新时代大国治理所处的历史方位问题；新时代大国治理价值论回答新时代大国治理的价值取向问题；新时代大国治理目标论回答新时代大国治理的奋斗目标问题；新时代大国治理主体论回答新时代大国治理的主体力量问题；新时代大国治理基础论回答新时代大国治理的物质基础问题；新时代大国治理布局论回答新时代大国治理的谋篇布局问题；新时代大国治理结构论回答新时代大国治理的层次结构问题；新时代大国治理保障论回答新时代大国治理的保障条件问题；新时代大国治理方法论回答新时代大国治理的方式方法问题；新时代大国治理核心论回答新时代大国治理的领导核心问题。上述"十论"构成新时代大国治理论的"四梁八柱"，是其核心要义。新时代大国治理论的宏大主旨是，必须坚持党的领导和国家主导的力量，坚持社会主义的方向和道路，坚持国家制度建设，充分调动和运用法治的力量、市场的力量、社会的力量、人民的力量，推进法治、德治、共治、自治，实现各项公共事务治理的制度化、规范化、程序化、民主化，体现中国特色社会主义的优越性，实现中华民族的伟大复兴。

新时代大国治理论是对新中国成立以来中国共产党所肩负的历史任务的总体概括，也是对21世纪以来新的历史条件下中国共产党进行全面深化改革所做顶层设计的精辟概括，更是对中国特色社会主义发展实践的标识性概括。新时代大国治理论，既坚持马克思主义经典作家关于国家治理的思想精髓，又创造性地继承中国传统文化中关于国家治理的智慧，同时还批判地吸纳西方社会关于国家治理的经验，从而有机整合了现代国家治理要素，彰显了新时代中国大国治理的逻辑。

新时代大国治理论具有鲜明的理论特色。鲜明的问题导向、坚定的政治立场、宏大的历史视野、深邃的哲学思维、高度的理论自信、宽广的世界眼光等，是其独具特色的理论风格。新时代大国治理论具有重大理论意义和实践意义。新时代大国治理论，深刻揭示了中国特色社会主义大国治理规律，创造性地回答了"治理一个什么样的大国、如何治理大国"这一治国理政的根本问题，深化了对"三大规律"的认识，推动马克思主义国家治理观的时代化，整合提升中国共产党治国理政思想，开辟大国治理的新境界，提出全球治理的新思路，指明人类发展的正确方向。在实践上，新时代大国治理论为推进我国国家治理体系和治理能力现代化提供了基本遵循，为实现人民安居乐业、社会和谐稳定、国家长治久安提出治本之策，为统揽"四个伟大"实践提供根本指针，为推动社会主义国家实现善治和破解世界治理难题提供中国方案和中国智慧。

习近平新时代中国特色社会主义思想科学体系的形成和历史地位的确立，标志着我们党十八大以来的理论总结和理论概括取得重大进展，为实现社会主义现代化和中华民族伟大复兴提供科学理论指导。同样，作为习近平新时代中国特色社会主义思想重要组成部分，新时代大国治理论也形成了系统完备的科学理论体系。下一步的工作重心在于落实，在于以科学理论为指导，按照行动纲领去实践。与此同时，我们也要看到，中国特色社会主义实践是日新月异的，实践创新是永无止境的。这就对理论创新提出要求。新时代大国治理论，也要随着新时代"四个伟大"实践的进一步展开和国家治理现代化的不断推进而丰富和发展。故而，对新时代大国治理论的研究也须跟进，无论是广度和深度上，都须进一步拓展。新时代大国治理论的精髓要义、哲学意蕴、世界意义、实践要求等，都是需要深入研究的重大课题，这为持续开展相关研究指明方向。

由于新时代大国治理论属于宏大叙事，涉及党和国家事业各个领域，且随着实践的展开而不断推陈出新，再加上本人资料占有、研究水平有限，虽倾其所能、竭尽全力，但肯定还有诸多不足之处，只待日后予以弥补。

# 参考文献

## 一、马克思主义经典著作类

［1］《马克思恩格斯文集》（第 1－10 卷），人民出版社 2009 年版。

［2］《列宁选集》（第 1－4 卷），人民出版社 2012 年版。

［3］《毛泽东选集》（第 1－4 卷），人民出版社 1991 年版。

［4］《邓小平文选》第 2 卷，人民出版社 1994 年版。

［5］《邓小平文选》第 3 卷，人民出版社 1993 年版。

［6］《江泽民文选》第 1－3 卷，人民出版社 2006 年版。

［7］《胡锦涛文选》第 1－3 卷，人民出版社 2016 年版。

［8］《习近平谈治国理政》，外文出版社 2014 年版。

［9］《习近平谈治理理政》第 2 卷，外文出版社 2017 年版。

［10］《习近平谈治国理政》第 3 卷，外文出版社 2020 年版。

［11］《十八大以来重要文献选编（上）》，中央文献出版社 2014 年版。

［12］《十八大以来重要文献选编（中）》，中央文献出版社 2016 年版。

［13］《十八大以来重要文献选编（下）》，中央文献出版社 2018 年版。

## 二、中文著作类

［1］王伟光：《马克思主义中国化的最新成果 习近平治国理政

思想研究》，中国社会科学出版社 2016 年版。

［2］何毅亭：《以习近平同志为核心的党中央治国理政新理念新思想新战略》，人民出版社 2017 年版。

［3］韩庆祥：《思想的力量：新一届中央领导集体治国理政的基本思路》，中央党校出版社 2014 年版。

［4］韩庆祥，黄相怀：《建设世界上最强大的政党》，中国人民大学出版社 2018 年版。

［5］韩庆祥：《强国逻辑：走向强国之路》，红旗出版社 2019 年版。

［6］杨英杰：《新理念新思想新战略旨归：学习习近平大国治理思想》，中共中央党校出版社 2017 年版。

［7］程同顺：《新时代大国治理》，长江出版集团、湖北教育出版社 2018 年版。

［8］杨雪冬，张萌萌：《大国治理》，中央编译出版社 2015 年版。

［9］人民论坛：《大国治理：国家治理体系和治理能力现代化》，中国经济出版社 2014 年版。

［10］刘世军、刘建军：《大国的复兴：国家治理体系与治理能力现代化》，上海人民出版社 2014 年版。

［11］朱之文：《大国治道——中国特色社会主义战略布局的理论视域》，复旦大学出版社 2016 年版。

［12］胡鞍钢：《大国之治》，党建读物出版社 2016 年版。

［13］高宏存，刘小康：《大国治理现代化》，红旗出版社 2019 年版。

［14］中央纪委国家监委新闻传播中心：《大国之治》，中国方正出版社 2021 版。

［15］燕继荣等：《中国治理：东方大国的复兴之道》，中国人民大学出版社 2017 年版。

［16］杨光斌：《习近平国家治理现代化思想：中国文明基体

论的延续》，中国社会科学出版社 2015 年版。

［17］程冠军：《走向善治的中国：十八大以来治国理政观察》，中共中央党校出版社 2015 年版。

［18］张兴华：《问题与对策：当代中国国家治理研究》，中国社会科学出版社 2017 年版。

［19］马峰：《走向复兴与繁荣：大国治理现代化》，中国社会科学出版社 2020 年版。

［20］焦石文：《中国权力结构转型的哲学研究》，中国社会科学出版社 2015 年版。

［21］王钰鑫：《当代中国治国理政》，中国社会科学出版社 2016 年版。

［22］王学俭：《十八大以来党的治国理政思想研究》，人民出版社 2017 年版。

［23］林钊：《治国理政新方略》，国家行政学院出版社 2016 年版。

［24］辛向阳：《治国理政新布局－四个全面托起中国梦》，中国人民大学出版社 2016 年版。

［25］靳诺：《全球治理的中国担当》，中国人民大学出版社 2017 年版。

［26］藏雷振：《国家治理：研究方法与理论构建》，社会科学文献出版社 2014 年版。

［27］杜飞进：《中国的治理——国家治理现代化研究》，商务印书馆 2015 年版。

［28］王炳林，赵军：《中国共产党治国理政历史经验研究——咨询报告集萃》，人民出版社 2017 年版。

［29］邓中好：《大国之路：管子是如何治理齐国的》，京华出版社 2012 年版。

［30］郭瑞：《中国近现代社会转型中的儒学现代化》，人民出版社 2019 年版。

［31］于憬之：《传统文化中的治国理政智慧》，人民日报出版社 2015 年版。

［32］王兆雷：《国家治理的文化根基》，人民日报出版社 2016 年版。

［33］庞大鹏：《普京新时期的俄罗斯（2011－2015）：政治稳定与国家治理》，社会科学文献出版社 2017 年版。

［34］［美］罗斯·特里尔：《习近平复兴中国：历史使命与大国战略》，中国时代出版公司 2016 年版。

［35］［美］熊玠：《习近平时代》，美国时代出版公司 2015 年版。

［36］［俄］塔夫罗夫斯基：《习近平：正圆中国梦》，俄罗斯埃克斯莫出版社 2015 年版。

**三、中文期刊类**

［1］李德顺，孙美堂：《马克思主义价值论发展探析》，《中国特色社会主义研究》2013 年第 12 期。

［2］韩庆祥：《从哲学视域理解"国家治理现代化"》，《马克思主义与现实》2015 年第 3 期。

［3］郭建宁：《优秀传统文化为治国理政提供丰厚滋养——学习习近平关于中华优秀传统文化的重要论述》，《中国特色社会主义研究》2017 年第 4 期。

［4］徐湘林：《"国家治理"的理论内涵》，《人民论坛》2014 年第 10 期。

［5］孙来斌：《从五个有机统一看大国治理的中国智慧》，《人民论坛》2019 年第 24 期。

［6］杨晶，陶富源：《论列宁的社会主义国家治理思想及其当代启示》，《江汉论坛》2016 年第 1 期。

［7］杨英杰：《习近平大国治理战略思想研究》，《中国特色社会主义研究》2015 年第 3 期。

［8］秦宣：《大国治理，习总书记怎样谋篇布局》，《人民论坛》2017年第25期。

［9］周亚东：《底线思维：习近平治国理政的重要方法之一》，《理论视野》2017年第2期。

［10］吴传毅：《习近平治国理政的基本框架与核心思想》，《求索》2014年第9期。

［11］顾玉兰：《科学阐释列宁国家理论及其当代价值》，《马克思主义研究》2014年第12期。

［12］左凤荣：《普京：强人治理大国的逻辑》，《中国领导科学》2018年第1期。

［13］李海青：《习近平治国理政思想精髓研究》，《北京行政学院学报》2017年第4期。

［14］刘志昌：《习近平国家治理现代化思想研究》，《社会主义研究》2016年第5期。

［15］孙寅生：《论习近平治国理政思想的十大特征》，《探索》2017年第2期。

［16］靳诺：《习近平治国理政思想的鲜明特点》，《党建》2017年第2期。

［17］程通顺：《习近平大国治理思想的战略定力》，《人民论坛》2017年第25期。

［18］胡承槐：《从"八八战略"到大国治理的总体方法论特征》，《浙江社会科学》2016年第1期。

［19］马云志：《习近平治国理政思想与中国优秀传统文化》，《党建》2016年第7期。

［20］黄力之：《国家治理与社会核心价值观建设的关系》，《思想理论教育》2014年第6期。

［21］冯留建：《马克思主义国家理论与国家治理现代化》，《马克思主义研究》2014年第3期。

［22］吴楠，朱虹：《马克思恩格斯国家治理思想探析》，《理

论月刊》2014 年第 9 期。

［23］燕继荣：《现代国家治理与制度建设》，《中国行政管理》2014 年第 5 期。

**四、报纸类**

［1］李捷：《世界性三大治理难题与习近平总书记治国理政新理念新思想新战略》，《新华日报》2017 年 9 月 6 日。

［2］韩庆祥：《深刻理解和把握中国发展新的历史方位》，《中国社会科学报》2017 年 10 月 26 日。

［3］韩庆祥：《深刻理解党中央治国理政的科学方法》，《经济日报》2017 年 2 月 17 日。

［4］韩庆祥：《党中央治国理政新理念新思想新战略形成的时代背景》，《人民日报》2016 年 6 月 1 日。

［5］韩庆祥：《坚持问题导向是党治国理政的鲜明特点》，《人民日报》2016 年 12 月 12 日。

［6］戴木才：《习近平治国理政思想的完备体系与鲜明特色》，《新华日报》2017 年 6 月 28 日。

［7］韩振峰：《习近平治国理政思想的基本内容及内在逻辑》，《光明日报》2015 年 12 月 7 日。

［8］张文君：《深刻把握国家治理现代化的中国逻辑》，《光明日报》2019 年 11 月 25 日。

［9］杜飞进：《"四个全面"：推进国家治理现代化的战略布局》，《光明日报》2015 年 6 月 5 日。

［10］本报编辑部：《制度文章变国风 万古关河气象雄——学习习近平大国治理战略思想》，《学习时报》2016 年 2 月 25 日。

［11］张君荣：《国家治理成中国政治学研究关键词》，《中国社会科学报》2014 年 10 月 31 日。

［12］郁建兴：《辨析国家治理、地方治理、基层治理与社会治理》，《光明日报》2019 年 8 月 30 日。

[13] 王帆:《全球治理的中国智慧与中国方案》,《光明日报》2018年1月30日。

[14] 辛鸣:《国家治理现代化的中国逻辑》,《经济日报》2019年11月21日。

[15] 秦宣:《推进国家治理现代化的方向和路径》,《人民日报》2016年6月22日。

# 后　　记

　　世界正在经历百年未有之大变局，中国特色社会主义进入新时代，中华民族伟大复兴处于关键时期，中国国家治理体系和治理能力现代化面临新的机遇与挑战。进行具有许多新的历史特点的伟大斗争，创造人民美好生活，为建设美好世界贡献中国智慧和中国方案，都对创新国家治理理念、完善国家治理体系、提升国家治理能力提出了新要求。本书尝试着从学理上对新时代大国治理新思想新理念新战略进行提炼概括和阐释，剖析"两个大局"相互交织、治理大变革的时代条件下推动大国治理实现善治的机理，形成抛砖引玉之作，为党的二十大献礼。

　　本书是我近五年来学术研究的阶段性小结，其主体内容是在我的博士学位论文基础上进行加工的结果，部分成果已经见诸报刊。在本书的写作过程中，中共中央党校（国家行政学院）报刊社编审储峰、新乡医学院焦石文教授提出了宝贵意见，河南科技学院的李沐、王姝玮、张继杰等老师在书稿整理及文献校对方面给予了支持，在此一并向他们表示感谢。本书的出版得到我的博士研究生导师、中共中央党校（国家行政学院）韩庆祥教授的关心和支持，在此向老师表达由衷的敬意。

　　本书的出版获得国家社科基金重大项目（21&ZD001）、教育部人文社会科学研究规划基金项目（21YJA710057）、河南科技学院科技攀登计划（编号2018CG11）的资助。

本书的顺利出版，得到了中国社会科学出版社赵剑英社长和喻苗编辑的大力支持，在此表示诚挚的谢意。

张希中

2022年2月于河南新乡